高校图书馆阅读推广研究

◎春艳 著

天 津

图书在版编目(CIP)数据

高校图书馆阅读推广研究 / 春艳著. —— 天津：南开大学出版社，2025.3. —— ISBN 978-7-310-06693-3

Ⅰ. G252.17

中国国家版本馆 CIP 数据核字第 2025VF0930 号

版权所有　侵权必究

高校图书馆阅读推广研究
GAOXIAO TUSHUGUAN YUEDU TUIGUANG YANJIU

南开大学出版社出版发行

出版人：王　康

地址：天津市南开区卫津路 94 号　　邮政编码：300071

营销部电话：(022)23508339　　营销部传真：(022)23508542

https://nkup.nankai.edu.cn

天津泰宇印务有限公司印刷　全国各地新华书店经销

2025 年 3 月第 1 版　2025 年 3 月第 1 次印刷

240×170 毫米　16 开本　12.25 印张　2 插页　199 千字

定价：65.00 元

如遇图书印装质量问题，请与本社营销部联系调换，电话：(022)23508339

前　言

高校图书馆作为我国文化建设发展的组成部分，其管理水平的高低对国家文化建设工作开展有着一定的影响。通过科学有效的管理，可以更好地发挥高校图书馆的职能，促进文化建设与发展。

随着信息时代的到来，阅读已成为人们获取知识、提升素养、丰富精神世界的重要途径。国民阅读水平的高低，直接反映着国民素质的高低，也直接影响着国家和民族的综合实力。推广全民阅读是一项系统工程，需要社会各界全力、持续、用心地组织开展形式多样、内容丰富、卓有成效的阅读推广活动。高校图书馆拥有独特的人才、资源和设施优势，面对思想活跃、阅读素养高、个性化需求大的师生读者，图书馆有责任发挥自身优势，通过开展阅读推广活动来满足读者的阅读需求，以充分发挥学校文献信息中心的功能，营造浓郁的阅读氛围，构建书香校园。近年来，我国高校图书馆在阅读推广方面取得了显著成效，但同时也面临着诸多挑战。为了更好地推动高校图书馆阅读推广工作，本书立足于我国高校图书馆阅读推广的实际，对相关理论进行深入探讨，以期为我国高校图书馆阅读推广事业提供理论支持和实践指导。

本书共分为七章，从阅读学的基础理论、阅读推广的基础理论、高校图书馆阅读推广理论、高校图书馆阅读推广活动的策划、高校图书馆阅读推广发展形态探索、高校图书馆阅读推广案例分析以及大数据环境下图书馆阅读推广模式创新等方面，全面梳理了高校图书馆阅读推广的理论体系与实践路径。第一章对阅读学的基础理论进行了阐述，包括阅读的基本概念、目的与意义、类型与特点，以及不同人群的阅读行为特征。这些内容为后续章节的阅读推广理论奠定了基础。第二章从推广学理论出发，详细介绍了阅读推广的定义、特征、目的、功能、类型与现代理念，并对我国阅读推广的发展概况进行了梳理。这有助于读者更好地理解阅读推广的理论内涵和实践价值。第三章聚焦于高校图书馆阅读推广理论，探讨了大学生阅读素养的培养、高校图书馆阅读推广的要素及重要性。这些内容有助于高校图书馆明确阅读推广的目标和方向。第四章围绕高校图书馆阅读推广活动的策划，从活动受众、目标、主要形式、准备、策划过程及关键点等方面进行了详细阐述，为高校图书馆开展阅读推广活动提供了实用的操作指南。第五章探讨了高校图书馆阅读推广的发展形态，包括新媒体阅读推广、有声读物阅读推广、个体阅读推广活动以及口碑营销策略。这些内容有助于高校图书馆拓展阅读推广的思路和方法。第六章通过分析我国高校图书馆阅读推广的典型案例，展示了不同高校图书馆在阅读推广方面的创新举措和实践成果，为其他高校图书馆提供了借鉴和启示。第七章关注大数据环境下图书馆阅读推广模式的创新，为未来高校图书馆阅读推广工作提供新思路。

本书旨在为我国高校图书馆阅读推广事业提供理论支持和实践指导，希望广大图书馆工作者、阅读推广爱好者以及相关研究者能够从中受益，共同推动我国高校图书馆阅读推广工作的发展。

笔者任职于内蒙古医科大学，在总结多年教学经验与理论研究基础上撰写完成本书。在本书撰写过程中，笔者阅读了国内外大量优秀学者的著作和论文，并参考了其中部分内容，在此向他们表达最诚挚的谢意。

由于笔者水平有限，书中难免存在不足之处，敬请读者批评指正。

目　录

第一章　阅读学的基础理论 …………………………………………… 1
　　第一节　阅读的基本概念 ……………………………………………… 1
　　第二节　阅读的目的与意义 …………………………………………… 6
　　第三节　阅读的类型与特点 …………………………………………… 15
　　第四节　不同人群的阅读行为特征 …………………………………… 24

第二章　阅读推广的基础理论 …………………………………………… 33
　　第一节　推广学理论 …………………………………………………… 33
　　第二节　阅读推广的定义与特征 ……………………………………… 39
　　第三节　阅读推广的目的与功能 ……………………………………… 45
　　第四节　阅读推广的类型与特点 ……………………………………… 49
　　第五节　阅读推广的现代理念 ………………………………………… 53
　　第六节　我国阅读推广的发展概况 …………………………………… 58

第三章　高校图书馆阅读推广理论 ……………………………………… 65
　　第一节　大学生阅读素养的培养 ……………………………………… 65
　　第二节　高校图书馆阅读推广的要素 ………………………………… 72
　　第三节　高校图书馆阅读推广的重要性 ……………………………… 76

第四章　高校图书馆阅读推广活动的策划 ……………………………… 81
　　第一节　高校图书馆阅读推广活动的受众及目标 …………………… 81
　　第二节　高校图书馆阅读推广活动的主要形式 ……………………… 82
　　第三节　高校图书馆阅读推广活动准备 ……………………………… 83
　　第四节　高校图书馆阅读推广活动策划 ……………………………… 94
　　第五节　高校图书馆阅读推广活动策划的关键点 …………………… 104

第五章　高校图书馆阅读推广发展形态探索 …………………… 109
第一节　高校图书馆新媒体阅读推广 ………………………… 109
第二节　高校图书馆有声读物阅读推广 ……………………… 112
第三节　高校图书馆个体阅读推广活动 ……………………… 116
第四节　高校图书馆阅读推广口碑营销策略 ………………… 123

第六章　高校图书馆阅读推广案例分析 …………………………… 128
第一节　内蒙古医科大学传统医学"真人图书馆"
阅读推广活动 …………………………………………… 128
第二节　天津财经大学图书馆话剧比赛阅读推广活动 ……… 134
第三节　沈阳师范大学图书馆"以青春之名　赴书香之约"
阅读推广活动 …………………………………………… 143
第四节　华中师范大学"文华阅读季"阅读推广活动 ……… 153

第七章　大数据环境下图书馆阅读推广模式创新 ………………… 164
第一节　图书馆智慧阅读推广模式 …………………………… 164
第二节　基于微信平台的图书馆阅读推广模式 ……………… 170
第三节　基于云计算的图书馆阅读推广模式 ………………… 177

参考文献 ……………………………………………………………… 185

第一章 阅读学的基础理论

阅读作为人类发展的一种文化传播方式,自有文字记载以来便伴随着人类文化的全部历史与所有活动。特别是在知识信息大爆炸的当今时代,高等教育迅速扩张的黄金时代,阅读的重要性、多样性、差异性与多元性更是凸显出来,阅读的基本概念、阅读的功能与特征、阅读的目的与意义、阅读的类型与特点、不同人群的阅读行为特征等,成为我们首先要讨论和解决的基础理论问题。

第一节 阅读的基本概念

一、阅读的含义

什么是阅读?这是一个看起来简单实则非常复杂的概念。说它简单,在于阅读已成为现代社会中一种普遍且几乎本能的行为,犹如呼吸般自然。识字之人皆可涉足,从街头的路标广告到手中的报纸杂志,乃至电视上的新闻播报,阅读无处不在。说它复杂,是因为每个人阅读起来的情况会大不相同,阅读是一个复杂的心理过程,阅读的能力、方式与习惯更是因人而异。就像有人说话得体,有人则词不达意;有人能听出话语的弦外之音,有人就连基本的语意也会理解错误。

综合古今中外文献中一些有代表性的观点,关于阅读的定义,我们可以归纳为"活动说"与"过程说"两大范畴,两者既相近又有所区别。"活动"是有一定目的的行动,由目的、动机和动作构成;"过程"则是指事物发展所经过的程序或阶段。两者又是相通的,任何一项活动都有一个发生、发展的过程。因此,在《中国阅读大辞典》中,王余光和徐雁对阅读的阐释巧妙地结合了这两个维度，将阅读视为一个融合了社会行为、实践活动和心理过程的综合现象。具体来说，阅读被定义为"一种从书面语言和其他书面符号中获得意义的社会行为、实践活动和心理过程"。这里，"社会行为"和"实践活动"强调了阅读的目的性和行动性，即阅读是一种具有明确意图和社会功能的活动；而"心理过程"则揭示了阅读内在的复杂性，包括理解、思考、感受等多个心理层面的活动。此外，这一定义还强调了阅读作为一种独特的交流方式，它借助书面材料作为媒介，实现了作者、文本、读者与世界之间的互动与沟通。作者通过文本传达自己的思想和情感，而读者则通过解读这些文本来理解和感受作者的思想，进而与世界产生更加广泛的联系和互动。这4个要素共同构成了一个完整的书面交际系统，使得阅读成为了一种既富有深度又充满互动性的体验。

无疑，此阅读概念不仅融合了"活动说"与"过程说"的精髓，还进一步将其拓展为一种广泛的社会现象，超越了单纯的个体行为范畴。这一综合性的定义既全面又深刻，在学术界获得了广泛的认可。随着知识经济与信息社会的迅猛发展，阅读的环境、方式及内容均发生了翻天覆地的变化，阅读的概念也随之变得更加宽泛与多元。在此背景下，胡继武在《现代阅读学》中对阅读的定义提供了一个与当代社会阅读实践更为契合的视角。他将阅读描述为"阅读是从信息符号中获取意义的一种复杂的智力活动"，这一定义强调了阅读作为一种智力活动的重要性，突出了从各种信息符号（包括但不限于书面语言）中提取、理解和建构意义的过程，体现了现代阅读活动的高度复杂性和动态性。

二、阅读的内涵

遵循"作者—文本—读者—世界"这4个阅读要素，我们从阅读的客体、主体和过程三个方面来认识阅读的内涵。

（一）阅读客体

阅读客体又称阅读对象，可从广义与狭义两个角度来理解。广义而言，阅读对象涵盖了自然界的万象与人类社会的一切。鲁迅先生曾将"社会"比喻成一本生动的书，并鼓励人们以观察世界的方式来"阅读"，强调了对周围环境进行深入思考的重要性，深刻揭示了广义阅读对象的广泛性与生动性。陶行知先生进一步阐释了"活书"的概念，即活的知识之宝库，包括了自然界的元素如植物、动物、地理特征及天气变化，以及人类社会中的文化、武功、变化等。这些"活书"亦被人们称为"无字书",与书籍、报纸、杂志等传统的"有字书"相对应,这也表明了阅读对象的多样性与非文字性。阿尔维托·曼古埃尔在其著作《阅读史》中描绘了一幅更加丰富多彩的人类阅读行为画卷。他提到,阅读不仅仅是书页上字母的解码,而是涵盖了天文学家解读星图、建筑师评估土地、动物学家追踪动物踪迹、玩牌者识别伙伴手势、舞者遵循编舞记号、织者审视地毯设计图、乐手演奏乐谱、父母解读婴儿表情、算命者分析龟壳标记、精神科医生解读梦境、渔夫感知海流、农民观察天象预测天气等多种情境。这些活动都展现了人类如何运用辨读与翻译符号的技巧,从各种非传统阅读对象中获取信息与知识。叶圣陶先生的"天地阅览室,万物皆书卷"更是精练地表达了这种广泛的阅读观念,即只要拥有一颗好奇的心和一双善于发现的眼睛,整个世界都可以成为我们的学习资源。在这种视角下,任何事物都有可能激发我们的思维,提供给我们新的知识和见解。

狭义的阅读对象是一种精神产品,它既非自然界直接呈现的"自然客体",也非社会结构与关系的"社会客体",更非个体内心世界直接映射的"主观的精神客体"。相反,它属于"客观的精神客体"范畴,是一种经过精心创作并具备传播潜力的精神外化形式。曾祥芹教授基于马克思的"对象的主体占有性"理论,对阅读对象这一概念进行了深化,强调阅读对象需与读者建立实际的阅读关系,并被读者所认知和掌握,方能成为现实的阅读对象。然而,这一界定在某种程度上限制了阅读对象的广泛性。朱永新先生在引用时,对狭义阅读对象的定义进行了调整,更加聚焦于具体的精神产品形态,如书本、报纸、杂志等,这些均被视为"可供传播精神的外化物"。这一修改更加贴近日常语境,同时也凸显了阅读对象作为信息传递媒介的本质。进一步地,从"对象"一词的广义理解出发,《现代汉语词典》将其解释为"行动或思考时作为目标的人或事物",可见作为"对象"的人或事物并不一定要处在行为发生的过程中,尚处于思考中的人或事物亦可被称为对象。因此,我们认为,不如将"阅读主体的占有性"这条忽略,将狭义的阅读对象定义为"一种以书面语言为主要表达符号,固化于物质载体之中,承载着作者精神创造与思想表达的精神产品"。即通常意义上的"文本",这比较符合人们的认知习惯。

由于阅读对象有广义和狭义之分,于是便有了广义与狭义的"阅读"概念,有了不同的阅读方法和途径,有了不一样的阅读效果,最终形成了人们或开阔或狭隘的阅读视野。

（二）阅读主体

王余光、徐雁认为，阅读主体特指那些在具体阅读活动中积极参与、发起并主导阅读行为的人，他们不仅是阅读过程的执行者，还从根本上塑造着阅读的目的、任务执行方式及最终效果。读物也因此成为认识和把握的对象，并在阅读展开的过程中逐渐获得意义。曾祥芹对阅读主体的定义则进一步聚焦于那些与阅读对象（客体）建立了直接阅读关系的个体，强调这些个体在阅读过程中的主动性与积极性，从而赋予了"阅读主体"这一称谓。两者都把"阅读主体"进行了严格限定，即只有正处于阅读过程中的人才称得上是阅读主体，似乎离开了具体的阅读过程，就是学富五车的科学家也不能被称为阅读主体。这给人一种"钻牛角尖"的感觉。李长喜等人在其编著的《中国大学生百科全书》中提出了一个更加宽泛且综合的观点来界定阅读主体。根据他们的解释，要成为一个真正的阅读主体，个人需要满足三个基本条件：首先，需拥有对阅读的热情和渴望，即具有强烈的阅读动机；其次，具备一定的阅读技巧和理解能力，能够有效地处理和吸收信息；最后，需实际参与到阅读活动中去，通过实践不断深化对阅读的理解与体验。这三者相辅相成，共同构成了阅读主体的完整画像。此观点将阅读主体从牛角尖中解放出来，因为"从事阅读活动"是一种带有职业性的描述，具有长期性，而"具体的阅读过程"是一种行为描述，具有短暂性。所以只要喜欢阅读并做过阅读活动的所有人都可以被称为阅读主体。同时可以看出，并不是每一个人都能成为阅读主体，如不识字的婴幼儿和成年文盲。

由于个体在性格气质、兴趣爱好、知识经验、思维方式等方面存在一定差异，因此阅读主体也是千差万别的。这种多样性在选书偏好、阅读带来的个人感受与影响，以及阅读能力的展现上尤为明显。换言之，每位读者都是独立的解读者，他们的阅读体验是独一无二的，正如不同读者对同一文学角色的理解会产生千差万别的见解一样。

（三）阅读过程

如果把阅读看作一个从信息符号中获取意义的过程，那么我们可以借助申农的"信息论"框架（如图1-1所示），来深入剖析作者、文本、读者以及外部世界这4个核心要素之间的错综复杂关系。

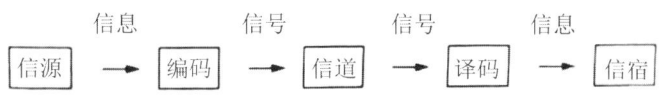

图 1-1　申农的通信模式

在这个过程中,信息的传递被类比为一个通信工程:信息由信源产生,随后经过特定的编码转化为可传输的信号,这些信号穿越信道进行传递,最终在信宿端通过译码过程恢复为原始信息的意义。申农的信息论虽然根植于工程技术领域,但其核心思想——信息的产生、编码、传输、译码与接收——对传播学领域的发展产生了深远的影响。著名的传播学家施拉姆就曾效仿申农的通信模式提出了一个传播模式,如图 1-2 所示。

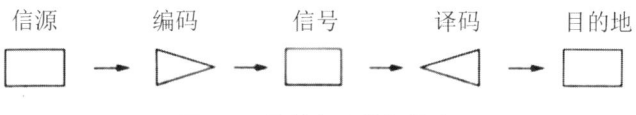

图 1-2　施拉姆的传播模式

受此启发,我们可以将世界、作者、文本、读者四者之间的联系表示为图 1-3。

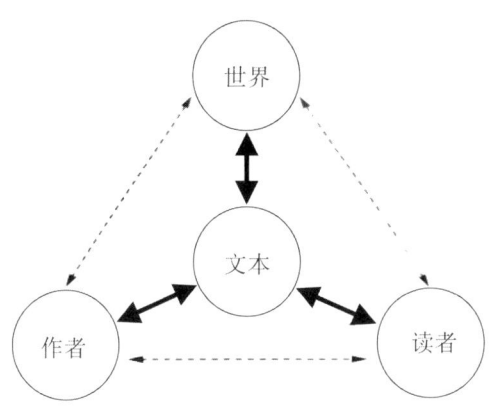

图 1-3　世界、作者、文本、读者联系图

图 1-3 中,作者的写作过程就是一个编码过程,作者通过认识世界,将储存在头脑中的信息编码成文字符号,形成文本。读者的阅读过程则是一个译码过程,读者以认识世界为前提,通过阅读文本,将文字符号还原成作者意图传播的信息。所不同的是,在编码阶段,作者是编码行为的发起者和承担者,文本是编码的产品;在译码阶段,读者是译码行为的发起

者和承担者，文本是译码的对象。虽然文本是作者和读者交际过程的中介，但这个中介始终处于被动静止的状态，作者在读者的译码过程中不会直接发挥作用，他是静止的，远离的，非参与的。读者通过了解世界与文本，间接地和作者对话。作者通过世界与文本，间接地影响读者。世界是一个显性的存在，它通过影响作者与读者，而间接地影响文本的创作与文本的解读。所以，在传统的阅读理论中只考虑"作者—文本—读者"的三角关系，而忽视"世界"的重要一极，因而忽视了"作者—文本—世界""读者—文本—世界""作者—世界—读者"这三个同样不可忽视的三角关系。所以，在阅读中，读者的世界观以及对世界的认识是他读懂文本、理解作者的前提。

根据阅读的信息加工理论，上述译码过程即读者的阅读过程可以分为阅读前期、阅读中期、阅读后期三个阶段。阅读前期，作为阅读的准备阶段，读者需精心挑选阅读材料，并对其进行初步审视与辨识，以确定将要阅读的是哪个文本，此行为可称作选码和识码。进入阅读中期，也即阅读的主体实施阶段，这一过程可细分为两大步骤。一是读者需深入剖析文本的语言符号，揭示其背后的意义，并据此构建或调整自身的认知框架，此行为可称作解码和编码（读者对文本意义重新编码），读者在理解文本的同时，也在用自己的方式重新诠释与编码信息；二是读者对文本表述的对象进行欣赏和评价，此行为可称作赏码和评码。阅读后期即阅读的结束阶段，读者需要把自己从文本中提取的信息进行储存并应用，以实现知识的增值和创新效应，此行为可称作储码和用码。由此可见，读者的阅读过程实质上是一个复杂而精细的信息加工过程，涵盖了从"选码、识码"到"解码、重构"，再到"赏码、评码"，最终至"储码、用码"的完整循环，分别对应认知心理学的感知、理解、评价、应用等不同阶段，最终达到知识迁移的目的。

第二节　阅读的目的与意义

要想明确阅读的目的和意义，先就要清楚"目的"与"意义"的概念。目的，简而言之，即个体或集体所追求的终极目标或期望达成的具体成果，它是努力的方向和目标。意义是指价值和作用的实现，是付出努力后得到的回报和收益，更是主体对需求满足的一种评价。目的与意义既有联系，又有区别。联系在于两者辩证统一于同一事物，都含有要达成某一种效果的意思；区别在于对这种效果分析的层面不同。目的是客观预设，从蓝图层面考量做一件事情想要达到的明确的、具体的、直接的效果；而意义则是主体评价，从满足需求视角考察目的达成后所产生的潜在的、长远的以及主观心理效果。

一、阅读目的概说

阅读目的是指从事阅读活动所期望达到的预期，由阅读主体在阅读活动前人为设定，会因人的需求不同而不同。

美国著名心理学家马斯洛提出了需求层次理论，该理论将人类的需求从低到高划分为5个层次：生理需要、安全需要、社交需要、尊重需要以及自我实现需要。生理需要是人类最基础、最原始的需要，涵盖了衣食住行及性爱等基本生存要素；一旦这些基本需求得到满足，人们便会转而追求安全需要，渴望生活在一个无虞的环境中。随着安全感的建立，人们自然而然地会向往社交联系，寻求归属感、友谊、情感与爱，这便是社交需要的体现。进而，人们会渴望获得社会的认可与尊重，对名誉、地位、成就及利益产生向往，这便是尊重需要的萌芽。最终，人们会追求自我实现，即实现个人潜能、达成个人理想与抱负的最高层次需求。显然，阅读需求作为人类精神生活的一部分，主要是在社交需要、尊重需要及自我实现需要这三个较高层次上发生的。黄鸣奋从逻辑的角度对人的需求进行了更加细致的划分，如表1-1所示。

表1-1 个人需要划分

个人需要	自向性需要	他向性需要	交互性需要
生存性需要	自存需要	他存需要	制约需要
生理性需要	储备需要	供给需要	交换需要
信息性需要	认识需要	传播需要	交流需要
心理性需要	自亲需要	他亲需要	联络需要
实践性需要	审美需要	劳动需要	归属需要
成就性需要	自立需要	他立需要	评价需要

在表1-1中，我们可以明确地看到，在个人的一般需要里，已经客观地存在着认识的需要（求知、求善、求真）、审美的需要（求美和娱乐）、

交往的需要（沟通和交流）、评价的需要（欣赏和评价）。与此相对应，一般的，人们阅读的目的大体可以分为4类：求知目的、审美目的、交往目的和评价目的。

（一）阅读的求知目的

孔子，被誉为"至圣先师"的古代思想家与教育巨擘，曾谦逊地表示："我非生而知之者，好古，敏以求之者也。"（《论语·述而》）他自认并非天赋异禀，而是通过不懈的努力和对古籍的热爱来获取知识。胡适先生对于"为何读书"的解答，同样深刻而朴素，他表示书籍乃过往智慧与经验的结晶，我们阅读，正是为了承接这份人类遗产，并以此为基石，不断攀登，构筑更加宏伟的知识殿堂。这种观点强调了在前人智慧的基础上，能够让我们看得更远、走得更远。英国哲学家弗兰西斯·培根的名言"知识就是力量"，鼓舞了无数人投身于知识的探索和积累，无论是汲取既有知识的精髓，还是勇闯未知的领域，都是这一信念的生动实践。正因为如此，我们才有了今天的现代文明与科技。由此可见，求知是人们发出阅读行为的一个最基本、最根本的目的，它贯穿于每个人的成长过程之中，不受年龄和阶段的限制，完美诠释了"活到老，学到老"的理念。阅读是我们求知路上最忠诚的伴侣与最强大的武器。

（二）阅读的审美目的

马克思深刻阐述了社会的进步实则是人类对美好追求不断累积的成果，而达尔文亦提醒我们，在科学探索的征途中，不应遗忘对生活细腻感受的能力，包括对美与诗意的捕捉。这种"爱美之心"，普遍植根于人心，是人性中共有的光辉。美是一种客观存在，爱美并不等于懂美，更不等于能够正确审美。那么，审美究竟是什么呢？根据《现代汉语词典》（第7版）的定义，"审美"是指"领会事物或艺术品的美"。而如何"领会"美，则涉及美的标准、美的判断、审美的主体、审美的对象等一系列美学理论问题。因此，美学上的审美是指人们根据一定的美学理论，通过自己的感官去感受、评价美的事物或现象的复杂的心理活动，具有直观性、情感性、愉悦性和差异性，带有明显的主观色彩。同时审美不仅是人类认知与改造世界的独特精神工具，更是促进个人全面发展、事业成就及生活幸福感提升的重要因素。所以，人都有审美需求。正是在这个意义上，人类需要文学。因为文学是情感的，文学作品以情感人。文学阅读以文学作品为对象，目的是从中获得美感信息和审美愉悦。比起其他学科的书籍，人们在阅读文学作品时，其审美需求更加容易得到满足，这便是图书馆文学类书籍馆藏外借量排名靠前的主要原因，也是人们从事阅读活动的第二大目的。

（三）阅读的交往目的

交往即互相来往。哈贝马斯强调，交往是两个具备语言及行动能力的主体间展开的对话活动，他认为，在众多人类行为中，"交流"因其内在的逻辑性和有效性而被视为最为合理的行为模式。交往需要是人的一种社会需要，在黄鸣奋的"个人需要划分表"中，交互性需要也是个人需要的一个重要类型。事实上，人类作为社会性生物，天生倾向于群居生活，个体的存在始终与社会环境紧密相连，难以想象有谁能完全独立于群体之外。因此，阅读所承载的交往目的，在于其作为一种深度的社会互动方式，使读者能够通过阅读这一媒介，探索作者的内心世界，深入理解文本及其背后的多层含义，进而洞察外部世界的广阔与复杂。同时，阅读也是读者自我认知的过程，使读者在字里行间中更加了解自己，并可能与其他同时沉浸于阅读中的读者产生心灵的共鸣与连接。

我们知道，世界、作者、文本与读者共同构成了一个密不可分的交往网络。在这个网络中，作者与读者，作为社会中的个体，通过文本这一桥梁实现跨越时空的对话。在阅读过程中，读者不仅与作者相遇，也与世界相遇，更与自己内心深处的思想和情感相遇。这4个要素相互交织，以作者与读者在现实生活中的交流实践为基础，形成了一个动态循环的交流生态系统。

阅读的交往目的首先表现在读者与作者的交往层面。读者在阅读时并不是单纯地接收信息，而是主动地与作者进行精神层面的交流和思想碰撞。他们通过深入阅读，捕捉作者在文本中隐含的情感和思想，就像是与作者进行了一场心灵的对话。这种交往，不仅让读者得以窥见作者的内心世界，更是他们通过作者的视角，去重新审视和理解这个世界的途径。

其次，读者在阅读文本的过程中，还与文本本身及其所包含的元素形成了互动。作者在创作文本时，通过精心选择的词汇和巧妙的叙事技巧，留下了许多"未定点"和"留白"，这些设计激发了读者的好奇心和参与感，促使读者主动与文本进行互动。这种设计，本质上体现了文本自身对于读者参与和解读的深切期待，即文本内在地蕴含着与读者进行深度交流的动机。同时，任何一部作品的诞生都不是孤立无援的，它必然是在对前人智慧与创作成果的继承与借鉴中孕育而成，这样呈现出来的作品必然带有其他文本的印记。在论文写作中的"引用"便是这种印记的具体表征。因此，当读者沉浸于文本阅读之时，他们不仅是在与当前文本进行直接的交往，更是在与文本背后所蕴含的广阔文学世界进行跨越时空的对话。这种交往，超越了单一文本的界限，将读者引领至一个由多个文本交织而成的复杂网络之中，使得每一次阅读都成为一次深刻的文化探索与自我发现之旅。

再次，读者通过阅读来认识世界，并参与社会互动。一般认为，任何文学作品都根植于现实世界的土壤，直接或间接地反映着现实生活的某个面向——无论是描绘人物与行动、探索思想与情感，还是刻画物质与事件，乃至触及超越感官的本质，都是对现实世界的一种映射或再创造。这意味着，文本所展现的世界，是作者基于个人经历、社会交往以及对现实的独特理解而构建的艺术空间。而由于作者所处的文化背景各异，他们笔下的世界自然呈现出丰富多彩的多样性，因此读者在阅读时窥探的世界也就不同。这种体验，不仅让读者跨越了时空的限制，与遥远的世界建立了联系，更在无形中促进了人与人之间的相互理解和尊重。同时，阅读也是一种社会性的活动，它让读者在共同的阅读体验中找到了共鸣与对话的伙伴，从而实现了读者与读者之间的精神交往。因此，世界在这里扮演了一个至关重要的角色，它不仅是文本创作的源泉和背景，更是连接作者与读者、读者与读者、读者与世界的桥梁。

最后，读者通过阅读了解自己以及同时阅读的读者。当读者的认知框架与作者的认知视角相互契合，形成一种认知语境的重合时，便触发了"共鸣"，共鸣越多、越强烈，读者通过阅读了解的自己就越全面和深刻，与作者的交往效果也就越好；阅读还搭建了一个让读者之间相互交往的平台，当不同的读者被同一文本所吸引，他们便通过各自对文本的解读与感悟，形成了一种特殊的交往形式。特别是在共同阅读的环境下，如阅读俱乐部、线上读书会等，读者们在同一时空中分享着对同一文本的见解与感受，这种即时的互动与交流，更是极大地放大了阅读的社交效应，使得共同阅读成为了一种流行的文化现象和社交趋势。

（四）阅读的评价目的

在《现代汉语词典（第7版中）》中，"评价"被定义为"评定价值高低"。在我们的日常生活中，这种评价行为无时无刻不在进行着。从广义的视角来看，人类的视觉系统在接触并感知外界事物时，自然而然地融入了个人的评价与取舍。这些评价和取舍，既是人们面对外部世界的态度，也是体现人们与外部世界的关系的一个重要因素，更是人的精神主体得以社会化和对象化的基本形式和方式。虽然这种评价和取舍会因个体的不同而具有不同的标准和内容，但作为心理活动的一种特殊现象，它们必然成为我们个性需求的一个组成部分。在黄鸣奋的个人需要划分表中，评价需要属于成就性需要中的交互性需要，是人的个性需要的最高层次。而在马斯洛的需要层次理论中，评价需要则属于自我实现的需要范畴。换句话说，人作为社会人，既是社会权利的享有者，也是社会义务的承担者。人的任何社会实践行为，都必须估计或预见他人可能产生的反应或者自己应该给予对方的回报。相应地，便产生了交互性需要。这一需要是双向的，它既要求他者的反应和评价，也是对他者的反应和评价。

对于阅读者来说，阅读对象既有表实性，又有表义性。两者分别体现了阅读者和阅读对象之间的认识关系和价值关系。一方面，任何一种阅读活动都无法回避文本（尤其是文学作品）中的世界对阅读者的诱惑和冲击，也都无法回避对文本中的世界的感受和认同，当然要具有对文本世界的某种利害判断，甚至这种判断会常常走出文本而进入现实世界。另一方面，一般意义上的阅读行为的发生，常常依从于一定的阅读评价要求，这一评价要求有时来自现实的个人阅读的好恶选择，这种选择既有受动的感触和反应，又有主动的审视和评价。因而有学者将阅读主体的评价能力（指选择文献的能力）视为阅读能力的基础。对于研究性阅读来说，阅读过程更多的是一个分析、判断的过程，阅读评价因而也成为阅读者的一种必需的态度与重要的目的。

总的来说，阅读不仅仅是一种获取知识的手段，它更深层次地触及了人们的情感和精神世界。通过与文本产生情感上的共鸣，读者能够经历一种心灵的洗涤，从而体验到文学作品中蕴含的美学价值。在这个过程中，阅读起到了一个关键的作用，它使个体能够在沉浸于故事或论述的同时，对自我进行反思和再认识，并且深化对于人类本性的洞察。上述提到的各种阅读的目的并不是彼此割裂的，而是紧密相连、互相作用的。这些目的共同塑造了个人在阅读时的选择倾向、情感反应以及最终从书中汲取的知识和感悟。

二、阅读的意义归类

阅读的功能决定了其意义，而阅读的特点则影响其功能的发挥。不论是何种阅读，都具有共同的功能特征：主体建构性、文化增殖性、再创造性以及解读差异性。

所谓"阅读意义"指的是阅读主体对被阅读的客体对象满足主体需要大小的一种评价。简而言之，当阅读内容越能满足个体的需求与期待，其对于阅读主体而言的意义就越为深远。但意义的评价还具有某种主观性特点，尽管被阅读的对象并不具有太大的客观价值，却会得到阅读者的高度评价。

朱永新先生对于阅读之价值与意义的阐述，深刻而广泛。他提出，个人的精神成长历程与阅读紧密相连，一个人的阅读历史即是他精神世界的成长轨迹；一个民族的整体精神风貌，则直接反映在其阅读水平之上；教育的真谛离不开阅读的滋养，缺乏阅读的教育难以触及灵魂；城市的魅力与活力，往往蕴含在浓厚的书香氛围之中；而共同阅读、共同书写、共同生活的理念，更是强调了阅读在促进社会凝聚力与文化共享方面的不可替代的作用。将这些观点凝练概括，阅读的意义主要体现在两个维度：一是对个体而言，阅读是精神成长的阶梯，是提升自我、丰富内心世界的重要途径；二是对社会而言，阅读则是文化传承与创新的基石，是推动社会进步、构建和谐社会不可或缺的力量。因此，阅读的意义不仅在于满足个体的需求与追求，更在于其深远的社会价值与文化意义。

（一）阅读满足发展的个体意义

英国思想家培根说过："读书造就丰富充实的人。"我国民间也流传着这样一句话："万般皆下品，唯有读书高。"又说："家无读书子，官从何处来。"阅读的个人意义可以从个体成长与家族昌盛两个层面来分析。

1. 阅读是个体精神成长的必由之路

众所周知，人的成长过程都是从自然人向社会人转变的过程。只要不断地摄入食物，生命就会慢慢成长，这是人类的本能，与动物没有任何区别。个人即使不做出任何主观的努力，生命也会自然生长，这是人的物质成长过程。只是单纯靠这样长成的一个"自然成人"是不能适应人类世界的生活的，也是不被人类社会所接纳的。狼孩、熊孩的故事就充分说明了这一点，他们充其量只是"人形动物"而已。

因此，个体要实现从"自然人"到"社会人"的转变，关键在于经历"社会化"的过程。这一过程，要求个体在社会环境的熏陶下，主动或被动地吸收社会知识，掌握生存技能，积累社会经验，并在此基础上，通过自我选择与构建，形成符合社会规范的心理与行为模式，最终成为社会的有机组成部分。这一过程，实质上就是个体精神成长的历程。这个过程离不开个人的学习和阅读，可以是个体积极主动的学习，如自觉接受一系列正规的学校教育，自觉阅读各种各样的书籍；也可以是无意识的潜移默化的学习，如口耳相传的社会经验的传递，许多从未上过学的人就是用"口耳相传"的阅读方式实现了自己的"社会化"。正是在此意义上，我们可以说，阅读是引领个体精神成长的必由之路，是通往成熟与智慧的桥梁。

2. 阅读是实现家族持续昌盛的不竭动力

中国自古以来便有"学而优则仕"的传统，民间也流传着"家无读书子，官从何处来"的俗语。可见教育在家庭中具有传承福祉、光大门楣的重要意义。历史上流传着孔母督课、孟母三迁、欧母画荻的佳话，这些故事都是教育对家族未来深远影响的生动体现。在当今社会，尽管教育之光宗耀祖的功能日益退化，但家长们普遍认识到，一个家庭的所有投资中，在子女教育上的投资回报率最高。许多中国家长愿意不惜一切代价，为孩子提供最好的教育资源，将子女视为家族未来的希望，这反映了家庭对教育的极高期望和重视。的确，一个欣欣向荣的家族首先必须有一批学而不厌、孜孜以求的子孙后代。所谓"富不过三代"，没有良好家庭教育、严格家风家训的家族，即使祖辈因为某种机遇而发家致富，也是不可能长久昌盛的。而阅读作为一种文化传承与知识习得的方式，历来受到所有家庭的重视。人们常说"言教不如身教"，在全民阅读的今天，越来越多的家庭开始接受亲子阅读并付诸实践。

（二）阅读满足和谐的社会意义

阅读对于个人的成长和发展至关重要，它是个体获取知识、提升自我以及增强理解力的关键渠道。同样的，从国家层面来看，提倡阅读也是提高全民素质、促进社会整体进步的有效手段。中国共产党将构建社会主义和谐社会作为其核心执政目标之一，这一宏伟蓝图的实现，离不开和谐的社会环境与共同的价值体系。

1. 阅读是协调社会行为与心理的重要手段

任何社会都依赖于一系列行为规范来维护秩序、调和人际关系。在复杂的现代社会活动中，个人通常处于群体之中，因此，只有掌握包括禁忌、习俗、道德准则、法律规范、宗教教义、制度章程、礼仪规范、价值观念、行为模式等在内的社会规范，才能正确处理个人与社会、个人与集体以及同事、同行之间的关系，才有可能获得个人事业的成功。社会也必须依靠这些行为规范来协调人类的社会实践活动，因而需要对每一个社会公民进行社会化教育，使每一个人都理解它的含义和生效机制，并内化为个体的自觉行为。毫无疑问，倡导阅读是实现这一过程的重要手段。同时，社会中的个体既是独特的存在，又具有共同的特征，即是个性与共性的统一体。共性体现在我们的民族归属、阶级属性、国民特性及时代烙印之中，而个性则是人与人之间的差异。我们既要张扬个性，但也不能缺失共性。只有当人的个性和共性有机融合、协调发展时，人才称得上是一个和谐的个体，其社会实践活动和行为方式才能符合社会规范。当人的个性和共性发生矛盾时，就需要一个协调机制来使个体的心理与行为符合社会规范，这个协调机制就是人类自己创造和制定的各种规章制度。而对于这些规章制度的了解和掌握无一例外都离不开阅读这一重要手段。和谐社会的构建不仅仅意味着人际关系上的融洽相处、人与自然的和谐共生，更重要的是，它还关乎每一个个体内心的和谐。阅读是通往人内心和谐的桥梁，只有每个人都拥有和谐的内心，整个社会才能构建出一种和谐的生态。

2. 阅读是培育世界观与价值观的重要途径

价值观，即个体对价值本质的根本看法，涵盖了价值的核心、构成及其评判标准的认知。这些差异化的认知构筑了人们多元化的价值观念体系。每个人都在各自价值观的引领下，形成不同的价值取向，追寻着各自认为最有价值的东西。尽管现代社会是一个价值多元的社会，可对于一个国家或民族来说，如果没有核心的价值体系与共同的思想基础，这个国家或民族就没有团结力和凝聚力，生活在这个国家的人们就像一盘散沙、一群乌合之众，国家与民族亦将面临分崩离析的风险。而这些共同的思想和价值，就藏在国家和民族自己的文化里。文化的延续依赖于传承，而传承的基石则是教育，教育的深化又紧密关联于阅读。因此，从古至今，阅读学者普遍强调"读书以立德"的重要性，视其为塑造人格、培育品德的关键途径。孔子对"六经"所蕴含的"德治"理念给予了极高的评价，他认为这些经典通过不同的方式——如诗歌培养人的温柔敦厚，史书拓宽人的视野与远见，音乐赋予人广博与善良，易经教人追求纯洁与精微，礼仪则教导人恭敬节俭——共同塑造了华夏儿女的精神风貌，并在共同研习这些经典的过程中，逐渐凝聚成了以"仁、义、礼、智、信、温、良、恭、俭、让、忠、孝、勇、廉"为核心的价值观念体系。英国哲学家培根也肯定了阅读在性格塑造方面的作用："读史使人明智，读诗使人聪慧，演算使人精密，哲理使人深刻，伦理学使人有修养，逻辑修辞使人善辩。"学者们的共识在于，书籍作为精神与文化的载体，其力量在于能够跨越时空界限，激发读者内心深处的共鸣与新生意象，从而成为推动社会发展和变革的动力源泉。阅读，正是这样一座桥梁，它让书籍中的智慧与力量得以传递与实现，让个人在知识的海洋中不断成长，也让社会在文化的浸润下更加和谐与繁荣。

古语云："古之欲明明德于天下者，先治其国。欲治其国者，先齐其家。欲齐其家者，先修其身。欲修其身者，先正其心。欲正其心者，先诚其意。欲诚其意者，先致其知。致知在格物。"可见，源于《礼记·大学》的八目——格物、致知、诚意、正心、修身、齐家、治国、平天下，其起点在于"格物"，即深入探究事物的本质与规律。无疑阅读学习是格物、致知的重要途径，诚意、正心、修身、齐家是格物、致知的个人意义与基础功能，治国、平天下是格物、致知的社会理想与派生功能。于是便有了"一家之教化，即朝廷之教化"（《寒松堂集·奏疏》），有了"家国同构"，有了"为中华之崛起而读书"，有了终身教育之命题，有了学习型社会建设，有了"全民阅读"国家战略。阅读之于经济发展、文化传承、政治文明、社会和谐、民族复兴的重要意义，由此可见一斑。

苏霍姆林斯基说："无限相信书籍的力量。""书籍的力量首先就意味着阅读的力量，知识的力量要通过阅读的力量才能实现。"如此，我们可以说，阅读滋养心灵；阅读改变人生；阅读改良社会；阅读创造世界；阅读能力也是"生产力"。在这个意义上，阅读不仅是个人成长和发展的重要手段，也是履行社会责任的一种方式。它不仅影响着一个人的幸福与成就，还关系到整个国家的未来和民族的伟大复兴。因此，无论我们身处何种时代、何种环境，都应该珍视阅读、热爱阅读、坚持阅读，让阅读成为我们生活中不可或缺的一部分。只有这样，我们才能持续不断地获得新知，利用这些知识来追求个人的理想同时为构建更加美好的社会贡献出自己的一份力量。

第三节　阅读的类型与特点

要想阅读分类科学合理，选择划分标准是关键。通常人们根据读者的阅读目的来划分阅读类型。例如，西方学者吉尔将阅读分为情报型阅读、逃避型阅读（以摆脱生活为目的）、求知型阅读、文艺型阅读 4 种。鲍贝尔格提出了 10 种阅读类型：浏览阅读、情报阅读、消遣阅读、记忆阅读、实用型选择阅读、分析阅读、批判阅读、扩展性阅读、创造型阅读、校对阅读。因为人的目的是极其复杂的，从目的角度划分阅读类型，可能会导致类型的交叉和兼容。如分析、批判型阅读可能是创造型阅读也可能是实用型阅读，消遣阅读很可能是浏览阅读，情报阅读也会掺杂记忆的成分，校对阅读也不能排除其实用性。因此，国内学者探索多维度分析阅读类型。蒋成禹较早地从读者需求层次的角度，将阅读分为积累型阅读、理解型阅读、鉴赏型阅读和评论型阅读 4 种。曾祥芹、韩雪屏在其主编的《阅读学原理》一书中，除了按阅读目的划分类型外，还按阅读对象、阅读方式、阅读素质以及阅读需要和文化程度等多个维度对阅读进行了分类。这种多维度的分类方法有助于更全面地了解各种阅读行为，并能针对性地提供指导和支持。在这里，我们不再给阅读做一些新的分类，而是对一些阅读现象特别是 21 世纪以来大学生中普遍存在的功利型阅读、数字阅读、浅阅读、经典阅读、共同阅读 5 种阅读类型做深入分析，以便读者对阅读有更深刻的认识。之所以选择这 5 种阅读类型做分析，是因为前三种常常成为人们批判的对象，而经典阅读日渐式微却又必须大力提倡，共同阅读正逐渐成为时尚。

一、功利型阅读及其特点

根据读者的阅读目的，我们可以将阅读大致分为功利型阅读和非功利型阅读两大类。功利型阅读，顾名思义，是指读者出于实现具体、外在目标的需求而进行的阅读行为，其驱动力主要源自对实际成效或利益的追求。如为了求职、晋升、升学、考证、竞赛以及获得别人称赞、争取社会地位和名誉等而进行的阅读，大都属于功利型阅读的范畴。功利型阅读显著的特征在于其明确的现实导向性和相对较短的见效周期，即读者期望通过阅读迅速获得可量化的成果或优势。人总是生活在现实世界中，需要面对衣食住行、生老病死等诸多现实问题，这些问题的解决大都需要通过功利型阅读才能实现。特别是在当前社会对于应用型人才的高度需求，以及大学生就业竞争日益激烈的背景下，功利型阅读在大学生群体中尤为普遍。部分学生将阅读视为实现个人职业目标、经济独立的途径，如通过考研提升学历、增强就业竞争力，进而改善生活质量。这种生存压力促使他们将阅读的焦点集中在短期效益与直接利益上,从而在一定程度上忽视了非功利型阅读在精神修养、人格完善及心灵净化等方面的深远影响。

从另一个角度来看,大学生作为未来社会的栋梁之材,承担着修身、齐家、治国和平天下的重任,这些都离不开阅读这一重要途径。阅读不仅是他们获取知识和提升技能的重要手段,也是实现个人成功和社会贡献的有效工具。因此,阅读中的功利性方面也应当被理性地接受。回溯中国悠久的阅读传统,读书以求仕途显达的观念深入人心,"书中自有黄金屋"等古训,正是阅读功利价值的生动体现。所谓存在的就是合理的,功利型阅读自然有其合理性与必然性,我们也大可不必看到"功利"二字就"捧杀"。但需要提醒的是,大学生在阅读过程中,应避免步入"唯功利"的误区,不可将功利型阅读视为阅读的全部,而忽略了非功利型阅读在塑造个人世界观、价值观以及人生观方面的不可替代作用。如果仅仅把阅读当作解决现实问题的工具,那么阅读就可能变成一种负担而非享受。长此以往,甚至可能导致人们对阅读产生厌倦感。

因此,理想的阅读状态应该是功利型阅读与非功利型阅读相结合,既能应对生活中的具体挑战,又能丰富精神世界,满足心灵的需求。我们提倡的是一种平衡的阅读态度:既关注当前的实际需求,又不拘泥于短期的利益;既探索外在世界的奥秘,也注重内在心灵的成长;既追求通过阅读获得即时的好处,也不忽视长期的知识积累和个人素养的提高。这样的阅读方式不仅能够帮助个人更好地适应社会,还能促进全面的人格发展,为构建更加和谐美好的社会贡献力量。

二、数字阅读及其特点

1971年,伊利诺伊大学的学生迈克尔·哈特将《美国独立宣言》转换成数字格式并保存为文本文件,这一行动标志着世界上第一本免费电子书的诞生。也是在同年,哈特发起了"古腾堡计划",致力于将传统纸本书以电子档案格式存储于数据库中,供社会成员查询、下载和使用。此后,伴随着信息生产、传播和使用方式的变革,智能手机、平板电脑的更新换代,数字阅读日渐走入人们的视野并成为主流的阅读形态。那么,究竟什么是数字阅读呢?一般认为,数字阅读是相对于传统纸本阅读而言的一种阅读方式,其核心区别在于信息载体的不同。对于数字阅读的定义,学术领域有不同的解释。狭义上讲,数字阅读特指使用数字设备阅读以文字符号为主的电子文本的过程。而广义的数字阅读则包括所有通过数字化手段获取或传递信息的行为，无论载体、环境和形式如何，包括网络、浏览器、电子阅读器、电子纸和音视频设备等数字化终端，以及各种格式的文本、图像和音视频内容。此外，这种阅读方式可以是互动的、跨越时空的社会性阅读，也可以是私密的个人阅读，技术手段亦不局限于脱机或联网。为了避免定义内容的无限扩张，从图书馆信息资源建设与阅读推广的角度来看，数字阅读包含两层含义：一是阅读对象的数字化，即阅读材料不再局限于传统的纸质书籍，而是扩展到了多种多样的数字形式，例如电子书、网络小说、电子地图、数码照片、博客文章等；二是阅读方式的数字化，即读者可以使用平板电脑、MP4播放器、个人电脑、智能手机及专门设计的电子阅读器等电子设备来完成阅读，而不再依赖于纸质书籍。此定义在数字阅读的对象上既不像狭义数字阅读那样限制于以语言符号为主的文本，也不像广义数字阅读那样发散到包括音视频等立体、动态媒体，因而比较符合当下图书馆工作的实际。

相较于传统的纸本阅读，数字阅读具有以下特征：第一，阅读形态多元化。阅读形态多元化主要体现在阅读工具的多样性和阅读内容的丰富性上。读者可以根据个人习惯和偏好，选择使用电脑、平板、智能手机、电子阅读器、PSP、MP4等多种电子设备进行阅读。同时，他们可以轻松接触到各种格式、长度及体量的文本、音频、图像、动画等多样化的数字内容。第二，阅读模式的灵活性。读者具有高度的自主权，可根据个人偏好调整字体大小、颜色、背景等界面设置；根据阅读环境和个人习惯，选择在线或离线阅读、翻页或滑动翻页、横屏或竖屏阅读，以及默读或听书等多种阅读方式；可以进行顺序阅读或跳跃式阅读，并利用检索功能进行精确查找。此外，除了主动搜索感兴趣的内容外，读者还能接收个性化的阅读推送服务。第三，阅读内容交互融合。在数字阅读环境中，读者不仅能通过阅读社会化的交互方式，如内容分享、转发、评论、回复等，实现与他人的互动参与和社会交往，还能同时扮演数字内容的创作者和消费者的双重角色。数字内容间的相互引用、内外链接，使得读者能够根据需要自由拓展阅读边界。此外，传统的文本阅读已逐渐演变为融合了文字、图像、声音、视频元素的动态、多维、立体式阅读体验；数字阅读设备则通过记录并分析阅读内容、标记、用户评价、浏览历史等阅读数据，为读者智能推荐可能感兴趣的内容。第四，读者群体的社群化趋势。在数字时代，拥有共同阅读兴趣的读者能够迅速通过主动搜索或被推荐的方式聚集在一起，将个人的阅读行为转化为集体的阅读体验。他们可以在社群中交流心得、分享感悟，共同参与由社群发起或组织的各类活动，甚至将线上的互动延伸至现实生活，如豆瓣读书小组、微信读书群等。此外，数字设备还能根据读者的个人信息和阅读习惯，进行用户分类，为不同群体提供定制化的阅读服务。

毫无疑问，数字阅读相较于纸质阅读，展现出了无可争辩的众多优越性，如便捷的操作性、快速的搜索能力、庞大的信息存储容量、低廉的成本、跨平台的灵活性以及促进用户参与内容共创的特性。但另一方面，数字阅读也在不经意间削弱了传统阅读所培养的专注力、深度思考的能力，促使人们在潜移默化中形成了浮躁与喧嚣的阅读心态。尽管数字阅读环境复杂多变，我们也不必过度忧虑其潜在的消极作用，因为阅读活动的主体始终是拥有主观意识和自主选择能力的人。

三、浅阅读及其特点

在数字化的大潮中，人们的阅读行为、偏好及日常习惯正悄然发生改变。美国知名剧作家理查德·福尔曼曾以生动的比喻描绘道："鼠标一击，人人都联上那个巨大的信息网络，结果大伙都成了泛而薄的'面饼人'（Pancake People）。"的确，在网络时代，快餐化、碎片化、浅显化的阅读方式正逐渐成为主流，这一现象被广泛称为"浅阅读"，并引发了社会上的广泛关注和讨论。学界关于浅阅读的定义也有很多，如"浅阅读是指不需要深入思考的、以图文为主的、跳跃式的阅读"，"浅阅读是一种追求简单轻松甚至娱乐效果的浅层次阅读形式"，"浅阅读是指采取跳跃式的阅读方式，追求短暂的视觉快感和心理愉悦"。这些定义大多是从阅读动作（跳跃式）、阅读感受（愉悦）等非本质属性来界定浅阅读概念，而未能触及浅阅读的本质特征，甚至存在诸如"浅阅读无需思考"的误解。例如，一个经验丰富的人到书店或图书馆找书，只要浏览一下题名、目录、前言、后记、正文，便可判断该书是否值得购买或借阅，你能说此过程中没有思维活动吗？你又能说此种阅读是深阅读吗？看来，要想准确地给浅阅读下定义，首先得仔细推敲"深""浅"二字的含义。

《现代汉语词典》（第7版）标注"浅"具有以下语义：

① 从上到下或从外到里的距离小：浅滩/水浅/屋子的进深浅。

② 浅显：浅易/这些读物内容浅，容易懂。
③ 浅薄：功夫浅。
④ （感情）不深厚：交情浅。
⑤ （颜色）淡：浅红/浅绿。
⑥ （时间）短：年代浅/相处的日子还浅。

再来看看"浅"的反义词"深"的相对语义：
① 从上到下或从外到里的距离大：深耕/深山/这院子很深。
② 深奥：由浅入深/这本书很深，初学的人不容易看懂。
③ 深刻、深入：影响很深/深谈。
④ （感情）厚、（关系）密切：深厚情谊/两人的关系很深。
⑤ （颜色）浓：深红/深绿/颜色太深。
⑥ 距离开始的时间很久：深秋/夜已经很深了。

从上述内容中，我们可以发现汉语中的"深"和"浅"这两个形容词具有丰富的含义，语义①是它们最基础的含义，即从上到下或从外到里的距离大小；语义④⑤⑥是它们的非空间义在情感、颜色、时间上的用法；语义②指思维产物（即阅读对象）的深奥程度；语义③指思维参与的深入程度。显然，阅读作为大脑的一种智力活动修饰"阅读"行为的"深"与"浅"，应该释义为语义③。

基于此，我们可以将阅读行为依据思维参与的程度细分为浅阅读与深阅读。浅阅读是指读者在阅读时思维活动较少，对文本中的语言与符号仅停留在表面理解，缺乏深入思考与探究，因此其掌握程度也相对有限，仅能达到知晓或了解的层面。浅阅读的核心特征在于思维参与度低与阅读成效不显著。

浅阅读不是不思考的阅读，而是思考深度不够的阅读；快速阅读不等于浅阅读，因为快速并不一定影响阅读效果，所谓"目所一见，辄诵于口"，东汉学问家张衡就有这样的本领，不仅阅读快速，而且效果很好；功利型阅读不等于浅阅读，相反，若想通过阅读实现功利的目的，很多情况下还非得做深阅读不可；传统阅读不一定是深阅读，网络阅读也未必就是浅阅读。尽管浅阅读是近些年使用的一个新鲜概念，但浅阅读现象古已有之，只不过互联网的崛起与新媒体的出现促进了浅阅读现象的普遍化。

因此，浅阅读与深阅读之间的界限并不明显，外部观察者难以仅凭某人阅读的外在表现来判断其阅读层次的深浅，唯有阅读主体自身才能真切地感觉到自己所做的阅读是"深阅读"还是"浅阅读"。我们提倡深阅读，但也需要浅阅读，在出版业、传播业高度发达的今天，尤其如此。

四、经典阅读及其特点

根据阅读内容的经典性，我们可以将阅读划分为一般阅读和经典阅读。人们很难给"一般阅读"下定义，对"经典"却能如数家珍。如柏拉图的《理想国》、亚里士多德的《形而上学》、卢梭的《社会契约论》、马克思的《资本论》、亚当·斯密的《国富论》、孔子的《论语》、老子的《道德经》，这些作品历经时间的考验，对人类文明产生了深远的影响，无疑是经典中的翘楚。因此，凡是以这样的经典著作作为阅读对象的阅读无疑是经典阅读。可是，现代意义上的"经典"被赋予了更广的含义。一般认为只要具备以下 5 个要素之一，便可称之为"好书"，并在一定程度上赋予其"经典"之意：一是作品的核心价值不受时间影响；二是作品历经岁月仍被后人尊崇；三是作品在某一领域具有示范性和权威性；四是经过历史的筛选，被公认为"最有价值的书"；五是得到主流文化的认可与推崇的著作。以上要素中的第二、第三、第四条无疑是国学经典、权威经典、历史经典的主要特征，这是传统意义上的经典。要素一和五则是广义上的经典，即"时代经典"。由于社会的核心价值观念是不断变化的，主流文化也被打上了鲜明的时代印记。因此，经典并非一成不变、永恒不朽的存在。但只要某部作品在其所处的时代或特定领域内产生了深远影响，就值得我们去阅读、去品味，与之进行跨越时空的思想交流。

尽管阅读经典就是向大师学习这个道理人人都懂，可做起来却不是那么容易。广西师范大学出版社于 2013 年 6 月进行了一项引人注目的调查，他们统计分析了近三千名读者反馈的"最难啃"书籍，并据此发布了一个"死活读不下去排行榜"。榜单前 10 名赫然包括《红楼梦》《三国演义》等中国古典文学巨著，以及《追忆似水年华》《瓦尔登湖》等全球闻名的文学佳作。这些名字，即便读者不一定能详尽道出作者国籍与生平，也绝对是耳熟能详的经典之作。它们不仅频繁出现在各类推荐书单上，更是语文教育体系中不可或缺的一部分，时常被选编入中小学及大学的语文教材中。然而，令人遗憾的是，尽管这些名著享有盛誉，却并不受当下国人青睐。究其原因，除了名著因人名太长、厚如砖头、晦涩难懂等自身缺陷外，还与当下流行的"浅阅读""快阅读""碎片化阅读"不无关系。电视、网络、智能手机的广覆盖与高普及培养了人们对大众娱乐文化的兴趣,无形中又强化了人们拈轻怕重、避重就轻的本能选择,而且还剥夺了人们的阅读时间。读图、读网之风盛行,正逐渐侵蚀着文字阅读的领地,使得"去经典化"的阅读趋势愈演愈烈。在这种环境下,如何重燃人们对经典名著的热情,引导社会回归深度阅读的传统,成为了亟待解决的问题。

基于此,有识之士纷纷倡导经典阅读。王余光呼吁"阅读,与经典同行";徐雁先生则将经典名著比作滋养心灵的"十全大补丸";朱永新回首自己的阅读历程时发现,自己的阅读始终追随着伟大的灵魂;解玺璋先生则激励广大读书人,要广泛涉猎经典,以"通古今、达中外、能为世益者"的宏伟抱负为己任,通过阅读来拓宽视野,提升个人素养。在此背景下,大学教育也应调整策略,在强化专业教育的同时,不应忽视人文教育的重要性,积极倡导并推动经典阅读的普及与推广。

五、共同阅读及其特点

在 1998 年,西雅图公共图书馆启动了一项创新性的阅读活动——"假如西雅图民众共读一本书",主办方希望通过集体阅读同一部文学作品,给社区居民提供共同讨论的话题,使其交流思想,从而促进认识,融洽社区关系。该活动凭借其独特的魅力迅速吸引了广大市民的热情参与,并取得了显著成效。随后,在美国图书馆协会公共计划部门的积极推动下,"一城一书"的阅读模式迅速扩展到全美 51 个州的 383 个社区,并逐渐传播到了加拿大、英国、澳大利亚等国家。这种阅读风潮不仅在社区层面产生了积极影响,还激发了高等教育领域的创新。许多大学开始实施"新生共同阅读计划",又称"新生暑期阅读计划",即要求新生在入学前的暑假期间阅读指定书籍,并在开学后围绕这本书开展各种活动,如小组讨论和作者见面会,以培养学生的批判性思维能力和促进学习共同体的形成。近年来,国内高校也纷纷效仿这一模式,开展了形式多样的共同阅读活动。例如,中央民族大学外国语学院自 2009 年起连续多年举办"同读一本书"活动,旨在引导大学生形成良好的阅读习惯,提升阅读品质,并为他们提供一个思想碰撞、相互学习的空间。湖南省高校图工委于 2013 年起,组织开展"一校一书"阅读活动,参加学校已从最初的本科院校扩展至独立学院与高职院校,并构建了协同阅读推广体系与评价激励机制。该活动倡导经典阅读与精细阅读,强调阅读的经世致用功能,受到了大学生的欢迎,逐渐发展成为一项区域性协同阅读推广活动。北京"书香中国·北京阅读季"每年持续进行，北京市政府与多家文化机构合作，每年选择一本或多本具有代表性的书籍作为推荐读物，开展一系列线上线下相结合的读书活动。2024年，特别推出"城市记忆"主题阅读活动，邀请作家、学者及普通市民分享自己与北京的故事，通过共读《城南旧事》等经典作品，重温老北京的历史风貌。此外，随着家庭教育的重要性日益凸显，亲子阅读作为共同阅读的另一种重要形式，也越来越多地被家长采纳。越来越多的家长开始认识到亲子阅读对于增进亲子关系、培养孩子阅读兴趣与习惯的重要作用，并积极参与其中。

根据在阅读同一本书过程中参与人数的多少，阅读可以分为个别阅读和共同阅读。综观以上国内外开展的共同阅读活动，我们可以给"共同阅读"做如下定义：共同阅读是指两个或两个以上个体在同一时间段内共同选择并阅读同一本书，并互相分享对书籍内容的感受、探讨其中的困惑以及交流个人心得，来相互启发，共同深化对作品的理解，同时也通过相互间的交流与互动，增进彼此之间的情感联系与认知共鸣。从该定义中可以看出，"共同阅读"具有以下4个特点。

一是阅读主体的群体性。群体是相对于个体而言的，指的是两个或两个以上有着共同点的个体组成的整体。大家同读一本书，通常是在学校教育的课堂上，以语文教材为读物，按照教学大纲的规定，在老师的指导下，有步骤、有计划、有目的地进行。毫无疑问这是典型的共同阅读。当阅读离开课堂时，往往以个体阅读的形式呈现，这种阅读方式使得个体在遇到疑问时难免会有孤单无助之感。新媒体环境下，"新浪微博""微信""脸书""推特"等社交网络的兴起使人们可以便捷地分享阅读内容，给共同阅读从"熟人群"向"生人群"扩散创造了条件。

二是阅读客体的同一性。只有群体阅读同一本书，大家才会有共同的话题，才可以通过互相切磋来增加对知识的理解；个体才可以实现从与他人的阅读中获取灵感，才可以借助群体的力量培养良好的阅读习惯。

三是阅读时间的统一性。尽管处于共同阅读群中的个体在阅读同一本书时，阅读时间通常会有先后之分，耗时也会有长短之分，但整体上必须在同一时间段内，可以是同一天、同一月、同数月，却不太可能是同数年。因为人的记忆会随时间而遗忘，时间越长，遗忘越多，进而影响阅读交流的广度和深度。

四是阅读过程的交互性。共同阅读是一种强调互动与合作的阅读方式，它利用了集体智慧的力量。正如俗语所说，"三个臭皮匠，顶个诸葛亮"，这句话体现了多人合作时所能产生的巨大创造力和解决问题的能力；又如"三人行，必有我师焉"，则指出了在任何团队或小组中，总有人可以教会我们一些东西，无论是在知识还是经验上，这样的阅读形式促进了成员之间的思想交流和知识分享。共同阅读，本质上就是一种促进个体间交流互动、共享知识经验的阅读方式。它鼓励参与者勇于表达自己的见解，同时也乐于倾听他人的声音，通过不耻下问的精神，不断拓宽自己的视野，深化对阅读内容的理解。

换言之，只有两个以上的人在同一时间段内阅读同一本书，并围绕着这本书展开互动交流，才能称得上共同阅读，四者缺一不可。

第四节　不同人群的阅读行为特征

本节将根据不同年龄段人群的成长特点，结合公共图书馆及高校图书馆的服务对象，探讨少年儿童、青年大学生、职场成年人以及赋闲老年人这4类群体的阅读习惯与偏好。

一、少年儿童的阅读行为特征

"少年儿童"这一称谓，实际上并不是一个很严谨的概念。联合国《儿童权利公约》规定：儿童是指18岁以下的任何人，除非对其适用之法律规定成年年龄低于18岁。在中国，对于这个年龄段的人群有着多种称呼，比如少年儿童、青少年以及未成年人等。由于独立自主的阅读必须以识字为前提，根据我国规定的儿童法定入学年龄，本节中的少年儿童特指年龄在6~18周岁之间，正就读于中小学阶段的学生群体。

儿童期是个体生理和心理快速发展的关键时期。这一时期的阅读常常是在一定指导下进行的，它强调的往往是思想品德的教育、基础知识的学习和掌握、智力能力的培养与开发以及阅读技能的获得，因而，它常常是一种积累性、学习性阅读。少年儿童的阅读行为相应地呈现出以下几个特征。

（一）阅读兴趣随年龄而变化

儿童的阅读兴趣随着年龄的增长而发生变化，主要体现在两个方面：

一是不同年龄段的儿童对书籍内容的兴趣呈现出特定的发展阶段；二是随着年龄增长，男孩和女孩在阅读偏好上开始出现明显的性别差异。

1. 不同年龄阶段的阅读兴趣特点

不同年龄阶段儿童的读书兴趣有其各自的特点，大致可以分为 6 个阶段：第一阶段为绘画兴趣期（4~6 岁），这一时期的儿童喜欢色彩鲜艳、图画丰富的书籍，这些书籍通常以简单的故事情节和生动的画面吸引孩子；第二阶段为传说兴趣期（6~8 岁），随着认知能力的提高，孩子们开始对民间故事、神话传说产生浓厚的兴趣，这类故事往往包含着文化传统和道德教育价值；第三阶段为童话兴趣期（8~10 岁），此时的孩子们被奇幻的童话世界所吸引，通过这些故事学习勇气、善良等品质，并且发展想象力；第四阶段为故事兴趣期（10~15 岁），青少年读者更倾向于阅读情节复杂的故事书，如冒险小说、科幻作品等，这有助于他们探索未知领域并培养批判性思维；第五阶段为文学兴趣期（15~17 岁），随着情感世界的丰富和个人见解的形成，青少年开始欣赏更加深刻复杂的文学作品，包括诗歌、戏剧以及经典文学；第六阶段为思想兴趣期（17~24 岁），成年初期的年轻人则可能对哲学、社会科学等领域表现出强烈的好奇心，通过阅读来构建自己的世界观和价值观。

2. 性别差异在阅读兴趣上的体现

随着少年儿童年龄的增长，他们的阅读偏好开始呈现出明显的性别差异。这一现象在多项研究中得到了验证，特别是在小学高年级阶段，这种差异逐渐变得清晰可辨。例如，2023 年，在美国一项针对青少年的调查中发现，女孩比男孩更倾向于选择小说类书籍，特别是浪漫爱情故事、青春文学以及虚构类作品，而男孩则更偏好非小说类书籍，如科幻、历史、体育和技术类读物。这一发现不仅反映了性别角色社会化对阅读兴趣的影响，也揭示了儿童内心世界与性别认同的微妙联系。在我国，知名童话作家郑渊洁也敏锐地捕捉到了这一趋势，他在创作过程中特意融入了性别意识，通过精心设计的人物角色、故事情节乃至封面装帧，以满足不同性别小读者的独特趣味和审美需求。这一实践不仅丰富了儿童文学的内涵，也促进了阅读体验的个性化与多元化。此外，男孩的阅读意愿普遍比女孩低。英国国家素养基金会于 2005 年开展的一项涉及 8000 名 5~18 岁儿童的调查进一步证实了这一点，该调查还揭示了男孩在阅读态度上的消极倾向；2023 年初，英国国家识字信托基金（National Literacy Trust）开展一项涉及 71

351名5~18岁儿童和青少年的调查研究表明,性别差异在儿童和青少年的阅读习惯中明显存在,女孩比男孩更有可能享受阅读,并且每天花更多时间读书。这一现象引发了社会各界的广泛关注。为了应对这一现象,许多专门设计来激发男孩阅读兴趣的项目应运而生。如英超俱乐部的"阅读之星"计划及加拿大的"男孩与文学"项目等。这些项目通过创新的方法和策略,如将体育、冒险等主题融入阅读材料中,或是邀请知名运动员作为榜样参与活动,旨在吸引男孩们对阅读的兴趣,并帮助他们建立起良好的阅读习惯。归根结底,男孩与女孩在阅读兴趣上的差异,在很大程度上可归因于其生理发育及性别角色认同过程中的自然分化。这一认识为我们理解儿童阅读行为、优化阅读资源配置以及实施更有针对性的阅读推广策略提供了重要依据。

(二)阅读注意具有不稳定性

读者在阅读过程中的感知、记忆与思维活动,都离不开注意力的参与与调控。高尔基说:"我扑在书籍上,好像饥饿的人扑在面包上一样。"普希金则以"忘记了世界"来形容自己读书时的专注程度。实际上,阅读的效果很大程度上取决于读者是否能够集中注意力。阅读注意的稳定性是指个体在阅读过程中,其注意力能够持续聚焦于读物上的时间长短。若此时间长且不易受外界干扰,则表明注意的稳定性良好;反之,若持续时间短,或者很容易发生注意转移,就说稳定性差或者具有不稳定性。一般来说,年幼者往往较难保持长时间的稳定注意,这与其生理发育及心理特征紧密相关。少年儿童天性活泼好动,具有强烈的好奇心和求知欲,这既是他们读书学习的优点,又是引起他们注意力分散的一个重要原因。表现在阅读中,一是注意力难以长时间集中,尤其是在面对较为枯燥或复杂的材料时;二是易受外界干扰,周围环境中的任何变化都有可能吸引他们的注意,从而打断正在进行的阅读过程。因而,少年儿童大多喜欢阅读浅显易懂的读物。

(三)阅读能力发展具有阶段性

阅读能力是个体在已有知识和经验的基础上,能够成功且高效地进行阅读活动的一种能力。这种能力是逐步通过不断的阅读实践而建立起来的,它构成了一个多维度、多层次的复杂体系。从语言理解的角度来看,阅读能力涵盖了字词认读能力、语言理解能力、语言吸收能力和语言自主学习能力这4个关键方面。学校教育中的语文阅读教学显然符合这种从低级到高级、从基础到综合、从简单到复杂的阅读能力层级结构。从文献处理的角度审视，阅读能力则包括选择恰当文献的能力、深入理解内容的能力、有效运用知识的能力以及批判性和创新性的思考能力。少年儿童阅读能力发展的阶段性主要表现在文献选择能力的阶段性与阅读思维发展的阶段性两个方面。小学低年级学生，在阅读兴趣上没有选择性和分化性，在阅读材料的选择上也没有明确的指向性；由于识字量非常有限，读物基本以标注有汉语拼音的童话故事、图文并茂、浅显易懂的连环画为主。到了小学高年级，随着字词认读能力的提高，儿童初步具备选择读物的能力，并表现出一定的学科兴趣。升入中学后，阅读兴趣开始分化，选择读物的能力进一步加强，开始形成阅读偏好。

在阅读思维的发展上，小学阶段的儿童以直观形象思维为主，对事物的认知停留在感性认识阶段，阅读缺乏深刻性。中学生的抽象逻辑思维能力逐渐增强，喜欢动脑筋思考问题，阅读理解能力不断提高，开始有自己的见解，但这一阶段的学生还处在评判能力较低的状态，可能难以区分文献质量，容易受到不良读物的影响。儿童阅读能力发展的阶段性特征与儿童受教育程度的阶段性以及生理发育的阶段性相匹配，进而决定了少年儿童阅读的阶梯性。

二、青年大学生的阅读行为特征

青年大学生作为未来社会的中坚力量与高级知识分子，肩负着推动学习型社会建设的重要使命。他们内心充满了对知识的渴求，拥有较高的阅读能力，并拥有充分的阅读时间。他们能够轻松接触到最前沿的阅读媒介与技术手段，同时对社会文化环境和阅读氛围较敏感，他们的阅读行为具有以下特征。

（一）阅读量大

与中学阶段依赖教师指导监督和学校教学不同，大学阶段更加开放和自主，更多的是通过学生自主学习的方式获取知识，而自主学习的一个主要途径便是大量阅读各类书籍文献。在许多国外的高等教育体系中，采用"阅读+讨论+报告"的教学模式，其中阅读是整个学习过程的基础。例如，在美国，大学生平均每周需要完成500~800页的阅读任务。正因为阅读量是大学生的基本功，所以作为文献信息中心的高校图书馆成了大学的地标和象征，同时也是大学精神的重要守护者，与教师、实验室一起并称为高校的三大支柱。有专家提出，大学学习的真谛在于"读老师、读同学、读图书馆"，这实际上是在强调"读人"与"读书"相结合的学习方法。正如古语所云："三人行，必有我师焉。"每个人的经历都是一本书，从中我们可以汲取智慧与力量，学习他人的经验与教训，以此激励自己，明确人生方向。在高校中日益盛行的"真人图书馆"活动，正是这一"读人"理念的生动实践。图书馆不仅是书籍的存放地，它还拥有丰富的纸质文献和先进的电子数据库资源，全方位满足了大学生的学习和科研需求，成为了他们获取阅读资源的主要渠道。许多学生深有体会地说："大学学习的成果，很大程度上取决于你在图书馆中的投入程度。"这一观点正逐渐被越来越多的学生所接受，并激励他们积极投身于图书馆的浩瀚书海之中，以实际行动践行这一理念。

（二）阅读方式多

随着大学生阅读需求的日益增长，阅读方式的多样化成为必然趋势。因为没有任何一种阅读方式是适用于一切阅读的，每种阅读方式都有其不可替代的作用。朗读、默读、略读、精读、慢读、快读、连读、跳读等多样化的阅读方法，为大学生提供了多种选择。相较于中小学时期频繁采用的朗读方式，默读在大学生中的运用更广泛，阅读速度也明显快于有声阅读。对于专业的经典文献，大学生则需要逐字逐句、逐章逐段地进行精读、慢读；对于只需了解的书籍，适宜做翻阅浏览式的略读、快读。此外，随着新媒体技术的飞速发展，大学生的阅读媒介也从传统的图书、报刊等纸质材料扩展至网络、手机等数字平台。这一变革不仅为大学生带来了即时互动、信息共享等前所未有的阅读体验，也对他们的阅读能力提出了更高的要求。大学生需要掌握多种阅读技巧，并根据不同的阅读材料和目的，灵活选择和调整阅读方法。具体来说，大学生应具备以下能力：一是掌握基本的阅读技巧，能够根据不同的读物和阅读目的选择合适的阅读方式；二是在阅读实践过程中，能够主动驾驭各种阅读方式，并根据自己阅读的主客观条件，将多样的阅读方式科学配伍，力争取得最佳的阅读效果。谁能辩证地运用各种阅读技术和方法，谁就能成为阅读的赢家。大学生作为未来社会的知识精英，既具有"精""深""古""奥""钻"的传统古典式读书法，又具有"轻""浅""泛"的信息时代的阅读特征。

（三）阅读目的性强

阅读是一种自觉的意志行为，这种自觉意志决定了阅读都有其目的，或为求知考试,或为审美娱乐,或为评价欣赏,所谓"志不立,天下无可成之事",没有目的的阅读是不会产生比较好的效果的。青年大学生担负着修身、齐家、治国、平天下的责任,他们的阅读具有明确的目的。第一,为完成学业而阅读。如围绕课堂教学阅读教辅资料,围绕各种比赛做研究性阅读,围绕考级、考证阅读各种考试用书,等等。第二,为修身养性而读。大学时期是大学生人生观、价值观、世界观形成的关键时期,这一时期的大学生热衷于阅读文学经典、综合类书籍、时效性强的报刊以及寓教于乐的科技读物,不仅丰富了他们的精神世界,也促进了其人生观、价值观、世界观的成熟与完善,满足其人文素养提升的需求。第三,为关注社会而读。青年大学生在关注自身发展的同时,也把目光投向社会。为了适应社会需求、实现自我价值,他们会阅读与时代同步的书籍,关注社会热点和焦点问题,追求知识的更新和思维的革新。因此,那些蕴含新观点、新思想、新方法的书籍成为了他们竞相追逐的目标。

然而任何事物都有其两面性。在享受网络化阅读带来的便捷与丰富性的同时,部分大学生也陷入了功利化、消遣化与浅表化的阅读陷阱。网络的普及虽然拓宽了阅读的边界,但也使得部分学生的阅读动机变得更为实用主义,过分追求即时满足与轻松愉悦,而忽视了深度思考与知识积累的重要性。此外,青年人对时尚与流行的追逐,也在一定程度上影响了他们的阅读选择,使得部分阅读活动变得缺乏深度与内涵。因此,在鼓励青年大学生广泛阅读的同时,也需要引导他们树立正确的阅读观念,培养深度阅读的习惯与能力。

三、职场成年人的阅读行为特征

《中华人民共和国民法典》规定,18周岁以上的自然人为成年人。我国的法定退休年龄根据工作年限和性别有所差异,据此,我们可以将职场成年人界定为在社会中从事一定职业、年龄在18~60周岁的公民。

根据马斯洛的需要层次理论,人在衣、食、住、行和性等方面的生理需要是最基本的需要。家庭成员的这种基本生存需要总是由已经走入社会的成年人来提供,因而,绝大部分成年人都处在职场中,承受着来自家庭和社会的较大压力,谋生是他们的第一要务,属于较高层次的个体阅读需要往往被忽视,且呈现出不一样的特点。

（一）阅读时间少

作为社会和家庭的中流砥柱，职场成年人在社会中扮演着关键角色。一方面，在"时间就是金钱"的工业社会里，面对激烈的职场竞争，成年人需要马不停蹄地努力工作。另一方面，在家庭生活中，购房压力、医疗压力、子女教育压力都叠加在成年人的肩上，迫使他们更加重视经济利益。较重的生存压力直接影响了人们的阅读时间。

根据统计，职场成年人一天24小时的时间是按工作时间、生理需要时间和闲暇时间三种形态分配的。其中工作时间属硬性时间，生理需要时间亦不能随便支配，而闲暇时间既可满足各种需要，又可自由支配。资料表明，家务劳动时间、上下班往返时间、意外占用时间（如来客、生病等）几乎占去闲暇时间的2/3，所剩自由时间还不能全部用于阅读，加上智化劳动程度不高，工作时间相对较长，传统的慢节奏习惯难改，多种因素使得我国的职场成年人阅读时间的数量和质量都赶不上发达国家。《第二十一次全国国民阅读调查报告》显示，2023年，中国成年国民平均每天的阅读时间为23.38分钟。从阅读数量上看，2023年人均纸质图书阅读量为4.75本，电子书阅读量为3.40本，总计8.15本。这就说明绝大部分成年国民已认识到阅读的重要性，但真正能抽出时间多读书的仍为数不多，"工作忙，没时间"是造成此种反差的最主要原因。

（二）深度阅读被忽视

职场成年人在有限的自由支配时间内，即使阅读，也大都只有两个目的。一是为了考证而阅读。自1995年国家职业资格证书制度实施以来，各类证书如教师证、医师证、律师证等，不仅成为求职者入职、晋升的敲门砖，也是雇主选拔人才的重要标准。因此，成年人要想谋求一份高收入的体面工作，首先就必须在各种证书考试中过五关斩六将，各种考试用书自然成了成年人阅读的主要对象。据统计，中国社会中有48.7%的识字人口，其中大多数人的阅读选择直接与他们即将参加的考试相关联，考什么就读什么，怎么考就怎么读，这种阅读行为更多的是为了追求眼前的经济利益和个人职业发展。二是为消遣娱乐而读。根据国际电信联盟（ITU）发布的报告，截至2023年底，全球互联网用户数量已突破50亿，我国网民规模达10.92亿人，是全球网民人数最多的国家。国家统计局发布第三次全国时间利用调查公报，我国居民每日平均上网时间达5小时37分钟，浏览新闻、查询信息、聊天交友、观看视频、在线听歌是网民上网的主要活动类型。仅有 20.5%的网民将"在线阅读书籍、报刊"列为他们的主要网络活动之一，这表明，那种需要静心品味、深入思考的深度阅读，正日益淡出职场成年人的视野，取而代之的是更加轻松快捷、碎片化的信息获取方式。

四、赋闲老年人的阅读行为特征

1996 年颁布的《中华人民共和国老年人权益保障法》规定："老年人是指 60 岁以上的公民。"60 周岁以上的老年人基本已退出职场，赋闲在家，且子女已成人，他们无须再背负来自社会和家庭的双重压力，这使得老年人拥有了更多的自由时间，可以重新投入到阅读等个人兴趣中，以丰富自己的精神生活。这一阶段的老年人在阅读行为上表现出以下几个特征。

（一）休闲消遣是老年人从事阅读的第一大目的

国外研究资料表明：阅读是老年人最常被提起的休闲活动，他们平均每天的阅读时间超过 2 小时，阅读的主要目的是消遣和获得信息。国内学者对老年人的阅读行为进行了研究分类：边振玉将其分为消遣型、养生型和写作型；牛丽将其分为消遣型、学习型和应用型；姚海燕则将其划分为学习消费型、学习进取型和参与奉献型；冯长美将农村老年读者划分为娱乐休闲型、农时型、实用型和学习研究型。尽管以上划分类型不同，然而消遣型却是老年人阅读的主要类型。肖雪针对城乡老年人的阅读状况进行了深入调查，其结果进一步印证了消遣型阅读在老年人群体中的普遍性。调查显示，无论是城市还是乡村的老年人，都将休闲消遣视为阅读的首要目的，紧随其后的是通过阅读来丰富知识，而工作或农业上的需求则位列第三。事实上，随着职场的退出，一些老年人大量的闲暇时间不知如何打发，且寂寞和孤独成了部分老年人的共同感受，具有娱乐休闲功能的消遣型阅读自然受到了老年人的青睐。

（二）传统媒体是老年人获取知识的主要渠道

当前，随着我国信息化程度的不断提高，电信、电视、互联网三网融合的快速推进以及智能手机价格的平民化，网络已走进寻常百姓家，通过手机终端上网已十分便利。截至 2023 年 12 月，我国网民规模达到 10.92 亿人，成为世界上网民最多的国家。然而，在新兴媒体的使用上，老年群体的整体使用率和接受度仍然较低，属于数字弱势用户。相较于新兴媒体，报刊、电视、书籍等传统媒介依然是老年人获取资讯的主要渠道，电视的影响力尤其突出。根据中国互联网络信息中心（CNNIC）发布的《第 52 次中国互联网络发展状况统计报告》，截至 2023 年 6 月，60 岁以上老年人上网比例约 40%，与白领和大学生群体的 90%相比，仍然存在一定差距。

（三）老年人阅读具有固定的阅读习惯

经过长期的阅读实践，老年人已经形成了比较固定的阅读习惯。这种固定性主要表现在 4 个方面。一是阅读载体形式的固定。老年群体普遍习惯于传统的阅读媒介，纸质的书籍、报纸和杂志是他们的主要读物，对新兴的网络阅读、电子阅读等数字阅读形式接触不多。二是阅读内容固定。老年人阅读倾向于自己熟悉的内容，时事政治、健康娱乐、实用技术是老年人普遍关注的阅读主题。三是阅读频率和时间固定。老年人会根据自己对阅读的热爱程度，选择经常阅读、偶尔阅读或不阅读等固定的频次，并在固定的时间段内阅读，且每次阅读持续时长大体相同。四是阅读场所固定。传统的居家养老方式延续至今，家也自然地成了绝大多数老年人阅读的主要场所。此外，社区图书馆与农家书屋等公共设施也是老年人常去的阅读之地，这些场所不仅满足了他们的阅读需求，也为他们提供了社交与互动的机会。

第二章 阅读推广的基础理论

阅读推广是一种独特的人类社会活动，它结合了阅读学和推广学的理论，形成了一门新兴的交叉学科。从其推广的目的性而言，则属于非营利性的"服务型推广"与"教育型推广"相融的理论范畴。从其推广的内容与对象而言，包括语言、文字、符号、图像等所负载的知识技术、情报、信息、数据以及人类所有文化艺术的总和。本章将论述推广学理论、阅读推广的定义与特征、阅读推广的目的与功能、阅读推广的类型与特点、阅读推广的现代理念以及我国阅读推广的发展概况。

第一节 推广学理论

一、推广的基本属性

（一）干预性

推广可以被视为一种具有干预性质的活动。大多数关于推广的定义都强调，推广是一种经过深思熟虑、有组织、逐步推进、系统化设计、以目标为导向的活动。确立目标、策略规划与实施检验、资源有效配置、执行任务以及成果评估等都是推广的干预性的体现。在《现代汉语词典》（第7版）中，"干预"被解释为"过问（别人的事）"，然而，在推广的语境下，其内涵远不止于此。充当"推广员"角色的人常常直接参与目标群体的行为变革过程，因为推广员本身就是一种以执行干预为目的的职业。事实上，医生、教师、推销员以及其他专业工作者在平常的工作中都部分地扮演着"干预者"的角色。正是由于这个原因，国外的许多大学生都以"农村推广"作为选修课，即使他们根本不打算成为专职的推广人员，他们也觉得通过沟通进行干预的原则，是许多工作所要求的职业技巧之一。

（二）沟通性

推广以沟通作为其引导变革的手段。沟通贯穿于推广的全过程，是推广、培训和信息传播的基础，是推广实践中不可或缺的核心环节。早期的推广实践往往被简化为一种直接的、缺乏深度的干预方式，忽略了沟通在推广过程中所扮演的重要作用，认为推广就像投掷标枪一样，把知识和动力投向目标用户便大功告成。后来发现这种把目标用户当成"靶子"的推广工作，收效甚微。即使目标群体相信自己会从行为变革中获益，可仍然会因为缺乏变革的资源和条件而没有引发自愿行为的改变。沟通的重要性由此得到认识。沟通需要相互理解。推广的效果取决于干预团体与目标群体之间互相理解的程度。在推广之前，若能了解受众的期望，倾听他们的意见并加以理解，与他们一起对新的建议进行预试，并注意使用他们已有的知识，让变革行为者（推广员）与目标用户共同解决问题，推广的效果会好很多。

（三）自愿性

推广只有通过自愿变革才能产生效力。尽管推广的影响力来自策略地运用沟通这一手段，然而在引起人们行为自愿变革方面，这种影响力还是相当有限的，除非有其他途径以权力迫使人们依从。可是我们不能利用推广来强迫人们去做违背自身意愿的事情。推广的逻辑也要求变革行为者必须寻求引导目标用户自愿变革的手段和方式。自愿的行为不能由命令或指令产生，它需要利用说服、传递信息和其他沟通形式来引导目标客户在知识、认识、动机、理解或反馈上的改变，让他们相信行为改变是为了他们自身的利益。戈加特曾提出自愿行为改变的三个条件：一是必须知道怎样做；二是必须想要做；三是必须有能力做。显然，推广在对知识（知道怎样做）和动机（想要做）上的影响比对能力上的影响要大得多，因为人的能力的养成是一个复杂而长期的过程。正因为如此，现实的推广工作常常在改变人的知识和动机方面着力，在改变能力方面望而却步，从而造成推而不广的情况发生。若背离自愿性原则强制推广，即使是好心，往往也会办成坏事。

（四）公益性

用户通常被视为理性经济人，其行为受个人利益最大化的驱动。如果推广活动仅仅是出于推广者自身的利益，那么这样的推广很难赢得用户的认可和支持，从而影响推广效果。因此，无论是农业技术的普及、商业产品的营销，还是服务行业中的服务推广，都应具备一定的利他性质，即这些活动不仅要追求经济效益，也要兼顾了用户的利益。利他性的程度越高，推广的过程就越顺利，效果也越明显。对目标用户来说，具有收益外溢的项目必须采用补偿机制才能得到有效推广。如此，在很多国家和地区，推广常常被用来作为一种政策工具。如在保护自然资源、预防公害、保证对于环境资源的适度使用、解放思想、主持公道、防止破坏公物的行为、能源保护、保证更好地使用娱乐设施、保证坚持公共利益的政策、交通安全等方面，推广的目的更加强调公共和集体的利益，而不是某些私人利益，因而具有显著的公益性。

（五）机构部署性

推广作为一种职业活动，其运作离不开资金的支持。不论是全职还是兼职的推广人员，都需依赖一定的经费来维持推广工作的持续进行。鉴于个人往往难以独立承担推广所需的全部开销，推广工作通常由各类机构来统筹执行，这些机构可以是政府机构、志愿机构、商业实体以及会员协会等。例如，在许多国家特别是发展中国家，农业领域的推广工作常作为国家行政体系的一部分，由政府直接管理，政府提供必要的经费和人员配置，并采用技术、政策、物资相结合的运行机制来开展工作；大专院校与科研院所等教育科研机构开展的推广工作，其资金来自于教育经费或科研项目经费，通常采用科研、教学、推广结合的运行机制助力科技成果的转化，即使是在当下的大学教育中，仍然强调生产、教学、科研相结合，以培养适应市场需求的人才；企业或公司设置的推广机构以增加企业的经济利益为工作目标，以产品消费者为服务对象，由企业划拨推广经费，一般采用企业、基地、用户结合的运行机制，以调动企业和用户的生产积极性，达到双赢的效果；会员协会合作形成的自助推广机构以会员为推广对象，以经营、咨询、推广相结合的方式开展资源传递服务。由此，推广的机构部署性便不言而喻。

根据推广的以上属性，我们可以给推广做出如下定义：推广是由专业机构策划并实施的一种职业化和组织化的沟通与干预过程，旨在引导目标群体（即被推广者）自愿改变行为，以实现推广者所认为的公共或集体利益。

二、推广的目的

推广是一项经过精心策划与系统设计、遵循既定程序并明确目标导向的活动，其背后蕴含着强烈的目的性。推广的目的有两个：一是直接目的，二是最终目的。直接目的是引发推广行为的动机。如在传统农业社会，人们为了生存，千方百计想要农作物高产，于是，为了提高农作物产量的农业技术推广行为便应运而生；科研院所为了把潜在的、知识形态的科技成果转化为现实的、物质形态的生产力，必须将创新的成果在相应领域推广使用才能产生效益；企业开发的新产品只有投放市场，被消费者购买才能实现利润，为了占领市场，让产品迅速被消费者知道并接受，企业需要市场推广；政府从国家和社会的利益出发，必须对个体的行为进行规范和节制，这种规范和节制除了通过硬性的法令强制执行外，还需要通过推广教育来引导人们的行为自愿改变。这些推广行为，因传输技术、成果转化、产品销售、行为教育的动机而产生，是推广的直接目的，也是短期目的。那么，技术推广、成果推广、产品推广、教育推广，其最终目的是什么呢？根据推广的核心逻辑——诱导变革，我们认为，推广的最终目的只有一个，那就是引导行为自愿变革。

为了实现推广的最终目的，变革行为者需要科学合理地设计其直接目的，并努力使干预目的与用户目的相一致，以实现推广效益的最大化。推广目的（直接目的）与用户目的的一致性程度是有差别的，通常有以下4种情况。

（1）推广目的与用户目的相同。

（2）推广目的与用户目的部分相同。

（3）推广目的与用户目的相联系。

（4）用户目的能够被转化为适合于推广目的。

第一种情况可能发生在由慈善机构提供资金的志愿组织开展的推广活动中，或者是由用户自己付费请商业公司为其提供的推广服务中。在这两种情况下，推广是为用户服务的一种手段，因而推广目的与用户目的高度一致。

第二种情况经常发生在农业推广中。用户目的是多赚钱过好日子，推广目的更多的是为国家利益服务。如在工业欠发达国家，农业推广的目的是为城市消费者提供廉价而可靠的食品供应，赚取外汇为工业发展提供原材料等，这种国家利益的达成是通过引进新技术提高农业产量实现的。随着产量的显著增加，农产品市场的供需关系发生变化，价格趋于下降。面对这一变化，农民为了维持甚至提高收入水平，会自发地寻求推广咨询服务的支持，当廉价而丰富的农产品变为现实的时候，农民们也看到了技术创新给他们带来的切身利益。农民们开始更加积极地接受和参与推广活动，形成了一个良性的循环。

第三种情况经常发生在诸如广告一类的领域中。为了使推广目的（出售产品）和用户目的相联系，沟通干预常借助于某些用户感兴趣的、有利可图的、有指望的或者信服的中介物，即"诱导体"，而推广组织想要用户购买的产品被称为"劝导体"，沟通干预力求证明在"劝导体"和"诱导体"之间有一种关系，这种关系被称为广告的"允诺"。

第四种情况是指推广除采用沟通干预外，还可采用其他手段达成推广目的。如价格刺激和补贴可以使用户对推广咨询服务产生兴趣。

当推广目的与用户目的完全相反时，沟通干预是不起作用的。若想通过推广让目标用户去做他们不愿意做的事情，那是根本不可能的。当推广与其他手段如价格刺激、补贴等结合使用时，会促使目标用户按照推广目的行事，这时推广的力量变得最大。然而这种力量很明显不是来自推广本身而是来自其他手段。因而纯粹的推广其力量是十分有限的。

三、推广的功能

现代意义上的推广即推销、传播、普及与指导，是以人为工作对象，将特定的商品如书籍、知识、信息、技术、成果以及文化与公共平台等传播出去，通过改变个人能力、行为与条件，来改变社会事物与环境。因而推广具有个体功能与社会功能。

（一）推广的个体功能

1. 推行科学以增进知识

职业推广人是具有专门知识的专家。无论是提供信息的推广、为解放的推广，还是人力资源开发，抑或劝导式推广，其工作对象都是人而不是物，因而推广过程都是一个面向人传播知识的过程。在此过程中，推广人员不仅提供了课堂之外的学习机会，更在某种程度上将高等教育的精髓与智慧直接传递给用户。

2. 传播技术以提高技能

推广行为首先起源于农业领域，传输技术、提高生活技能是推广活动产生的原初动力，也是推广的首要功能。即使是商业领域的推广行为，尽管其每一个步骤可能都存在着促销，但也离不开传播技术这一环节。因为产品的销量仅仅是推广的间接结果，推广的直接利益结果是要让客户了解产品功能、传授产品使用技术，知晓企业品牌，让消费市场尽快接受产品。

3. 普及文化以改变观念

推广教育、咨询活动可以引导目标群体学习社会的价值观念、态度和行为方式，使得目标群体在观念上也能适应现代社会生活的变化。推广的最终目的是推动个体自愿地在行为上实现积极变革。这一转变过程往往循序渐进，涵盖从知识体系的更新、价值观念的转变，到最终行为模式的重塑。虽然人的知识改变、态度改变并不一定会带来行为改变，但是人的行为改变了，其知识、态度和观念一定会发生改变。以书籍、知识、信息等为内容的文化型推广尤其具有这一功能。

4. 指导方法以增强应用

推广工作要运用参与式原理激发目标群体的主观能动性，通过广泛的社会教育与咨询活动，使目标群体在面临各种问题时，能有效地选择行动方案；通过目标群体参与推广计划的制订、实施和评价，提高目标群体的组织与决策能力。

（二）推广的社会功能

1. 促进科技成果转化

技术推广是推广工作的重要内容，也是科技进步系统中的关键环节。科技成果作为知识形态的潜在生产力，其向现实生产力的转化过程至关重要。这一过程要求科技成果能够被广大用户广泛接纳、深刻理解，并有效融入生产实践之中，从而产生一定的经济、社会和生态效益。这一转化的关键在于推广活动的实施与成效。推广工作的效率与效果，直接关联着科技成果转化的速度与品质，进而深刻影响着生产力的发展步伐。因此，加强技术推广，优化推广策略，对于促进科技成果迅速且高质量地转化为现实生产力具有不可估量的价值。

2. 提高生产经营效率

研究、推广和教育是创新的三个核心要素，三者结合形成政策工具统一为用户服务。用户在改变知识、信息、技能和资源条件后，可以提高生产的投入产出效率。美国学者的研究表明，美国农业生产率之所以能取得高达71%的增长，很大程度上得益于科学研究及其成果的广泛而有效的推广应用。在创新驱动发展的现代社会，农业和工业发展更加依赖于科技成果的推广应用。

3. 改变生活环境质量

推广活动依托于教育、传播、服务等多维度手段，重塑用户对生活环境及其质量标准的认知与期待，进而激发他们投身到环境优化的实际行动中。这一过程不仅促进了基础设施与公共文化服务的发展，还直接改善了居民的生活空间与质量。因此，推广活动的设计与实施必须全面考量经济效益、社会效益与生态效益三者的和谐共生。诚然，经济效益是重要考量之一，但它绝不应孤立存在，更不应以牺牲其他两项效益为代价来换取短期的、表面的增长。只具备经济效益的创新是不科学的，也是没有推广价值的。

4. 发挥媒介纽带作用

推广承担着传递服务与收集反馈的双重职能。在这一过程中，推广者不仅是科研、教育与生产之间的桥梁，也是政府与目标群体间沟通的中介人。一方面，通过推广工作可以将政府的发展计划、方针、政策及时准确地传递给目标群体，以确保各项政策的落实和预定目标的实现；另一方面，它还能将目标群体的观点、建议与需求迅速反馈给政府部门，为政府提供真实的基层声音，使政策更加贴近实际需求，提高政策的可行性和有效性。

第二节　阅读推广的定义与特征

一、阅读推广的定义

"阅读推广"这一概念，源自英文的"Reading Promotion"，其中"Promotion"不仅意味着"推广"，亦包含"促进"和"提升"的意思。因此，"Reading Promotion"也可以译为"阅读促进"。

1995年，联合国教科文组织（UNESCO）将每年的4月23日设立为"世界图书与版权日"，此后，"阅读推广"的概念在全球范围内逐渐普及开来。这一理念受到了诸如联合国教科文组织、美国国会图书馆、国际图书馆协会与机构联合会（IFLA）以及美国国家艺术基金会等致力于推动全民阅读机构的支持。在中国，大约从1997年开始，"阅读推广"成为了图书馆及出版领域的一个常用词汇，尽管对于它的定义，国内外尚未达成一致的意见。这或许是因为"阅读推广"的字面意义直观易懂，即是对阅读行为的推动与促进，无须繁复界定。

  随着对其深层意义的探索，学术界开始试图构建更为全面和精准的定义。例如，学者张怀涛通过整合多方见解，将"阅读推广"阐述为：一种由社会组织或个人发起的，旨在增强公众阅读意愿与条件，通过多样化手段扩大阅读影响力，进而提升个人素质与社会文明水平的综合性活动。他强调，这一过程不仅是阅读行为的简单扩展，更是阅读文化与社会价值的深刻传播。另一位学者王波则从一个更加宏观的角度出发，即从国家战略的高度对"阅读推广"进行了国际化诠释：它是一种为实现全民阅读、提升民族文化素养、增强国家软实力、加速国家繁荣与民族复兴而采取的全球性举措。它涵盖了从培养民众阅读兴趣与习惯，到提升阅读质量、能力与效果的一系列活动，体现了阅读对于国家长远发展的深远影响。

  上述两个"阅读推广"的定义共同强调了其作为一种文化活动的本质，即通过各种方式来提升人们对阅读的兴趣和参与度。如果我们将"阅读推广"理解为"推广阅读"，那么它与技术推广、产品推广、成果推广及经验推广等一样，都可以归入推广学的范畴。由此，从推广学的专业视角出发，我们可以对"阅读推广"进行如下重新定义：阅读推广乃是一种由专门机构精心策划并实施的、具备高度职业性的、组织化的文化沟通策略，旨在通过有效干预，激发目标群体对阅读价值的认同，进而促使他们自愿采取能够带来阅读效益的行为转变。"文化性"是区分阅读推广与其他商业性质推广（如技术推广或产品推广）的关键特征。这个全新的定义，虽初看似与常规理解略有出入，实则是对"阅读推广"本质的深度挖掘与精准把握，其核心要点聚焦于"机构策划"与"职业性"两个关键词。我们必须回答这样两个具体而常见的问题。

  （1）如果阅读推广是由机构策划的活动，那么个人向他人推荐自己读过的好书，并鼓励他们阅读，这种行为是否可以算作"阅读推广"？

  （2）若将阅读推广视为一种职业性的活动，那么"医生向抑郁症患者推荐《生命的重建》《人性的优点》《生之礼赞》等书籍，以期其中的内容对患者产生积极影响，从而达到辅助治疗"的效果，这是否也可以称之为"阅读推广"？

下面，就让我们来仔细分析。

第一个问题：对于"个人向他人推荐自己读过的好书，并鼓励他们阅读"这一行为，虽然其本质与阅读推广的目标是一致的，即促进他人阅读，但从严格意义上讲，它更多被视为一种自发的、非正式的、个人层面的阅读分享，而非由机构策划的阅读推广活动。尽管个人的推荐能激发他人的阅读兴趣，但这种行为缺乏系统性、组织性和持续性，其推广效果相对有限，难以达到机构推广的广度和深度。因此，在"阅读推广"作为机构部署活动的语境下，这样的个人推荐行为通常不被直接归类为阅读推广。

第二个问题：关于"医生向抑郁症患者推荐书籍以辅助治疗"的情况，这一行为确实体现了医生的职业性和专业性，旨在通过非药物手段促进患者康复。然而，此处的阅读推荐是服务于医疗过程的一部分，其首要目的是治疗而非推广阅读本身。医生的这一行为虽然具有职业性，但并不构成推广职业范畴内的活动，因为它并未以推广阅读为核心目标。只有当医疗机构或相关组织明确将阅读推广纳入其职责范围，并系统性地实施相关项目时，医生在此框架下的阅读推荐才可被视为阅读推广的一部分。

根据上述分析，我们可以得出结论，那些偶发、分散且非专业性的个人阅读推广行为，尽管其意图是积极的，但由于缺乏组织性和规模性，它们的影响力和持久性不足以满足推广学领域的标准。这些行为虽有助于推广阅读，但不足以形成系统的推广成果。在国家战略层面，阅读推广活动则需具备机构部署性。只有通过机构的统筹规划和协调组织，才能确保阅读推广经费的稳定投入，从而保证活动的持续性和规模性，才能够形成广泛的阅读氛围，也能更有效地评估和推广阅读带来的长远效益。因此，从推广学的角度对阅读推广下定义，不仅是合理的，也是十分必要的。

二、阅读推广的特征

从推广学的角度来看，"阅读推广"不仅具备一般推广活动的共性特征，如干预性、沟通性、自愿性和公益性，以及机构部署性，还拥有其独特的属性。这些特有属性使得"阅读推广"成为一个更为复杂且多层次的文化传播过程。

（一）阅读推广主体的多元性

鉴于阅读对于个人成长与社会进步具有重要作用，因此，阅读推广成为提升国民整体素质的重要途径。随着这一认识的普及，阅读推广活动的组织者和推动者，即阅读推广主体，变得日益多样化，这些主体包括了从政府机构到民间社团等众多致力于提高公众文化素养的各类实体。近年来，从国际组织、国家政府机构，到图书馆、出版业、非营利组织、教育机构、医疗机构及大众传媒机构，均纷纷加入到阅读推广的行列中，成为了阅读推广的主体。在国际上，像联合国教科文组织、国际图书馆协会与机构联合会、国际阅读协会（IRA）以及国际儿童读物联盟（IBBY）这样的组织，在全球范围内倡导并支持阅读活动，它们通过制定政策建议、举办研讨会及提供资源等方式来促进各国间的文化交流，并且鼓励更多人参与到阅读中去。在国内层面，除了官方的支持外，还有许多非营利性组织积极参与到了这场运动之中。比如专注于文化教育领域的基金会（如韬奋基金会），利用自身平台优势为贫困地区的孩子们送去书籍；或是由热心人士自发组成的志愿者团队（例如网络公益小书房项目），他们通过在线分享故事等形式激发孩子们对于阅读的兴趣；此外还有一些定期聚会讨论特定主题书籍的读书俱乐部（如万木草堂读书会）以及专业领域内的行业协会（比如中国图书馆学会）也在发挥着不可替代的作用。不同主体以其独特的资源和方式，对个体的阅读行为产生着不同的引导和影响。面对全民阅读推广这一长期且复杂的任务，多元主体间的共存与协作，共同构成了合作共赢的良好生态。

（二）阅读推广客体的丰富性

阅读推广客体即阅读推广的内容，主要包括阅读读物、阅读能力和阅读兴趣三个部分。图书、报纸、期刊等文献资源是阅读推广的基础。从全球范围看，阅读推广的读物不再仅仅限于纸质资源等传统出版物，电影、音乐、电子游戏、网页等多媒体资源都属于推广的范畴。强化阅读能力是阅读推广的主要目标，它涵盖了从基础的识字能力到更高级别的理解力、分析与解释能力，甚至是批判性思考及创新能力等多个层面。这些方面相对来说比较容易通过量化的指标和方式进行评估和测试。而培养和发展个体的阅读兴趣是最具挑战性的任务，这种兴趣体现为一种持续的内在驱动力，促使人们主动寻求新的知识或体验不同的故事世界。鉴于每个人背景经历各异，他们的阅读偏好也会千差万别，因此如何有效激发并维持不同人群之间的广泛阅读热情成为了一个复杂而艰巨的问题。阅读读物的广泛性、阅读能力的参差性、阅读兴趣的内隐性，共同成就了阅读推广客体的丰富性。

（三）阅读推广对象的明确性

阅读推广对象是指那些直接从阅读推广活动中受益的目标群体。在阅读中，人是主体；而在阅读推广中，全民皆为其服务对象。深入探究各类微观阅读推广项目，不难发现它们共同遵循的一条原则，即目标群体明确且具体。比如，中国的"书香校园"计划（2023—2024），目标群体为中小学生，通过在全国范围内选定示范学校，推广校园读书角、师生共读、亲子阅读等系列活动，特别是针对偏远地区的学生，提供了丰富的课外书籍资源，并组织作家进校园讲座，激发学生的阅读兴趣；英国的"Read On. Get On."运动（2024）目标群体为5~8岁儿童及其家庭，通过社区图书馆、学校和志愿者网络合作，提供免费的阅读材料和支持，同时举办家庭阅读挑战赛，鼓励家长与孩子一起阅读，旨在确保所有孩子在小学毕业时都能达到良好的阅读水平；美国的"Reading Is Fundamental"（RIF）项目更新版（2023），目标群体为低收入家庭儿童，为贫困地区的儿童提供免费图书及阅读支持，包括设立流动图书车、建立社区图书交换站等，此外，还推出了在线阅读平台，使孩子们能够访问更多元化的数字内容；新加坡"Read@Work"职场阅读倡议（2024），目标群体为职场人士，面向各行业员工，推出了一系列简短而实用的职业发展类书籍推荐列表，以及每月一次的主题读书会，通过将阅读融入日常工作生活，帮助职场人士提升专业技能和个人修养；挪威的"Leserom for alle"（阅读空间为所有人）项目（2023），目标群体为老年人和残疾人，专门为老年人和行动不便者打造无障碍阅读环境，如配备大字版书籍、有声读物播放设备等，同时，在当地图书馆设立专门的服务台，提供个性化的阅读指导和技术援助；印度的"Digital Libraries for All"（全民数字图书馆）项目（2023），目标群体为农村地区居民，为偏远乡村地区建立了多个太阳能供电的数字图书馆，配备电子书阅读器和平板电脑；这些图书馆不仅提供各种类型的书籍下载服务，还开设了计算机技能培训课程，帮助村民们更好地适应数字化时代。综观全球，各国在阅读推广上均展现出对未成年人的高度关注，同时也不忘将低收入者、外来务工人员、老年群体及残疾人等弱势群体纳入重点推广范畴，通过各种创新和有针对性的项目，激发社会各界的阅读热情，共同营造一个充满书香的社会环境。

（四）阅读推广服务的活动性

阅读推广是一种关于阅读的文化活动，其核心在于通过多样化的活动形式来传递阅读的价值与魅力。每一个阅读推广项目都离不开阅读活动的开展，且项目规模越大，活动就越丰富多彩。例如，2012年澳大利亚国家阅读年项目邀请了 43 位宣传大使，与 20 多家企业合作，开展了 4000 多项活动，其分布在从首都到中部山区的广大区域，面向各种不同年龄段的群体，这些活动包括"我们的故事""我们到了吗""什么时候开始读都不晚""读这本""描写工作中的人""保存土著文化""加入图书馆""读书时间"等。新加坡国家图书馆管理局推出的"Read@SG"计划，在 2024 年实现了全国范围内近万个社区点的联动。活动内容丰富，如"邻里故事时间""移动图书车进社区""线上读书马拉松"等，旨在打破地域限制，让更多市民能够随时随地享受阅读的乐趣。同时，为了促进跨文化交流，"Read@SG"还特别策划了一系列多语言阅读活动，吸引了大量外籍居民参与。在我国，全民阅读活动同样形式多样，从"源远流长的中华典籍"大型广场活动到"书香中国"电视特别节目，从图书馆阅读服务宣传周到高校图书馆的读书月，再到图书银行、送书活动、读书知识竞赛、微书评、读图、真人图书馆等创新形式，无不彰显着阅读推广活动的多样性与活力。与传统的借阅服务相比，阅读推广更加注重利用创意十足的活动来激发公众的阅读兴趣，帮助人们培养良好的阅读习惯。尽管这种活动导向的服务模式可能会遇到一些挑战，比如受众范围相对较小或运营成本较高，但它对于提高社会整体的阅读水平、营造浓厚的文化氛围具有不可忽视的作用。例如，作为全国范围内的大型阅读推广活动之一，"书香中国·北京阅读季"近年来不断创新，2024 年更是结合了线上线下多种渠道，邀请了多位知名作家和文化名人担任阅读推广大使。活动涵盖了从幼儿到老年人各个年龄段，包括但不限于亲子共读、青少年文学创作大赛、老年读书俱乐部等。此外，还特别设置了"数字阅读体验区"，让读者可以通过 VR/AR 技术沉浸式体验经典作品。

（五）阅读推广效果的滞后性

阅读推广的效果是评价阅读推广活动影响力的重要指标，它不仅反映了推广活动的覆盖面，还体现了其在改变人们认知、态度和行为方面的深度。对于阅读推广主体而言，仅仅完成既定计划是远远不够的，更重要的是确保推广活动的质量与成效。这些成效，通过推广对象在知觉、态度、行为及习惯等多维度上的变化得以体现。张怀涛先生的观点揭示了阅读推广成效的层次性，知觉效果，即推广活动是否成功引起了人们对"阅读"

的基本认知与初步感受,是否扩充了相关知识储备,这属于较为浅层次的效果;态度效果,则是指推广活动是否有效激发了人们对阅读的兴趣和热情,促使他们对阅读抱有更加积极的态度,这是一种中层效果;行为效果,体现在人们是否将阅读付诸实践,是否愿意投入时间与精力,以持续提升阅读能力和文化素养,这属于深层效果;而习惯效果,则是阅读推广追求的最高目标,即促使人们形成长期的良好阅读习惯,使阅读成为日常生活的一部分,实现阅读的生活化与常态化。然而,个体从认识到态度转变再到行为实施直至习惯养成,整个过程往往是一个渐进的过程,而且这种变化通常是隐秘而缓慢的。因此,评估阅读推广的实际效果并不容易,尤其是想要对其进行量化分析更是难上加难。由于习惯的形成需要长时间积累,所以推广成果通常不会立即显现出来,而是表现出一定的滞后性。

第三节 阅读推广的目的与功能

一、阅读推广的目的

阅读推广的目的,即实施此类活动所期望达成的教育作用与社会贡献,是驱动阅读推广活动不断前行的核心动力。这些目的根植于人们对阅读活动及其影响的深刻理解与积极期待,因而自然而然地带有引导性和主观性的色彩。不同背景下的阅读推广主体,因其在社会中的角色、服务对象以及资源条件的不同,所追求的具体目标也呈现出多样性。例如,像联合国教科文组织和国际图书馆协会与机构联合会这样的国际组织,致力于通过全球范围内的阅读推广项目,提升全人类的文化素养和阅读能力,促进文明的进步和社会和谐。它们的工作往往具有深远的国际视野,旨在跨越国界,增进文化间的理解和尊重。而国家和政府层面的阅读推广则更加注重增强本国的文化软实力,促进国家的繁荣富强与民族的伟大复兴。一些国家甚至将阅读推广上升到国家战略的高度,视其为国家长远发展的重要组成部分。这种推广不仅有助于构建知识型社会,还能激发国民的创新能力和批判性思维。相比之下,出版机构与书店的阅读推广则更加聚焦于市场层面,旨在通过激发读者的阅读兴趣,提升图书的市场销量。图书馆作为公共服务机构,在开展阅读推广活动时侧重于增加馆藏资源的利用效率,并服务于更广泛的读者群体。图书馆通过举办各种读书会、讲座等活动,不仅丰富了社区居民的精神生活,还增强了公众对于终身学习重要性的认识。

由此可见,阅读推广的多元化主体,基于其各自独特的社会角色、服务对象及资源条件,其推广目标自然呈现出宏观与微观的层次差异。具体而言,出版机构、书店及图书馆等机构的推广目标更侧重于微观层面,直接关联其具体效果;而国际组织与国家政府则着眼于宏观大局,追求更为深远的社会影响。针对具体的阅读推广项目,宏观目标通常作为长期且间接的追求,需通过一连串直接目标的达成来逐步实现。无论是宏观还是微观目标,都旨在激发读者的阅读兴趣,培育良好的阅读习惯,并提高阅读的质量、能力和成效。

归根结底,阅读推广的核心目的是促使人们在阅读行为上发生自愿性的积极转变。这可以理解为:通过阅读的力量,提升全民素养,让原本对阅读无感的人心生热爱;让阅读技巧生疏的人得以精进;让面临阅读障碍的人能够克服障碍,享受阅读的乐趣。这不仅是阅读推广工作的崇高使命,也是其不懈追求的终极目标。

从阅读与推广的双重视角观察,其目的无外乎:传播科学知识,培育人文精神;指导阅读路径,掌握阅读方法;激发兴趣,培养习惯,发展阅读能力;扩大阅读交往,加强社会协作;等等。

二、阅读推广的功能

阅读推广的功能根植于阅读本身所带来的积极影响,这些影响广泛地涵盖了政治、经济、文化和社会等多个领域。对于个人而言,阅读的基本功能在于增加知识、提高智慧、带来心灵愉悦、培养良好品德以及助力事业发展。这与古代先贤提倡的"致知、诚意、正心、修身"理念相契合。人作为社会的成员,个体的进步最终必然促进社会整体的发展,其表现出来的功用和效能就是传承文化、教化民众、促进创新、助力生产。阅读推广作为机构部署的一种推广阅读的文化活动,其功能也主要表现在传承文化、教化民众、促进创新、助力生产4个方面。

(一)传承文化

阅读是传承文化的重要手段。书籍是人类文化的主要承载物,无论其保存在个体还是群体手中,如果没有阅读,书就会成为"死"书,文化也不会自动传承。正如阿尔贝托·曼古埃尔在其著作《夜晚的书斋》中所阐述的那样，图书馆中保存的各种书籍，不论是稀有还是普通、古老还是现代，它们的存在和流通比其性质更为重要。当现代读者阅读过去的书籍时，这些书便获得了新生；每一位读者都赋予了某一本书某种程度上的不朽。从这个意义上讲，阅读是一种让书籍复生的仪式。

对于曼古埃尔的观点，领悟最早也最为深刻的恐怕要数古代国王托勒密了。他不仅构建了当时举世无双、藏书量最大的古亚历山大图书馆，还独具匠心地设计了一种创新的策略来提升藏书的使用价值：他盛情邀请来自多个国家的杰出学者与思想家，如欧几里得与阿基米德等，到亚历山大里亚定居，并为他们提供优厚的待遇，唯一的条件是这些学者需充分利用图书馆的丰富资源进行深入研究。这一非凡举措直接催生了大量新著与注解的问世，使得古亚历山大图书馆蜕变成为全球智慧与知识的宝库，其影响力跨越了长达 7 个世纪的时光。无独有偶，20 世纪二三十年代，中国江苏省立国学图书馆馆长柳诒徵先生，亦开创了"住馆读书"制度，这一制度在他所制定的图书馆管理章程中得以明确。根据规程，凡是对国学研究怀有热情与志向的学者，经由学术界的推荐，并视图书馆空余住宿条件及馆长与主管的认可，均可入驻图书馆专心研读。因此，阅读之传承文化的功能也就顺其自然地植入到了阅读推广中。

（二）教化民众

书籍，其核心价值在于其教育引导之力，而这一力量唯有通过读者的深入阅读方能得以实现。古代先哲、伟大的科学家和教育家亚里士多德曾经希望无论是官府藏书还是私家藏书，都能用于教学并对其弟子们开放。在中国近代史上，思想家、改革家和教育家梁启超先生在图书馆这一概念还未广泛传入中国之前，就与康有为等维新派人士于 1895 年在北京创立了"强学会"。该会旨在"汇集中外图书器艺，汇聚南北通仁志士"，并在其中进行讲习活动，将这些知识推广到全国各地。为此，他们还建立了新的图书机构——强学会书藏，以开放的态度面向广大民众，致力于普及新知和启迪民智。尽管当时民众对图书馆的认识尚浅，但强学会成员们却以极大的热情与耐心，四处邀请人们前来阅读。《梁任公先生年谱长编》中记载：强学会书藏成立后，"备置图书仪器，邀人来观，冀输入世界之智识于我国民。该书藏中有一世界地图，会中同人视如拱璧，日出求人来观。偶得一人来观，即欣喜无量"。这种对知识的渴求与传播，对民众智慧的启迪与培养，与当今阅读推广活动的宗旨不谋而合。强学会成员们的努力与坚持，正是阅读推广在教化民众、普及教育方面功能的生动体现。他们以实际行动证明了，阅读不仅能够丰富个人的精神世界，更能够推动社会的进步与发展。

（三）促进创新

创新是推动人类进步和社会发展的不竭动力，阅读则是创新的摇篮。所谓"站在巨人的肩膀上前进"，指的就是人类的创新需要基础，这个基础就是前人的知识和智慧；只有先继承前人成果，并在此基础上发展和提高，创新才可能实现；那种无源之水、无本之木、凭空捏造的创新是不存在的。此外，创新成果若要发挥其深远影响，阅读推广的作用至关重要。任何一项思想、理论、方法、技术、发现或创造，若仅局限于其创作者的狭小空间内，其潜在价值将难以彰显，近乎湮没。唯有通过文字记录，广泛传播于社会各个角落，这些创新成果方能真正释放其力量，实现其应有的价值。正如有识之士所指出的："缺乏良好的阅读习惯和阅读能力会极大地削弱人们的想象力和创造力，而这两者是一个国家和民族保持活力的重要源泉。"我们必须正视这样一个严峻的事实：当今世界的许多知识创新、科技创新、文化创新乃至生活方式创新的主要发源地并不在中国，我们更多的是作为学习者和追赶者的角色参与其中。因此，在这样的背景下，全民阅读的重要性怎么强调都不为过。按此逻辑，在这一"大众创业，万众创新"的时代浪潮中，阅读推广作为激发创新潜能的催化剂，其重要性更是不言而喻。通过促进阅读，不仅能够拓宽人们的视野，激发新的思维火花，还能为创新活动提供源源不断的灵感与知识支持，从而加速社会整体的创新步伐。

（四）助力生产

知识经济时代，科学技术不仅是第一生产力，更是先进生产力的集中体现和主要标志。科学的本质在于创新，创新的关键则在于人才，人才的成长依赖于教育，而教育又离不开阅读。因此，阅读对生产的促进作用主要体现在通过研读文献资料，汲取先进技术，以及提升劳动者整体素质方面。曾任国家新闻出版总署署长的柳斌杰先生曾深刻强调了广泛阅读的重要性，认为这是站在前人肩膀上，继承智慧，掌握最新科技资讯，并在此基础上实现创新和突破的关键。通过阅读，我们能够拓宽视野，深化理解，探索改革与创新的途径，从而掌握推动社会生产力发展的必要技能和技术。人的素质和能力是生产力发展的核心，因此阅读不仅是个人成长的基石，也是国家提升生产力的重要引擎。简而言之，国民的阅读能力越强，科学技术的普及程度越高，国家的生产力也就越强；相反，如果国民的阅读能力弱，科学技术的普及程度低，国家的生产力也会相应较弱。

英国女王曾经说过："宁愿失去 10 个印度（曾经是英殖民地），也不愿意失去一个莎士比亚。"可见，优秀作品对于国家与民族精神的影响是多么的深远。然而，书籍的力量要通过阅读的力量才能体现。因此，个体可以通过阅读优秀作品走向卓越，国家可以通过阅读推广倡导国民阅读优秀作品来间接提升国力。阅读能力作为一种被忽视已久的特殊"生产力"，需要我们高度重视，积极养成。

第四节　阅读推广的类型与特点

一、阅读推广的类型

阅读推广服务主要通过举办多样化的活动来实施。这些活动形式丰富，且不同类型的阅读推广活动在资源需求上也有很大的差异性。因此，深入探究阅读推广的类型及各个类型的特点显得尤为重要，才能更好地实现服务管理科学化与效率化，进而提供更加精准有效的服务。

在阅读推广的类型划分上，不同的分类标准会得出不同的分类结果。赵俊玲等人在其著作《阅读推广：理念·方法·案例》中，依据推广对象的不同，将阅读推广细分为面向青少年的阅读推广、面向成年人的阅读推广及面向老年人的阅读推广三大类别，这种分类方式凸显了不同年龄段读者的特定需求。而王利人则从阅读推广对阅读前、阅读过程及阅读结果的关注程度出发，将推广活动分为教学型阅读推广、展示型阅读推广、体验型阅读推广及引导型阅读推广 4 种，这种分类方法侧重于活动对阅读行为不同阶段的影响与促进作用。张怀涛根据阅读推广活动的规模及覆盖区域，将其划分为微推广、小推广、中推广、大推广、巨推广及宏推广 6 种类型，这种分类方式有助于理解活动的影响范围与深度。此外，他还根据阅读推广的客体差异，将阅读推广细分为阅读文本推广、阅读工具推广、阅读方略推广、阅读理念推广及阅读文化推广五大类，这种分类方法全面覆盖了阅读推广活动所涉及的各个方面，体现了推广内容的多样性和深度。除此之外，他还在其《阅读推广方式的维度观察》一文中，以读者、读物、环境为切入点，将阅读推广分成了 51 个小类，并对每个小类进行了定义和举例分析,如根据读者特征形成方式将阅读推广分为行业型推广、学科型推广、层级型推广、年龄型推广、性别型推广、时间型推广、地域型推广 7 类;根据读者水平形成方式分为养成型推广、训练型推广、帮助型推广、服务型推广 4 类;根据读者需求形成方式将阅读推广分为导向型推广、导读型推广、导用型推广 3 类;根据读者群集形成方式将阅读推广分为个别型推广、群体型推广、普适型推广 3 类;根据活动运作形式将阅读推广分为对话式推广、沙龙式推广、授课式推广、参与式推广、展示式推广、集会式推广、参观式推广、评介式推广、游戏式推广 9 类;根据推广力度形成方式将阅读推广分为指令型推广、倡导型推广、感染型推广、疗愈型推广 4 类;根据效果范围形成方式将阅读推广分为单项型推广、系列型推广、氛围型推广 3 类……如此分类,可谓全面细致。综合而言,尽管阅读推广有多种分类方式,但从形式到内容、从现象到逻辑归根结底都不外乎以下 5 种:阅读文本推广、阅读工具推广、阅读方略推广、阅读理念推广和阅读文化推广。

二、阅读推广的特点

(一) 社会公益性

阅读能力的高低对于一个国家和民族的未来具有深远的影响。对于个体而言,阅读是一种深入内心、自我审视并实现精神成长的过程;而对于社会整体,阅读则是知识普及与文化传承的桥梁,促进了个体融入社会并与之共同进步。正是基于阅读对个人和社会的重要作用,推进全民阅读成为社会发展的需要,阅读推广具有了显著的社会公益性。纵观全球范围内的阅读推广工作,我们可以看到国际组织、各国政府、出版与传媒机构、图书馆以及民间阅读组织和个人爱好者都积极参与其中,形成了一个多主体协同推进的网络。在这些推广主体中,出版与传媒机构作为阅读内容的创造者和传播者,虽然其初衷可能基于市场利益考虑,但在实际操作过程中,它们通过提供丰富的阅读资源、营造浓厚的阅读氛围、促进读者之间的交流互动,大大增强了阅读活动的社会影响力,这些行为本身也具有公益性质。相较之下,国际组织、各国政府以及图书馆界的阅读推广活动则更加凸显其中立、公益与客观。例如,联合国教科文组织、国际图书馆协会与机构联合会、国际阅读协会和国际儿童读物联盟等全球性文化组织发起的阅读推广活动跨越国界,旨在提升全球民众的文化素养。各国政府作为国家阅读战略的制定者、资金的支持者、活动的倡导者与执行者，其在推动国家阅读文化方面的作用不可小觑，是阅读文化发展的强大驱动力。图书馆，作为社会文化传承的关键枢纽，在推动全民阅读方面拥有得天独厚的优势，是阅读推广领域的核心力量。而民间阅读推广组织，则以其灵活性和针对性，在儿童教育、扫盲普及、促进社会公正与和谐等方面发挥了重要作用，特别是在服务特定群体和满足特殊需求方面表现突出，为社会的整体进步做出了重要贡献。

（二）参与自愿性

阅读推广活动的核心在于尊重参与者的自主选择权，保证其自愿参与。虽然在推广过程中可能会有引导和激励的措施元素，但其根本立足点仍在于读者的自发参与意愿。这一原则源自《世界人权宣言》中提倡的自由与平等精神，该宣言强调人人生而自由，享有平等的权利，以及追求生命、自由和安全的权利。国际图书馆协会与机构联合会进一步强调，知识获取、创造性思维及言论自由乃人类之基本权利，图书馆与信息职业的核心使命即在于保障知识自由，维护图书馆权利。由此可见，在图书馆领域内，人类的基本价值的体现就是平等自由地获取和使用信息资源，即知识自由。进一步在阅读领域，阅读行为的选择权完全在于读者自身，包括是否阅读、阅读内容及阅读方式，均不应受到任何人、任何形式的干预或强制。同样，对于所有的阅读推广活动，参与者应基于自己的意愿决定是否加入，外界不应加以干涉。尽管有专家主张对特定人群实施介入式阅读服务，但这并不适用于广大普通读者群体。对于大多数读者而言，他们更渴望在安静、私密的环境中享受阅读的乐趣。因此，阅读推广活动的组织者应当秉持"以人为本"的理念，通过深入了解读者需求、创新活动形式、精选吸引内容、拓宽宣传渠道以及营造良好环境等策略，吸引读者自愿参与，而非采取强制或命令的方式，真正体现尊重个体自主选择的精神，同时更有效地激发读者的阅读兴趣和参与热情。

（三）服务专业性

阅读推广作为近年来图书馆服务领域的一个新兴亮点，其发展与实施既离不开扎实的专业理论作为基础，也亟须专业人员的实践与操作。首先，在理论层面，现有的图书馆学理论体系对于阅读推广的研究和探讨还不够深入，无法为阅读推广提供充足的理论基础。因此，当前迫切需要图书馆学教育界的专家学者们将更多的注意力与研究资源投向阅读推广，深入探讨其基础理论框架与实践操作细节，以填补这一领域的知识空白。其次，在实践层面，阅读推广服务主要通过各类活动形式呈现，这些活动的成功执行涉及一系列复杂而精细的流程，包括前期的市场调研、内容的创意策划、宣传推广策略的制定、具体的实施规划以及效果的评估与反馈等。每一步骤的高效推进，均离不开具备相关专业技能的人员来驾驭。例如，在阅读推广的前期调研阶段，工作人员必须掌握基本的调研技巧、问卷设计以及数据的统计分析能力；进入宣传阶段，则需了解宣传材料制作及多渠道传播策略；在活动的执行阶段，则需要具备团队组建、协调分工、进度监控和流程优化的管理技巧；最后，在效益评估阶段，还需具备数据整理、信息挖掘及分析报告撰写的专业能力。鉴于阅读推广活动的专业性要求，管理层必须注重人才的培育、选拔、评估和激励体系的建设，以组建一支充满创新精神和执行力的专业团队，从而推动阅读推广服务的不断进步。中国图书馆学会推出的"阅读推广人培育"计划，正体现了对这一领域专业标准的高度响应和实证支持。

（四）人文价值性

"人文"这一概念，其本质在于对人性文化的深刻理解和尊重，而"以人为本"的核心理念，正是将人性的需求与尊严置于首位。阅读推广的人文价值性强调的是所有阅读推广活动均须以人性为本，恪守尊重人性的价值导向，其推广工作的核心应当紧密围绕并满足人的多元化需求。在实践操作中，阅读推广应当秉持"以人为本，引导为先"的原则，这意味着推广活动不仅要关注人的基本阅读需求，更要通过引导激发人的阅读兴趣与潜能。然而，值得注意的是，并非所有冠以阅读推广之名的活动都能真正体现现代社会的人文价值。例如，某些图书馆在推广材料中引入"郭巨埋儿"等与现代社会核心价值观相悖的二十四孝故事，显然忽视了这些故事与当代社会伦理的冲突；又如，某些阅读项目过度偏向优势群体，如设置高额置装费用的儿童阅读剧表演，使得低收入家庭的孩子难以参与，这样的活动同样违背了图书馆服务应有的公平与包容原则。对于此类违背图书馆核心价值、背离人文精神的阅读推广项目，无论其表面效果多么诱人，都不应成为图书馆工作者追求的目标。因此，我们认为、阅读推广的人文价值性主要表现在三个方面。第一，关注人，培养人人爱阅读的习惯。纵观全球，那些热爱阅读的民族往往崇尚人文精神，展现出强大的生命力和创造力。因此，首要任务是激发每个人的阅读兴趣，让阅读成为生活的一部分。第二，发展人，培养人人会阅读的能力。在信息时代背景下，阅读面临着前所未有的挑战：海量读物与有限时间的矛盾、知识爆炸对阅读能力的考验以及新知识对传统认知的冲击。针对这些挑战，全民阅读推广活动应采取分众化和精细化的策略，如针对不同年龄段推荐适合的读物，儿童期注重文学经典与佳作，青壮年则鼓励涉猎人物传记与多元知识，以此构建以高质量阅读为核心的读物体系。第三，尊重人，保障特殊人群的阅读权益。依据《公共图书馆宣言》的精神，图书馆服务应基于平等原则，无差别地服务于所有人群。对于因各种原因难以享受常规服务的特殊用户，如少数民族、残障人士、住院病人及监禁人员等，图书馆应提供专门的阅读服务和资源，确保他们也能平等地获取知识与信息。这种干预性的阅读推广服务，不仅是对普遍均等服务的补充，更是对特殊用户阅读权利的基本保障，体现了人道主义精神。因此，全民阅读推广活动应当坚持"关注人、发展人、尊重人"的价值导向，致力于培养全民的阅读习惯、提升阅读能力、保障阅读权益，从而弘扬人文精神，促进社会的持续进步与发展。

第五节 阅读推广的现代理念

"理念"一词，在《辞海》中被解释为"观念"，它包含两层基本意义：一方面，它代表个人思维活动的成果，即个人的见解和思想；另一方面，它源自希腊语"idea"，通常指代思想本身，有时也指客观事物在思维中形成的总体形象。学术界对"理念"进行了深入的分析，从不同层面对其进行了阐释：从宏观层面看，"理念"是一个普遍性的概念，它能够反映某一类事物中所有个体或某一类现象中所有个别现象的共性特性。它是理性认识和成果的总和，不仅包含了认知、思想、价值观、信仰、意识、理论、理性和理智等内在要素，还涵盖了这些思维成果的外在表现，如目的、目标、宗旨、原则、规范和追求等，后者使得"理念"这一抽象概念得以具象化。从微观层面看，"理念"是一个融合了精神与意识层面的综合性哲学概念，它科学地反映了主观与客观之间的相互作用。它是人们通过长期理性思考与实践积累而形成的，是对思想观念、精神追求、理想目标及哲学观点的抽象与概括。这一体系化的理念，既具有理论化、系统化的特点，又展现出相对的稳定性、延续性和明确的方向性。简而言之，"理念"可以被理解为人们对特定事物或现象经过深思熟虑后形成的理性认知、理想追求以及由此构建的观念体系。这些观念体系不仅深刻影响着人们的思维方式和行为模式,还为社会的发展与进步提供了重要的精神指引。

基于上述对于"理念"内涵的认知,我们认为,阅读推广的现代理念可以概括为 5 个关键词:全民、服务、自由、权利、创新。

一、阅读推广的"全民"理念

自 1995 年起,联合国教科文组织将每年的 4 月 23 日定为"世界图书与版权日",亦称"世界读书日"。此举措旨在激发全球范围内人们的阅读热情,并寄予厚望——期望遍布世界各地的每一个人,无论其年龄、经济状况、健康状况如何,都能享受阅读的乐趣,并纪念那些为人类文明发展做出杰出贡献的文学家、文化人士、科学家和思想家。同时,这一举措也强调了知识产权的重要性。从这一愿景中,我们可以明显感受到"全民阅读"的内涵,这一概念迅速在全球传播,并得到了各国政府的广泛认可和支持。在我国,早在二十世纪二三十年代,留美归来的图书馆学家李小缘先生就曾呼吁"人皆有资格为读者""使全国民众,无论男女老幼,皆有识字读书之机会""能使公开群众……皆能识字读书,享受图书馆之利益,则方可谓图书馆之真正革命,之真正彻底改造,之真正彻底建设者也"。李小缘先生的这些振聋发聩的呼声,正是对"阅读,一个也不能少"这一全民阅读理念的生动诠释与深刻体现。从阅读推广所具有的"社会公益性"来看,虽然单个阅读项目可能无法覆盖所有人,但当我们纵观整个阅读推广工作,其核心理念应是确保所有公民都能从中受益,享受到阅读推广所带来的积极影响。进入 21 世纪,"全民"阅读理念更是深入人心,成为社会各界的共识与追求。因此,"全民阅读推广"这一概念,首要之义在于倡导一种"全员参与"的阅读风尚,鼓励社会各界和不同年龄层的人都参与到阅读中来;其次,它蕴含着"终身学习、终身阅读"的深远意义,强调阅读应伴随人的一生,成为个人成长与进步的持续动力。对于图书馆、书店等阅读服务机构来说,这也意味着需要提供广泛的阅读资源,以满足不同读者的个性化需求。由此可见,现代阅读推广所秉持的"全民理念",不仅体现在对阅读普及的广泛性和包容性的追求上,更在于其深刻认识到阅读对于个人发展、社会进步乃至文化传承的不可估量价值。

二、阅读推广的"服务"理念

范并思教授提出"阅读推广是一种服务",无论是精心策划的导读书目还是丰富多彩的读书活动,其最终目标都是为了满足读者的阅读需求和促进他们的学习成长。尽管"推广"是一种沟通干预活动,但是阅读推广干预的目的并非强加价值观或品行教育于读者之上,而在于激发读者的阅读兴趣,提升其阅读能力。诚然,"推广"活动在一定程度上也具备教育属性,尤其是在面对那些对阅读缺乏兴趣、技巧或面临阅读障碍的群体时,阅读推广确实需要发挥一定的教育引导作用。然而,对于广大普通读者而言,更为关键的是提供一种中立、无干扰的服务型推广,让阅读成为一种自由、愉悦的选择。同时,阅读推广作为一种公共文化服务,其公共产品的公益性与非排他性还要求阅读推广需要保持服务的公平性,不得将具有党派教义的"教育"掺杂其中。即使是在具有教育职能的图书馆,也始终秉持着一种原则:图书馆员的角色仅限于文献的传递与咨询服务的提供,他们不参与读者选择文献的过程,不直接指导阅读,而是将知识与信息的选择权完全赋予读者,同时严格保守读者隐私,确保阅读内容的私密性。这种对服务价值中立性的坚守,赢得了广泛的赞誉,被视为社会民主制度在文化领域的一种体现。当前,阅读推广服务已成为图书馆服务体系的重要组成部分,尽管其形式趋于活动化和介入式,但并未背离图书馆一贯秉持的平等、包容与专业的服务理念。相反,阅读推广人员在实际操作中,依然紧密遵循图书馆的核心价值体系,即"开放、平等、包容、隐私、服务、阅读、管理、合作",确保每一项推广活动都能体现这些核心价值,为所有读者创造一个自由、和谐、充满知识的阅读环境。

三、阅读推广的"自由"理念

"自由"一词在不同的语境中有多种含义。根据《现代汉语词典》(第7版)的定义,自由可以指:

(1)法律范围内按个人意志行事的权利;

(2)在哲学上,指人在理解事物发展规律后,能够自觉地将这些规律应用到实践中的状态;

(3)指没有限制,可以随意行动,如自由参与或自由表达意见。

在阅读推广中,所强调的自由主要是指法律层面的概念,主要包括阅读自由、藏书自由、信息自由三个方面。其中，阅读自由更是现代文明社会，尤其是图书馆领域不可动摇的基本原则与核心价值。程焕文先生强调，图书馆在构建藏书体系与提供服务时，必须坚守客观中立的原则，免受任何外界意识形态、社会力量的干扰，不越权替代任何个体或团体对藏书价值进行判断或筛选，以此确保知识资源的纯净与开放，让阅读自由的精神得以真正彰显。许多学者也坚持认为，藏书自由是阅读自由的资源保障，市场上流通的书籍已经经过初步的筛选和审查，图书馆不应再进行额外的主观审查。尽管图书馆员受到出版制度的限制，但他们应坚守职业道德，勇敢抵制来自某些部门或领导的过度关注和柔性干预。至于儿童阅读，无论如何强调其"自主阅读"的重要性都不为过，因为这是培养其独立思考与选择能力的关键。信息自由则涵盖了信息获取与表达两方面的自由。《国际图联因特网宣言》明确指出，知识自由，即个人拥有表达意见、自由寻求与接收信息的权利，它是民主社会的基石，亦是图书馆服务的核心价值所在。无论信息载体形式如何，促进信息的自由流通与无障碍获取，是图书馆及信息服务业的首要职责。图书馆及信息服务机构应当提供畅通无阻的互联网接入服务，以支持社区与个人的自由成长、繁荣与发展。阅读是获取知识的重要方式，要实现知识自由，首先必须要实现阅读自由。只有实现真正的阅读自由，才能孕育出自由思想与自由精神的果实，进而构建一个由自由之民共筑的自由之国。

四、阅读推广的"权利"理念

在一般的理解中，"权利"指的是个人或群体所拥有的权力和利益，它与"义务"是相对的概念。

阅读被广泛认为是公民的一项基本权利，这已成为现代社会的普遍认同和行为准则。阅读推广活动若要深得人心、持续有效，就必须时刻遵循"权利"理念，确保每一位公民的阅读权益得到充分尊重与保护。所谓"阅读权"，指的是公民在阅读领域所拥有的法定权力和应享有的利益。这一权利的核心在于维护阅读者的自尊、自主和自由，体现了个人特色的鲜明性，是对人本主义精神，如"天赋人权"和"天赋价值"的生动展现。公民阅读权利的概念是从文化权利、受教育权利、信息权利、图书馆权利以及读者权利等相关概念演化而来的。其核心要素可以归纳为5个方面：利益、主张、资格、力量和自由。具体而言，每位公民均享有以下权利：一是充分利用图书资源及适宜阅读空间的权利,即每位公民都有权访问和使用各种图书资源,并有权在一个适宜的环境中进行阅读,这包括公共图书馆、社区阅读室等场所;二是积极参与阅读活动组织与策划的权利,公民有权参与阅读活动的组织和策划过程,表达自己的意见和建议,共同推动阅读活动的发展;三是自由开展创作与创新的权利,即每位公民都有权自由地进行创作和创新,表达个人见解和创意,这不仅限于文学创作,还包括科学研究、艺术创作等各个领域;四是确保阅读成果得到妥善保护与积极推广的权利,即公民有权确保他们的阅读成果(如研究成果、文学作品等)得到妥善保护,并通过各种渠道进行积极推广,以促进知识的传承和发展。

自 2013 年起,我国将全民阅读立法纳入国家立法计划,这一举措标志着我国在保障公民阅读权利方面取得了重大进展。随后,深圳、江苏、湖北、辽宁、四川等地区迅速响应,相继颁布了地方性阅读法规,这些法规进一步细化并加强了阅读权利的法律保障措施。这些地方性阅读法规的共同之处在于,它们均聚焦于设立全民阅读组织或机构、规范阅读基金经费管理、指导阅读公共服务优化、特别关照阅读弱势群体,以及详细规定新闻出版等相关政府部门在阅读推广中的具体职责和任务。这些法规内容全面而具体,涵盖了从构建完善的组织架构到确保资金的有效利用,从提升阅读公共服务的品质与覆盖面到细化各部门在推动阅读工作中的角色与责任,为全民阅读推广工作的深入开展奠定了坚实的法律基础。由此可见,阅读立法不仅在社会层面上有效保障了公民的阅读权利,使得每个人都能在法律框架内自由、平等地享受阅读的乐趣与益处;同时,在机构层面上,它也赋予了阅读推广主体以明确的职业权利与责任,激励他们更加积极、专业地投身于阅读事业之中。阅读立法的实施,深刻体现了我国对于文化建设的高度重视与不懈追求,是实现国家文化梦想与追求的重要途径之一。

五、阅读推广的"创新"理念

阅读本质上是一种个性化与私密性的体验活动,阅读推广秉持的全民理念、服务理念、自由理念、权利理念,都必须遵循推广的逻辑前提——自愿行为的改变;即使是阅读立法,其出发点也仅仅是为阅读权利的实现创造更好的法律制度环境,而不是对公民的阅读行为进行限制或者强制。因此,阅读推广的策略必须遵循"吸引"而非"强迫"的原则。

那么如何巧妙地"吸引"呢?我们可以从蕴含"新旧更迭"哲理的成

语中汲取灵感，如"推陈出新""破旧立新"等，这些成语揭示了新事物凭借新颖性超越旧事物，吸引人们注意力的普遍规律。人类天生对新奇事物抱有好奇与向往，阅读推广自然也不例外。因此，在现代阅读推广的实践中，我们更应坚定不移地秉持"创新"的理念，既要温故知新，尊重并学习过往的经验与智慧，又要推陈出新，勇于突破传统框架，不断探索与尝试新的方法与策略，以适应读者日益增长的多元化文化需求。阅读推广活动不仅紧密贴合图书馆传承文化、启迪智慧的使命，更成为吸引读者、促进阅读风尚形成的关键力量。近年来，围绕阅读推广，重新设计图书馆服务空间、添置设备、进行服务场所改造的话题日益成为图书馆学界和业界关注的焦点。此外，阅读推广人作为阅读推广服务的具体提供者，其服务创意和服务能力也被提到了空前的高度。一个优秀的阅读推广人，应具备三个关键素质：积极主动的工作态度、勇于创新的思维方式和高效整合社会资源的能力。然而，一个未经培训的阅读推广人是不太可能全面具备这些素质的，但一群阅读推广人或者一个阅读推广团队使得具备所有这些素质的可能性大大提高。因此，开展阅读推广人培训、设立阅读推广组织机构已成为社会共识且正在付诸实践，也使得阅读推广"创新"理念的执行有了切实保障。

第六节　我国阅读推广的发展概况

20世纪90年代中期，我国迎来了全民阅读活动的萌芽与兴起。近年来，全民阅读已正式上升为国家发展战略，"倡导全民阅读"这一理念连续多年被写进政府工作报告中。实施全民阅读推广战略，不仅反映了社会各界对文化滋养和精神提升的迫切需求，也是推动文化事业持续繁荣与创新的重要动力。全民阅读与个人阅读不同，个人阅读是单纯的个体行为，是个体精神文明的提升；而全民阅读是一种社会性的集体行动，象征着整个社会和民族在文化素养与精神风貌上的整体跃升。推进全民阅读，保障全民阅读的权利，不仅是构建完善的社会公共文化服务体系不可或缺的一环，也是有效提升国民综合素质、促进国家长远发展的必由之路。图书馆的阅读推广活动伴随着全民阅读风潮而发展，图书馆界凭借其在资源、服务及影响力等方面的独特优势，已逐渐在全民阅读推广中占据主导地位，引领着阅读风尚，激发着全民阅读的热情与活力。

一、图书馆阅读推广活动的兴起

1995 年,联合国教科文组织向全世界发出了构建"阅读社会"的号召,并将每年的 4 月 23 日定为"世界图书与版权日",又称"世界读书日"。随后,在 1997 年初,中共中央宣传部、文化和旅游部等 9 个部委联合发布了《关于在全国范围内实施"知识工程"的联合通知》,提出"以发展图书馆事业为手段,以倡导读书、传播知识、推动社会文明与进步为目的"的"知识工程"。其中,九部委由中宣部、文化和旅游部牵头,而具体的执行与运作则交由文化和旅游部下的图书馆司负责。此举不仅标志着全民阅读推广活动已被正式纳入国家层面的文化政策框架,同时也为图书馆行业注入了强大的发展动力与支持。到了 2000 年,全国知识工程领导小组将每年的 12 月定为"全民读书月",并策划了一系列丰富多样的阅读活动,以激发国民的阅读热情,营造书香氛围。活动以文化企事业单位为主力军,但也没有忽视以此为基础提升图书馆系统的服务能力和质量。到了 2003 年,第四届"全民读书月"活动由中国图书馆学会组织实施。从 2004 年开始,为了与"世界读书日"保持一致,"全民读书月"调整到了每年的 4 月。全国知识工程领导小组携手文化和旅游部,联合中国图书馆学会及国家图书馆,共同启动了以"倡导全民阅读、构建阅读社会"为核心主题的"世界读书日"宣传活动。这一举措不仅实现了我国"全民读书月"与国际"世界读书日"的接轨,也标志着中国的全民阅读推广活动正式迈入了国际化的轨道。此后,每年的"世界读书日"期间,中国图书馆学会都会积极策划和组织一系列规模宏大、形式多样的公益阅读活动,引领全国图书馆界的积极参与,共同推动阅读推广的热潮。在 2005 年,中国图书馆学会成立了"科普与阅读指导委员会",以加强阅读指导和科普工作,并为图书馆组织阅读活动提供支持。同年,中国图书馆学会还举办了首届"新年峰会",将"图书馆与社会阅读"作为核心议题之一,深入探讨了图书馆在推动社会阅读、构建阅读文化中的重要作用与使命。至此,图书馆界完成了从全民阅读活动的参与者到引导者的角色转换,也明确了其在全民阅读推广中的核心地位与职责,即负责组织、引导并具体实施各项阅读推广活动,为构建书香社会贡献力量。

1995—2005 年的 11 年间,全国范围内的图书馆,特别是公共图书馆,主动投身并极大地促进了全民阅读的风尚。这 11 年不仅是图书馆在阅读推广实践上的初步尝试与努力,也标志着我国图书馆在阅读推广理念上的积极探索。通过一系列丰富多样的读者服务项目,图书馆成功地将其服务与资源拓展至城乡各个角落,惠及了社会各阶层的广大读者。如举办公益讲座,邀请专家学者举办各类主题讲座,提升公众的知识水平和文化素养;开展送书活动,通过流动图书馆、图书下乡等方式,将书籍送到偏远地区和社区,确保更多人能够接触到阅读资源;推出各种优惠政策,降低读者办理借阅证的门槛,吸引更多人走进图书馆;定期发布书单,推荐优秀读物,引导读者选择高质量的书籍;举办各类文化展览,展示历史、艺术、科学等方面的知识,丰富读者的文化体验;电影展播,放映教育性和文化性的影片,拓展读者的知识视野;读者调查专题服务:通过问卷调查、访谈等方式了解读者需求,提供更加精准的服务。

21世纪初,学界兴起了第二次"新图书馆运动",这场对图书馆的权利、精神、核心价值的讨论洗涤了旧的理论系统和理论观念,倡导公共图书馆回归免费、开放、包容、平等的基本精神,为图书馆开展阅读推广找到了本源和意义所在,推动了我国图书馆阅读推广理念的起步与发展。

二、图书馆阅读推广活动的发展

自2006年以来,我国的全民阅读活动得到了广泛开展,并逐渐形成了浓厚的社会氛围。而在各方助力及行业自身的努力下,我国图书馆的阅读推广亦呈现出蓬勃发展的态势。

近年来,政府对文化建设日益重视,相继出台了一系列推广阅读的相关文件,逐步将全民阅读提升至国家战略的高度。2006年,国家新闻出版总署联合中共中央宣传部、中央文明办等11个部委共同发出《关于开展全民阅读活动的倡议书》,呼吁在本年度"世界读书日"之际,在全国范围内开展"多读书、读好书"的全民阅读活动。自此,全民阅读活动在全国范围内迅速发展起来。此后,为进一步深化阅读推广活动,2007年3月,国家新闻出版总署、中央文明办、国家发改委等八部委印发了《"农家书屋"工程实施意见》,旨在满足广大农村地区群众的文化需求。紧接着,2008年初,中华全国总工会发布《关于开展全国工会"职工书屋"建设的实施意见》,标志着"农家书屋"与"职工书屋"建设在全国范围内的全面启动,以满足农村与职工群体的文化阅读需求。2009年,中国图书馆学会的"科普与阅读指导委员会"正式更名为"阅读推广委员会",并下设15个专业委员会,以实现对全民阅读活动的更为精细化和专业化的分类规划与指导。这一系列举措极大地提升了阅读推广的社会影响力,吸引了社会各界的广泛关注与积极参与,通过多样化的方式融入全民阅读的热潮之中,共同推动了阅读组织机构的完善和阅读活动的繁荣。

各地方政府同样展现出对全民阅读的积极态度,纷纷行动起来,策划并实施了区域性的多样读书活动。多个城市的市委市政府不仅发起了读书节、读书月等活动,还成立了专门的指导机构,负责全面规划、协调社会各界力量开展一系列推进阅读的文化活动,共同推进阅读文化的深入发展。领风气之先的是始于2000年的深圳读书月,随后"东莞读书节""兰州读书节"等也相继启动,形成了良好的示范效应。自2006年国家发布《关于开展全民阅读活动的倡议书》以来,大部分省市都积极响应,纷纷开展了读书日、读书节、读书周、读书月乃至读书季等多元化形式活动。这些活动中涌现出了一些具有广泛影响力的品牌活动,如"苏州阅读节"、"湖南三湘读书月"以及"广州南国书香节"等。2013年,中国图书馆学会年会在上海浦东召开,主题为"书香中国——阅读引领未来",吸引了超过3000名来自全球的参与者,共同探讨了阅读的发展前景。这一盛事进一步推动了全民阅读在全国范围内向纵深发展。进入2016年,随着移动互联网技术的普及与深入应用,人们的阅读方式发生了显著变化。据中国新闻出版研究院发布的《第13次全国国民阅读调查报告》及中国互联网络信息中心发布的《第37次中国互联网络发展状况统计报告》显示,传统阅读方式的增长趋于平缓,而数字化阅读则凭借其便捷性、易获取性以及满足个性化、碎片化阅读需求的优势而迅速崛起。这一转变使得全民阅读的景象焕然一新,展现了传统纸质阅读与数字化阅读相辅相成的态势,同时也让个性化阅读和集体共享阅读和谐共进,形成了互补的局面。这种发展趋势为全民阅读注入新的活力,使其路径更加丰富多彩,朝着更加生机勃勃和多元化的方向迈进。

三、全民阅读推广法律政策的制定

2011年以来,全民阅读推广越来越受到党和政府的重视。2011年,党的十七届六中全会决议提出"深入开展全民阅读、全民健身活动";2012年,党的十八大报告明确提出"开展全民阅读活动",将其作为扎实推进社会主义文化强国的重要举措之一;2013年,全民阅读立法列入国家立法工作计划,"全民阅读促进条例"亦开始拟议;2014 年、2015 年"全民阅读"连续被列入政府工作报告,李克强总理两次强调并提出"倡导全民阅读,建设书香社会"。2020 年,中央宣传部发布了《关于促进全民阅读工作的意见》,强调了阅读在获取知识、增长智慧、传承文明、提高国民素质方面的重要性。2022 年,首届全民阅读大会在北京举行,习近平总书记发来贺信,强调了阅读的重要性,并鼓励全社会参与阅读。2023 年,政府工作报告中提出"深入推进全民阅读"。2024 年,政府工作报告中提出"深化全民阅读活动",标志着全民阅读进入到新的发展阶段。这都表明促进全民阅读已成为重要的立国方针和治国方略。随之,全民阅读推广法律政策的制定进程加快,全民阅读推广的法律支撑体系正在逐步完善。

(1)《公共文化服务保障法》。该法案自 2017 年 3 月 1 日起正式生效,此法案的颁布与实施,标志着我国公共文化服务法制化建设迈出了关键一步,有效填补了文化立法领域的空白,强化了我国文化法律体系的完整性。它对于促进公共文化服务的法治化、标准化进程具有里程碑式的意义。《公共文化服务保障法》是全局性、宏观性的文化服务法律,其中第二十七条明确指出:"各级人民政府应当充分利用公共文化设施,促进优秀公共文化产品的提供和传播,支持开展全民阅读。"该法案提及的有关"公众阅读"的内容还有两处,即第二十九条"公益性文化单位应当完善服务项目、丰富服务内容,创造条件为公众提供免费或者优惠的阅读服务",第三十条"基层综合性文化服务中心应当加强资源整合,尽力完善公共文化服务网络,充分发挥统筹服务功能,为公众提供书报阅读等公共服务"。尽管法案文本未直接详尽论述全民阅读推广的具体策略,但其通过构建公共文化服务体系、优化公共文化设施布局、明确政府服务职责等条款,为全民阅读活动的广泛开展奠定了坚实的法律基础与制度保障。

(2)《全民阅读促进条例(征求意见稿)》。2016 年 2 月 15 日,国家广播电视总局发布了《全民阅读促进条例(征求意见稿)》,共 6 章 37 条。该征求意见稿明确指出了全民阅读服务的实施及保障,并在第十一条、第十六至第十八条、第二十三条、第二十八条中 7 次出现"阅读推广"的字眼,涉及阅读推广的管理体系、阅读推广团队的组建与人员培训机制、阅读推广活动的具体规划与公益服务性质,以及针对特殊群体所设计的专属阅读推广服务等内容,构成了全面而细致的阅读推广策略框架。该条例的实施,对我国国民素质的整体提升及社会文明程度的深化产生了深远影响,它不仅为全民阅读活动的广泛推广与深入开展提供了坚实的法律支撑，还进一步强化了阅读在促进社会进步、文化繁荣中的核心地位。

（3）《全民阅读"十三五"时期发展规划》。2016年12月27日，国家广播电视总局发布《全民阅读"十三五"时期发展规划》，共12章（含序言）。这是第一个国家级的全民阅读规划，明确了全民阅读的指导思想、基本原则和主要目标，为全民阅读活动的长远发展奠定了坚实基础。该发展规划围绕9项核心任务展开，旨在全方位推动全民阅读事业的蓬勃发展。具体而言，包括举办重大全民阅读活动，加强优质阅读内容供给，推动全民阅读深入基层、深入群众，大力促进少年儿童阅读，保障困难群体、特殊群体的基本阅读需求，完善全民阅读基础设施和服务体系，提高数字化阅读的质量和水平，组织引导社会各方力量共同参与，加强全民阅读宣传推广。从阅读活动的组织、阅读内容的丰富、阅读设施的完善、阅读权益的保障到阅读氛围的营造，《全民阅读"十三五"时期发展规划》以全民阅读推广为核心视角，精准对接全民阅读工作的关键环节，确保了规划内容的重点突出与高度可操作性，为全民阅读事业的持续健康发展提供了明确的方向指引与有力支持。

（4）《公共图书馆法》。2017年11月4日，第十二届全国人民代表大会常务委员会第三十次会议通过了《公共图书馆法》，自2018年1月1日起正式实施。作为公共文化领域继《公共文化服务保障法》之后的又一标志性立法成果，该法共包含6章55条，详尽地规范了公共图书馆的设立标准、运营模式、服务范畴以及相关的法律责任等关键要素。文化是国家之根本，民族之灵魂，而文化的繁荣兴盛亦是国家与民族发展的不竭动力。《公共图书馆法》通过立法手段促进全民阅读，不仅体现了法律的时代精神与现实需求，也彰显了文化建设的深远意义。法规数次提及"全民阅读"，明确指出公共图书馆应将"推动、引导、服务全民阅读"视为其核心使命之一。为此，法律具体规定了公共图书馆应通过各种形式的活动，如阅读指导、读书交流、演讲诵读、图书互换共享等，来积极推广全民阅读，进一步明确了其在全民阅读推广体系中的关键角色与职责。随着《公共图书馆法》的深入实施，我们有理由相信，公共图书馆将为社会公众提供更加持续、稳定且高质量的阅读服务，从而吸引更多人走进图书馆，享受阅读的乐趣，让阅读成为伴随人们一生的良好习惯，为社会文化的繁荣与进步贡献力量。

（5）《关于促进全民阅读工作的意见》。2020年10月，中宣部印发《关于促进全民阅读工作的意见》，强调要以习近平新时代中国特色社会主义思想为指导，在全社会营造爱读书、读好书、善读书的氛围，提升人民群众的阅读兴趣和阅读能力，明确到2025年，基本形成覆盖城乡的全民阅读推广服务体系，全民阅读理念更加深入人心，活动更加丰富多样，氛围更加浓厚，成效更加凸显，优质阅读内容供给能力显著增强，基础设施建设更加完善，工作体制机制更加健全，法治化建设取得重要进展，国民综合阅读率显著提升。

依法治国作为我国治国理政的基本方略，其重要性不言而喻。在此背景下，一系列与全民阅读推广紧密相关的法律政策的相继出台，不仅彰显了我国在依法推进公共文化服务体系建设方面的坚定决心，也为全面保障公民的阅读权利奠定了坚实的法律基础。这些法律政策的实施，对于进一步激发全民阅读热情，深化全民阅读推广活动，具有不可估量的重要价值。

第三章　高校图书馆阅读推广理论

通过公共图书馆、高校图书馆发布的"阅读"大数据，我们欣喜地看到，经过多年的建设和发展，文化始于阅读的理念深入人心，大众阅读品位趋于成熟和理性，"书香中国"建设对繁荣学术研究、促进文化交流和推动各项事业发展起到了积极作用。在全社会倡导全民阅读的良好氛围下，高校图书馆作为校园内推广阅读活动的核心机构，扮演着极其重要的角色。高校图书馆不仅拥有优雅的阅读环境和丰富的馆藏资源，更是学生接触人文学科、科学普及以及经典文献的理想场所，有助于激发他们的阅读兴趣。因此，开展各种形式的阅读推广活动已经成为高校图书馆的一项重要任务。

第一节　大学生阅读素养的培养

阅读素养的提升对于大学生而言至关重要，它不仅是衡量一个国家软实力的关键指标，也是传承与弘扬国家和民族优秀文化遗产的重要手段。通过阅读，读者能够理解、整合和评价书刊报纸等载体中的书面文字、表格、图片及数字化载体的文本内容和意义，促使人们积极思考，并能提出新的见解，从而增强解决实际问题的能力。阅读是获取信息、积累知识和启发思维的主要方式。对于阅读素养的教育与培养，是培养个人"终身学习"能力的必要保障，也是其他各种素养教育的基础。

一、阅读素养的定义理解

"阅读素养"这一概念最早由国际教育成就评估协会（IEA）在1991年提出，当时将其定义为理解和使用书面语言的能力，这种能力不仅符合社会要求，也受到个体的欣赏和重视。随后，IEA针对小学生开展了国际阅读素养进展研究（Progress in International Reading Literacy Study，PIRLS），它进一步扩展了阅读素养的定义，强调儿童能够从各种文本中构建意义，并通过阅读进行学习、参与社会和文化活动，以及从中获得乐趣。在此基础上，2018 年，由经济合作与发展组织（Organization for Economic Co-operation and Development，OECD）发起和统筹的国际学生能力评估计划（Programme for International Student Assessment，PISA）对"阅读素养"进行了重新定位，指出它涵盖了理解、使用、评价、反思和参与文本内容的能力，这些技能对于实现个人目标、增进知识、发展个人潜能以及参与社会活动都是至关重要的。

在"互联网+"时代背景下，获得知识的渠道从纸质文本范畴逐步扩展，新兴的数字媒介实现了文本电子化，可视、可听、可读的电子文本也被纳入阅读材料的类型中。这一转变意味着，在当今社会，阅读素养不仅仅局限于传统的阅读方式，还包括对新兴数字媒介的理解和运用。

自 2000 年开始，PISA 评估项目每三年举办一次，主要评估学生在阅读素养、数学素养和科学素养三个方面的表现。PISA 对阅读素养整体水平的测试格外重视，在举行过的 8 次测试中，以阅读素养为主要测试内容的就有 3 次。随着时间的推移，人们对阅读素养的认知也经历了演变，从最初将其视为个体的一项重要技能，逐渐转变为强调通过阅读来促进学习。当前，其进一步发展，聚焦于鼓励个人在阅读素养的形成过程中，要具备参与社会的能力，在满足自我需求的同时，也积极对社会和国家做出贡献。

以阅读能力为核心的阅读素养，对于拓展个人智力和创造力具有重大意义。它不仅是个体参与社会、满足生活及职业需求所必需的品质，而且运用阅读所得到的信息能够有效地解决现实问题，能大大促进个人的精神成长和专业发展。

二、阅读素养的构成要素

依据认知心理学的研究成果，阅读素养的内涵得到了进一步的丰富。胡继武在《现代阅读学》中，结合阅读的生理基础和心理活动特征，将阅读过程细分为认读、理解、评价、贮存应用和创新 5 个阶段。阅读素养使学生能够在各式各样的文章中找出意义，汇集知识，持续互动理解，从阅读中学习，运用阅读技能、阅读技术和阅读策略来分析文本，洞察文本内涵，提出深刻的问题，进而解决学习过程中的种种难题。因此，阅读素养同样被视为一种学习能力。

由此可以看出，阅读能力并非孤立存在，而是在实际阅读活动中逐步形成和发展的一种综合性的心理特质，它涵盖了读者在阅读过程中所进行的多样化积极心理活动的交织运作。这些心理活动共同作用，促进了阅读者对于信息的理解、处理与创新应用的能力。

（一）提取信息

阅读行为通常源于读者的内在动机或外部的实际需求，而这一行为的展开需要依托于一定的知识基础。所指的"知识"在这里主要是指从事阅读活动所必需的一系列知识储备，包括个人的生活经验、基础的科学文化知识和一些工具性知识，如语言知识、文本知识等基础理论知识。兴趣和注意是进行阅读的前提。对文本的感知是阅读活动的开端。从这个意义上讲、感知能力是十分重要的。读者对字词知识的掌握，辨识字词的正确性及流畅性的能力决定了阅读能力。没有感知能力，发展其他能力会受到极大的限制。在阅读时，书面语言符号首先作用于读者的视觉，光从单词上反射并被眼睛吸收、经由视神经传输到大脑，成为文字的视觉形象。接下来是信息的内部整合，这一步骤相当于基础理解，即将正在阅读的信息与大脑中已有的相关知识联系起来。最后再传递到思维中枢，变为具体的意义，而后再传至言语运动中枢，引导发声阅读。

阅读是一种复杂的心理和生理活动，它要求读者具备一定的感性知识，这是指读者为了更好地理解和吸收文本内容所必需的先验经验，这些经验为读者构建起理解文本所需的背景框架和基础支撑。研究表明，阅读的速度与生理过程紧密相关。人们的阅读生理过程有两种不同的形式。一种是默读，即文字以光波的形式落在人眼的视网膜上，然后由视神经传到大脑的言语视觉中枢，引起大脑的思维活动，从而理解了文字所表示的意义。另一种是朗读或低诵，这一过程中，文字同样以光波形式到达视网膜，并通过视神经传递到言语视觉中枢；随后，言语视觉中枢又把信号传至言语运动中枢，引起发音器官的运动，发出文字的声音；声音又通过耳朵传至言语听觉中枢，三个言语中枢协同动作在大脑中引起思维活动，从而理解文字的意义。由于默读省略了发音和听觉环节，直接进行视觉信号的吸收和大脑处理，因此其速度要快于朗读和低诵。此外，感知能力在提取信息的过程中起着至关重要的作用。它是指读者运用已有的词汇、语法、句法等语言学知识，来感知、辨识文本及其结构，从而提取文本中的主要信息和基本意义。这种解码能力是我们重新组织语言、深入理解文本的关键。

（二）推论

从提高阅读素养的角度来看，阅读不仅仅是一种视觉上的感知活动，它更是一个复杂的心智过程，涉及对文本信息的吸收、理解和处理。在这个过程中，大脑首先会对接收到的文字信息进行识别，然后借助于个人已有的知识结构和过往经验，通过诸如分析与综合、比较与概括以及演绎与归纳等逻辑思维手段来深入理解文本的思想内容及其语言表达方式。尤其当阅读的对象是文学作品时，理解的深度还会受到读者形象思维的影响，包括表象、联想、想象以及情感共鸣，不仅丰富了读者的内心体验，同时也促进了对作品更深层次的认识。

（三）整合与阐释信息及观点

阅读是一个认知过程，学习阅读就是要学习一套完整的阅读规则和方法，形成良好的阅读习惯，能自主地从读物中提取所需要的信息。这个信息处理过程涉及一系列具体的阅读行为和相应的阅读技巧的运用，以帮助读者理解和吸收文本内容。读者识字量、词语量、句式量的多少，关系到阅读感知的确定与速度，是读者从读物中汲取和掌握知识不可或缺的条件。这种阅读技能反过来又促进大脑智力发展，促进对阅读段落、篇章修辞、逻辑等方面的理解。

读者不仅要阅读最原始的阅读内容，还要利用高校图书馆查阅文献资料，解决阅读中遇到的理解性问题和深度思考后的延伸阅读问题。文献资料是指图书、报刊和其他出版物上刊载的文字材料。在学习和科学研究活动中，人们常常需要查阅各种文献资料来解决自己遇到的疑难问题。

1. 确定查找范围

查阅文献资料的第一步是明确查找范围，即选择合适的书籍、报刊、电子资源等作为信息来源。如果不确定所需专著或刊物的具体名称，读者可以利用关键词进行搜索。

2. 借助各种检索工具

在确定了查找的范围后，可利用专门的检索工具，如工具书、电子资源库的检索工具、图书期刊目录等，进一步确定该查阅哪些刊物，从而找到有关资料。通过这些检索工具，可以确定需要查阅的具体刊物，进而找到所需的资料。例如，要想知道朱熹是何许人，《观书有感二首》是怎样的文学读物，可以通过查阅纸质资源和电子资源，得到以下信息：朱熹（1130—

1200),字元晦,又字仲晦,号晦庵,晚称晦翁,谥号"文",被世人尊称为朱文公。他是宋朝著名的理学家、思想家、哲学家、教育家、诗人,是闽学派的代表人物,也是儒学的集大成者,后世尊称其为朱子。而《观书有感二首》则是朱熹的组诗作品,通过描绘"观书"的感受,借助生动的形象传达深刻的哲理。

在查阅文献资料时,首先,要选用最新版的工具书。一般来说,最新版的工具书内容较新,由于许多学科的名词解释随着学科的发展不断更新,所以新版工具书使用价值也较高。其次,要学会使用《中国图书馆分类法》(以下简称《中图法》)。利用《中图法》可以满足读者对于信息资源组织和知识检索的需要。再次,要掌握信息检索的基本知识,并学会使用数据库检索工具。在现代社会,互联网已成为信息交流的核心平台,大量的专业数据库为研究者提供了丰富的资源。因此,熟悉并能够操作这些数据库以及相关的专业期刊、图书、工具书、科技报告、专利文件和标准文件等,可以帮助读者准确、高效地在海量信息中精准定位所需资料,解决阅读理解与研究中遇到的问题。最后,掌握有效的阅读方法。学会围绕读物选择浏览、撷取大意、圈点评注、提要钩玄、述诵笔记、综览品评、边读边提出问题等,通过分析思考,从深度和广度两个层面加深对读物的理解,从而提高阅读理解的质量。此外,质疑也是一种阅读方法。从心理学的角度看,在阅读中不断提出问题,进而分析问题和解决问题,可以使读者的思维处于活跃状态,主动地去探索读物所表达的思想。

总之,阅读是一个从浅层认知到深层认知、从理解文本意义到挖掘深层意义的循序渐进的过程,查找、积累各种相关的知识是阅读能力得以形成和发展的基础。

(四)评价文本内容与表达

阅读评价是指采用科学的态度和手段,通过分析文本信息,更加深入理解文本,促进读者进一步思考文本中作者所表达的观点和现实问题,对阅读主体和客体进行判断、评论,最终提高阅读质量。

之所以强调阅读评价的重要性,是因为它能深化我们对阅读互动性和构建性本质的理解。阅读不仅是吸收信息的过程,更是一个主动思考和理解的过程。评价过程使读者能够在筛选和解读文本信息时,运用策略并形成自己的见解。通过自我评价,读者能够识别并解决问题,优化他们的阅读策略和方法。阅读评价的对象可以是阅读材料的主旨思想、作者创作意图、表现手法等,也可以是读者发挥个人创见,从阅读内容中发现和挖掘的新答案等,这是读者超越作者本意进行再生产的实践和创新活动。培养阅读评价意识,实际上是在锻炼读者的思维能力,使读者能够在阅读过程中主动地与文本对话,通过批判性思考来加深理解和获得新的启示。

三、阅读素养的核心——阅读能力

阅读能力是指读者运用自身已掌握的知识和经验来进行阅读活动的一种能力,它是阅读素养的核心组成部分。其中,理解能力则是阅读能力的核心要素。分析与综合、评价与创造,是阅读从感知到意识,再到理性,是对知识追求的不断量化积累,最终激发读者理性的思考和创新。

(一)阅读能力的分类

阅读活动一般是因读者个体的差异性、阅读材料的多样性、阅读目的的不同以及阅读技能的差异而有所不同的。一个具备全面阅读能力的读者应当掌握多种阅读能力,包括认识性阅读能力、分析性阅读能力、评论性阅读能力和创造性阅读能力,以便根据学习或工作的需求设定阅读目标并选择适当的阅读方法。

认识性阅读能力是一种基础能力,包括确定阅读目的、独立查找必读材料、选择阅读方法三方面的能力,旨在培养读者的理解能力和逻辑思维,使他们能够理解词语和句子的直接含义。它是从认字识词的感性阶段向理解内容的理性阶段的深化,强调在掌握字词表面意思的基础上,深入理解语言文字之间的内在联系和深层意义,进而把握文章的思想内容、结构布局以及写作手法。这种能力是阅读的关键,是提升智力活动、确保阅读效果的根本动力。通过这一过程,读者能够构建起对文章的基本认知框架,为后续深入分析奠定基础。

分析性阅读能力则是在认识性阅读成果的基础上,进一步对文本的层次、段落、文意和写作技巧进行分析与综合。这一过程使读者能够更全面、更深入地理解文章的内在逻辑和核心思想。分析性阅读不仅是对文章内容的再加工,更是读者思维活动的全面展现,它有助于读者形成对文章的整体性把握与深入理解。

评论性阅读能力主要体现在对文章的鉴赏和评价上。读者在阅读过程中,通过对文章的语言风格、表现手法、思想深度等方面进行评判,从而形成自己独到的见解与观点,提高自己的审美水平。

创造性阅读能力要求读者对文章内容和观点进行辩驳，激发创造性思维，实现阅读的创新。

（二）阅读的两种方式

阅读作为一种个性化的活动，其方式和方法因人而异。不同的读者对同一类型读物可能进行不同方式的阅读；同一读者由于年龄、身份和认识阶段的不同，对同一类型读物也可能进行不同方式的阅读。在阅读活动中，由于阅读目的不同、读物性质各异以及阅读方式的多样性，催生了多种多样的阅读方法。具体来说，根据是否发声，阅读可以分为朗读和默读（视读）；根据阅读速度，可以分为注重深度理解的慢读和追求效率的速读；根据阅读的详细程度，则有精读与略读之分。

1. 精读

精读是最为常见的一种阅读方式，它不仅要求读者按照顺序仔细阅读每一个字词和句子，理解文本的字面意义，更要深入挖掘文章的中心思想、情感色彩以及隐含的意义。在这个过程中，读者需对文章的词语、句子、段落乃至整体篇章进行详尽的解读和思考。

此外，精读还鼓励读者将阅读材料与其他作品或者现实生活建立联系，通过对比与联想，加深对作品所描绘情景的感受和思考，仿佛置身于作品之中。这一过程也是将已有的知识与新获得的信息相互结合的过程，通过个人的生活经验和知识背景来充实和补充文本内容，实际上是对文献的一种再创造。精读是人们逐步认识文本内容之间的联系，直至认识其本质的一种思维活动，要求能客观地站在作品之外，对作品的思想内容和表达方式进行全面的评估和评判，从而加深对作品的理解，提升个人的批判性思维能力。

2. 略读

略读同样是一种重要的阅读方式。它与精读不同，不是逐字逐句地理解分析，而是像雷达扫描捕捉目标一样，搜索表达文章标题、观点和中心思想的重点语句，把握文章的结构，对于文中有些材料常常略去不看。

略读过程中也有由此及彼的联想，但想象活动很少；也要求对文章做出评价但只对文章的某些方面做出评价，而不对文章的得失进行全面衡量。

事实上，略读是一种历史悠久的阅读方式，《三国志》中提到诸葛亮在与徐庶等人一同读书时，其他人追求的是精细理解，而诸葛亮却善于纵观大意，抓住文章的大意，即"务于精熟，而亮独观其大略"，这正是略读的本质所在。不过应当指出,略读与那种心不在焉、走马观花式的读书不同。前者是一种有目的的、精神高度集中的阅读活动,而后者则是毫无目的、漫不经心地乱翻。

选择进行精读还是略读通常取决于阅读材料的性质和阅读环境。对经常进行精读的读者来说,也需要略读,可以帮助自己迅速了解一本书,并通过略读来判断各部分内容,以安排自己的阅读方法。精读和略读各有优势,关键在于根据实际需要合理选择和应用这两种阅读方式。

第二节　高校图书馆阅读推广的要素

高校图书馆的阅读推广主要针对的是在校大学生,旨在提高学生的阅读热情和阅读水平。这类推广活动主要涉及三个核心要素:高等教育机构——大学、大学文献信息资源中心——图书馆,以及阅读推广的直接受益者——大学生。高校图书馆阅读推广实质上是指图书馆工作人员根据馆藏文献的特点,针对大学生的阅读兴趣和需求,策划并实施一系列文献信息推荐及阅读组织活动。

关于高校图书馆阅读推广要素,可以从"主体"、"客体"和"载体"角度来分析,以便理解阅读推广服务的内容。

一、高校图书馆阅读推广的主体

作为高校阅读推广活动的发起者、组织者、实施者和管理者,高校图书馆在履行其职能和构建学习型校园环境方面发挥着至关重要的作用。高校图书馆的阅读推广主体作用不仅体现在其作为知识宝库的功能上,还体现在它对于创建一个充满学习氛围的校园环境的努力上。图书馆不仅是静态的知识存储库,还是动态的知识交流平台,通过组织各类阅读推广活动,激发学生的阅读兴趣,促进学术文化的传播。

为了更有效地推动阅读推广工作,高校图书馆经常与校内多个部门合作,如团委、宣传部、学生处以及各院系等,共同策划和实施各种形式的推广活动。同时,图书馆也会主动寻求与校外机构的合作机会,以拓宽阅读推广活动的覆盖范围。此外,图书馆还会与诸如读书协会、文学社等学生社团紧密合作,利用这些社团的影响力和组织能力,开展更多样化的阅读推广活动。与它们合作有三点优势。

一是"高校图书馆搭台,专家学者唱戏",一方面可以解决院系由于缺乏完整的阅读资源而存在的困难,另一方面又可以解决高校图书馆馆员队伍本身的专业和素养难以适应非高校图书馆学科专业阅读所涉及的深度问题。以武汉大学图书馆医学分馆为例,该馆与学生社团阅微书社联手,共同启动了微天堂真人图书馆项目。该项目旨在邀请各领域专家学者和行业精英,通过采访真人、编写索书号、制作海报软文等方式进行宣传推广,使读者能够以平等对话的形式"阅读"这些真人图书,从而丰富读者的阅读经历。在这些活动中,主讲人来自各行各业,包括青年作家、企业家、医生、互联网达人、漫画家、配音演员、世界记忆大师、考古队员、手绘画师、诗词大赛冠军、海外志愿者等。这种创新型的阅读方式,不仅拓宽了读者的视野,还促进了学术交流,使图书馆成为了一个知识共享、智慧碰撞的平台。

二是在课余时间组织开展讲座、沙龙,增进专家学者与读者之间的交流。微天堂真人图书馆项目就是一个典型的例子,其口号是"读有故事的人,做有深度的书",鼓励读者与主讲人进行深入的对话和交流。在主讲人演讲(30分钟)之后,给现场及线上的读者提供更长的互动及问答时间(约90分钟)。这种设置鼓励读者提出更多问题,多问几个"为什么",从而激发出更多不同角度的想法和观点,不仅促进了知识的传递,还使得不同背景、不同视角的想法得以交汇碰撞。

三是读者与专家学者面对面交流,不仅可以分享读书心得、研究感悟,还能够了解与读书生活相关联的个人经历、心路历程。微天堂真人图书馆通过读者与专家学者现场交流,引导读者学习读书技巧、治学方法,理解读书与学习生活之间的深刻联系。同时,专家学者对提高读者参与热情、吸引读者积极参与交流互动具有感召力。

二、高校图书馆阅读推广的客体

高校图书馆的阅读推广主要围绕各类读物展开,此即为高校图书馆阅读推广的客体,既包括传统的纸质书籍,也涵盖了电子资源等。此外,这些活动还致力于提高读者的阅读能力、激发他们的阅读热情、培养良好的阅读习惯,并且营造一个积极向上的阅读环境。

总体而言,高校图书馆阅读推广活动面向的是整个学校范围内的教师和学生群体。然而,不同师生群体在图情需求上存在差异,因此需要进一步细分阅读推广客体，才能提供更加精准和有针对性的服务，更好地满足不同群体的具体需求，从而实现更高效的阅读推广成果。

一般来说，根据教师的专业、学位、职称、年龄等标准可以划分出阅读推广客体的子群；同样，依据学生的专业、年级等标准也可以划分出阅读推广客体的子群。我们还可以根据师生的图情需求来划定阅读推广客体。比如，学生准备考研究生、公务员、职业资格证书等，他们的需求有很大的区别。认真研究阅读推广客体、调查研究师生具体的图情需求，是开展好阅读推广活动的基础性工作。充分的前期调研工作往往能够极大地提升活动成效。

三、高校图书馆阅读推广的载体

阅读推广载体通常是指本馆馆藏。若不是高校图书馆自己的馆藏，理论上是不适合推荐的。馆藏包括三类：现有馆藏、未来馆藏和延伸馆藏。

（一）现有馆藏

高校图书馆在推荐现有馆藏资源时，往往依赖于图书管理集成系统的内置推荐功能。由于知识产权保护，数据库之间的底层数据格式、基本架构的算法存在巨大差异，一个数据库就成了一个壁垒森严的堡垒。在知识壁垒不断加厚的今天，读者需要一个库一个库地寻找资源。如何让读者在海量资源中快速找到所需要的文献，或者如何增强知识的可及性，是高校图书馆必须面对并亟待解决的重要课题。

随着高校图书馆馆藏的持续增长、大数据技术的应用日益广泛以及读者需求变得越来越多样化，高校图书馆在揭示现有馆藏方面已经开始尝试利用新型智能技术寻找读者感兴趣的资源，及时将海量资源推送给有需求的读者，充分发挥现有馆藏的作用。比如，广泛应用计算机领域和电子商务领域的用户画像技术，是当前高校图书馆计算机辅助分析读者需求特征、实现精准图情服务的一个热门话题。通过收集和分析包括社交属性、生活习惯、行为模式在内的多方面数据，用户画像技术能够帮助构建一个反映个人兴趣偏好的标签体系。借助这一技术，高校图书馆能够更加精准地理解特定读者群体的需求特点，从而实现更为精确的信息服务推送。这不仅使得图书馆能够为用户提供更加定制化的资源建议，也开辟了增强读者服务的新途径。这种方法极大地促进了图书馆资源的有效利用，并为满足不同背景用户的独特需求提供了强有力的支持。

（二）未来馆藏

高校图书馆近年来对未来馆藏建设计划采用了创新形式，对阅读推广和校园文化建设有很大的促进作用。

一是"你荐书、我买单"图书荐购活动。高校图书馆馆员在前期调研的基础上精心筛选图书，现场为师生加工、借阅图书，这种现选、现编、现借一条龙服务新模式对满足读者需求更具针对性和适用性，受到了师生们的广泛好评，并显著提高了图书的借阅率。

二是组织外文原版学术书籍展览，开展现场选购活动。其目的是提高高校图书馆馆藏的学术性和专业化，更好地为本校科学研究与学科建设提供资源保障。例如杭州师范大学"2018年外文原版图书展"为全校师生准备了5000余种外文原版图书，供师生挑选教学科研所需的原版图书资料。这些图书覆盖了文学、教育学、法学等多个学科领域，有助于丰富图书馆的外文资源，助力教学科研，提高学生阅读兴趣，满足了学校在教学及科研方面对外文原版资料的需求，促进了书香校园文化的建设，同时营造了一个积极向上的阅读环境。

三是以图书排行榜为索引，寻找高质量的图书，推进馆藏建设。如何选择图书，多读好书？许多主流媒体会定期发布读书专栏或节目中的图书推荐榜单。尽管个别图书排行榜背后有商业利益驱动，但是，综合考察多个图书排行榜就会对出版动态和一段时间内的图书精品有所了解。将图书排行榜作为寻找高品质书籍的依据，是一种实用且有效的方法。

"中国好书"榜单作为最具权威的年度图书排行榜，由中国图书评论学会发起，并通过中央电视台一套专题节目进行公布。该榜单的宗旨在于通过推荐优秀书籍，传递正能量，同时具有引领全民阅读的重要影响力。

"中国好书"的遴选过程非常严格。首先，从全国主流媒体的图书排行榜、重点出版社提交的发行量超过4万册的畅销佳作、重点推荐的优秀图书以及知名书评人推荐的优秀图书中筛选出候选书目。然后，广泛征求意见，组织专家学者评议，最后郑重推出。入选"中国好书"的图书紧随时代前进步伐，在社会政治、经济、学术创作、社会生活等诸多方面有较高艺术水准和制作水平，它们不仅传递知识，也给予读者美的享受。对于高校图书馆而言，"中国好书"排行榜是馆藏建设的重要参考。比如，高校图书馆可以将2023年度"中国好书"榜单中的44本精选书籍作为阅读推广的活动用书，活动前需逐一查重，若馆里还没有，那就应该一边推荐一边采购。这种采用文献调研与网络搜索相结合的方式，可以保证高校图书馆以优质图书扩充馆藏资源。

（三）延伸馆藏

鉴于读者需求的多样性，单一高校图书馆的馆藏资源往往难以全面覆盖。因此，加强高校图书馆间的合作与资源共享显得尤为重要。传统的馆际合作模式，如馆际互借和文献传递，在这方面扮演着重要角色。

在纸本主导馆藏的时代，对于读者需要的图书，可根据高校图书馆之间的协议，通过馆际互借的方式满足读者需求。比如，一本很珍贵的图书，学术价值很高，应该向读者推荐，但很昂贵，高校图书馆没有收藏，就可以通过馆际互借的途径获得所需文献，弥补馆藏资源因馆舍和经费限制而无法完全满足读者需求的缺憾。

在网络信息技术条件下，数字化电子文档能够通过互联网迅速传达到任何互联网的终端。文献传递作为一种新兴的资源共享方式，使读者能够通过互联网快速获得所需的资料。文献传递的流程：读者通过文献共享平台一键检索所需要的文献，检索到文献所在高校图书馆，向所在馆发出文献请求，对方管理员将文献数字版传递至读者指定的邮箱。当前比较知名的文献互借与传递平台包括复旦大学开发的"望道溯源"以及上海交通大学运营的"思源探索"等系统。

第三节 高校图书馆阅读推广的重要性

高校图书馆阅读推广无论对社会还是个人都具有重要的价值，它不仅能够有效传播正能量，还能够使我国优秀传统文化得以传承。此外，这类活动对提高大学生的综合素质同样意义重大。通过参与阅读推广，学生们不仅可以拓宽知识视野，还能培养批判性思维、增强文化素养和审美能力，从而为他们的全面发展奠定坚实的基础。

一、高校图书馆阅读推广对社会的意义

（一）有助于推动社会文化建设

高校图书馆的阅读推广活动对于社会文化的发展具有显著的推动作用。通过强化文化建设，可以提升国家的文化软实力和竞争力，并对倡导全民阅读产生多方面的积极影响：首先，它有助于弘扬优秀的传统文化。

借助于各种阅读推广项目，能够激发大众对中国丰富文化遗产的兴趣与关注，进而促进这些宝贵遗产的传承与发展。其次，阅读推广可以凝聚社会正能量。阅读能够传递积极向上的价值观，帮助人们更好地处理个人与社会之间的关系，营造和谐的社会氛围。最后，此类活动还有助于提高教育水平和科研能力。阅读推广不仅能够提高人们的文学素养，还能够促进教育质量和科研水平的提升。

为了实现这些目标，高校图书馆应依托综合素质较高的学生志愿者和专业馆员，依托图书馆的资源共享平台和实体空间，建立长期的阅读推广机制。通过这种方式，将文献资源有效地传播和应用于地方经济建设中，从而带来显著的服务效益，为社会文化建设提供强有力的支持。

要成功推进全民阅读运动，需要动员政府部门、公共机构、企业界及非政府组织等多方面力量共同参与进来。通过调动各方的积极性，并充分利用各自的资源优势，可以使全民阅读活动覆盖更广，深入到每一个政府机关、公共服务单位、街道、社区乃至农村地区，确保无论城市还是乡村的居民都能够参与到阅读活动中来，共享阅读带来的乐趣与益处。

（二）使每个社会成员掌握最基本的技能——阅读

阅读是每个社会成员必需的最基本的技能。通过开展全民阅读活动，可以为不同文化背景的居民提供更多的阅读机会，帮助他们掌握和提高阅读技能，确保每位居民都能享受到阅读的乐趣与益处，为个人和社会的发展奠定坚实的基础。尤其对于文化水平较低的居民，提高其阅读能力对他们的发展尤为重要。

高校图书馆的阅读推广活动是全民阅读推广的重要组成部分。在当今社会，阅读已成为人们生活的一部分，许多国家都将阅读推广视为政府的重要任务之一。我国也将开展全民阅读活动作为文化发展的主要任务之一，致力于构建阅读型社会。因此，高校图书馆开展阅读推广活动，不仅是对国家的全民阅读政策的积极响应，也是构建学习型社会、提升全民素质的重要举措。

二、高校图书馆阅读推广对高校图书馆的意义

高校图书馆在学校教育中扮演着至关重要的角色，作为文献资料中心，它不仅是传播文化知识和精神文明的场所，也是发挥教育职能的重要阵地。开展阅读推广对于高校图书馆本身来说，意义重大且影响深远。

首先，通过组织各种形式的阅读推广活动，可以显著提高馆内资源的使用效率。这不仅有助于实现图书馆藏书及其他资料的最大化利用，也能够促使图书馆更加合理地分配其资源，进而加强其在学校中的重要性和影响力。

其次，此类活动紧密配合学校的教学计划和目标，为学生提供了良好的学习支持。图书馆通过提供定制化的阅读建议和服务，可以帮助学生培养起良好的阅读习惯，并全面提升他们的综合能力，成为教育过程中不可或缺的一部分。

再次，阅读推广还有利于图书馆探索并实施新的服务模式。例如，尝试开展互动式读书会或主题讲座等形式多样的活动，这些创新举措不仅提高了服务的专业水平，同时也增加了读者参与度和服务体验感。

此外，通过举办各类阅读活动，图书馆能够加深与师生间的沟通交流，建立更牢固的关系纽带。这样不仅可以使图书馆更好地把握住用户的真实需求，还能根据反馈信息及时调整优化馆藏内容及服务项目，以达到更高水平的服务满意度。

最后，成功的阅读推广策略还将成为展示图书馆文化魅力的重要窗口，帮助打造具有特色和吸引力的文化品牌。通过一系列有特色、有深度的阅读活动，图书馆能够塑造自身的文化特色，吸引更多的师生参与到阅读中来，为校园文化建设贡献力量。

三、高校图书馆阅读推广对大学生的意义

（一）有助于促进大学生提高阅读水平

尽管如此，数字阅读的往往依赖于特定的设备，并且内容的权威性和可信度常常难以保证，加上内容的通俗化和快餐化，使得这种阅读方式往往流于表面，缺乏深度思考和持久的回味。对于大学生而言，尽管他们阅读理解方面表现良好，但在信息辨别、筛选、利用以及基于信息创造知识的能力上却参差不齐，这些方面亟须加强引导。

高校图书馆作为知识和信息的中心，同时也是推广阅读的重要基地，拥有条件和资源来对大学生的数字阅读进行有效的指导。高校图书馆可以通过提供科学的阅读指导和个性化的学习资源，帮助学生提高他们的数字阅读技能，从而提升他们的阅读质量。通过这种方式，高校图书馆不仅能够促进学生阅读水平的提升，还能够培养他们成为更加明智和有辨识能力的读者，帮助他们在信息时代更准确地识别真伪、合理地使用信息，并据此创造新的见解，为个人发展与学术研究打下坚实的基础。

（二）有利于培养大学生的阅读习惯

面对大学生阅读质量、数量及能力下降的趋势，高校图书馆肩负着引导学生重新发现阅读价值的使命。根据学生的兴趣和需求设计有针对性的阅读推广活动，是培养他们持久且深入阅读习惯的关键步骤，这对他们的个人发展和职业生涯有着深远的影响。

随着"读书月"等多样化活动的兴起，越来越多的学生被吸引加入其中，这些活动的社会影响力也在逐步增强。高校组织的读书月不仅响应了国家倡导全民阅读的文化政策，而且成为激发年轻学子对书籍热爱的有效方式。通过策划丰富多彩、形式多样的读书月活动，可以引导大学生养成爱读书、读好书、会读书的阅读习惯，在校园内营造出一种积极向上的学习氛围。

此外，高校开展读书月活动也是提升高校图书馆服务水平的重要手段。它有助于拉近图书馆与大学生之间的距离，与大学生建立情感联系，激发他们的阅读兴趣，促使他们主动参与阅读活动，将阅读融入日常生活，从而增强其文化素养，并在心中树立正确的阅读观念。随着高校阅读推广活动的不断深入，它们在提高学生的阅读兴趣、塑造正确的价值观以及推动全民阅读方面发挥着越来越重要的作用。

（三）有助于提高大学生及时、准确获取信息的能力

随着教育体系的改革与创新，提升大学生的核心素养变得尤为重要。在教育体系改革及创新的过程中，为了使大学生在核心素养培养方面能够逐步地提高自身的创新创业素养，应该认清高校创新教育中存在的限制性问题，转变创新创业教育中存在的认知不清、教学单一，以及忽略创新创业教育与专业教育缺少融合的问题，通过完善创新教育体系，使大学生在学习的过程中掌握专业性的学习技能及创新创业能力，展现高校课程教学的价值，并满足现代社会对复合型人才的需求。在当前高校创新创业教育实践中，教师应重视大学生核心素养的提升，通过对大学生综合素养的引导，进行课程教学体系的改革及教学目的的创新。教师在创新创业教学的过程中，应该认识到核心素养下大学生创新创业能力提升中存在的限制性问题，并针对这些问题构建专业性的解决策略，通过分层次教学、课程内容的确定、多元化教学情境的设计及创新化教学方法的设计等，整合课程

教育体系，使大学生在多样化的课程中理解创新创业教学的目的，提升他们的创新创业能力，从而实现核心素养背景下创新创业体系的稳定创新。

　　互联网的开放性和互动性极大地改变了人们的阅读方式，特别是对于大学生而言，快餐式的浏览阅读往往导致他们在阅读时缺乏深度和专注力，难以进行深入的思考。尽管互联网为大学生提供了便捷的信息获取途径，但同时也使他们容易在海量信息中迷失方向，被无关紧要的内容所干扰，这不利于知识的系统积累。即便有些大学生有阅读的意愿，他们也可能因为缺乏有效的阅读策略而影响阅读的效率和深度。高校图书馆应该通过阅读推广活动培养大学生的高效阅读能力，使大学生在阅读过程中及时、准确地获取信息，从略读向精读转变。这将有助于大学生构建自身的知识体系，提高他们的阅读质量。

第四章 高校图书馆阅读推广活动的策划

在近年来的发展中,高校图书馆一直致力于推行"服务第一,读者至上"的服务宗旨,通过组织多样化的阅读推广活动,增强了对馆藏资源和服务的宣传力度,有效激发了读者使用图书馆的热情。这些精心设计的阅读推广活动不仅能够充分实现图书馆的社会功能,还能积极塑造图书馆的积极形象,同时在潜移默化中增强了图书馆的品牌认知度。

在信息环境日益更新的背景下,读者对阅读推广服务的需求呈现出多方位、全面性和独特性的特点。为了适应这一新环境的变化,高校图书馆需要不断挖掘自身的服务潜力,引入创新的服务理念,丰富和创新高校阅读推广服务的内容和形式,从而提高阅读推广服务的质量,吸引既有的和潜在的读者群,充分发挥阅读推广服务的效用。

第一节 高校图书馆阅读推广活动的受众及目标

阅读需要普及与推广,但推广之道,贵在因地制宜,灵活多变。高校图书馆在推广阅读活动中扮演着至关重要的角色,其开展的各种阅读推广活动主要是由图书馆自身发起和支持的。这些活动主要面向的是大学生群体以及教职员工,尤其是针对大学生设计,因为他们不仅需要涉猎与其专业相关的资料,也需要那些能够促进个人心理成长和人格完善的读物。鉴于大学生普遍具有较高的学习能力和对知识的渴求,因此,图书馆的阅读推广活动需要针对他们的特点和需求进行设计。

通过阅读推广,高校图书馆可以显著提升其服务能力。图书馆的核心价值观念在于激发阅读兴趣、教授阅读技巧,并帮助有阅读障碍的人克服困难。基于这些理念，针对大学生的阅读推广目标可以具体化为：提升馆藏资源的利用率；强化学生的阅读动机并提升其阅读技能；提供阅读交流的平台。阅读推广的内容则主要是图书馆的资源及服务，而推广的方式则是在线上、线下开展各种喜闻乐见的活动。

第二节 高校图书馆阅读推广活动的主要形式

狭义的阅读推广一般指书目推荐或读书会等活动，以及针对节假日开展的专题阅读活动。然而，在实际操作中，高校图书馆的阅读推广范围更加广泛，不仅限于传统的形式，而是通过一系列线上和线下的多样化活动来实现。这些活动不仅包括名家讲坛和读书沙龙，还有知识竞赛、设计大赛等多种形式，活动目的在于激发学生的阅读兴趣和创作热情，使图书馆的服务理念深入人心。根据相关统计，高校图书馆的阅读推广活动主要包括以下几种形式：

（1）名家讲坛。邀请知名学者、作家或行业专家进行讲座，分享他们的专业知识和个人经历，以拓宽学生的知识视野。

（2）读书沙龙。组织小型讨论会或读书小组，让学生在轻松的氛围中交流阅读体验和心得，促进深度思考和互动。

（3）知识竞赛。举办各种主题的知识竞赛，如文学知识竞赛、科学知识竞赛等，通过竞争的形式激发学生的学习兴趣。

（4）设计大赛。鼓励学生参与与阅读相关的创意设计比赛，如书签设计、海报设计等，培养他们的创新能力和艺术素养。

（5）书目推荐。定期发布精选书单，推荐各类优质书籍，帮助学生发现新的阅读材料。

（6）专题阅读活动。结合重要的纪念日或节假日策划特别的阅读推广活动，如"世界读书日"主题活动、"国庆节"红色经典文献阅读等。

（7）在线资源推广。利用图书馆网站、社交媒体平台等渠道，推广电子书、数据库和其他在线学术资料，确保学生能够方便快捷地访问到所需信息。

（8）互动平台。建立在线论坛或社区，供学生分享读书笔记、发表评论、参与讨论，增强阅读的互动性和趣味性。

通过这些多样化的活动，高校图书馆不仅能够吸引更多的学生积极参与到阅读中来，同时也能显著提高图书馆自身的利用率和服务水平，为学生的全面发展提供有力支持。

第三节　高校图书馆阅读推广活动准备

一、高校图书馆充分发挥阅读推广的主体作用

(一) 建设舒适优良的馆舍环境和阅读环境

阅读环境对读者的阅读体验具有深远的影响。一个精心设计、设施完善的图书馆空间，一个充满舒适感的阅读场所，可以让读者有家的感觉，使他们自然而然地渴望在这样一个舒适、惬意的环境中阅读。图书馆内那种充满学术氛围的环境，能够吸引更多的读者投身于阅读的行列，这也正是图书馆致力于打造的环境效果。图书馆的精心布局和装饰能够唤起读者探索知识海洋的愿望，使其成为一个广受欢迎的理想场所。

对于经典作品的阅读，需要读者投入时间和精力，沉下心来，深入、反复思考，以感受经典作品的魅力。因此，高校图书馆应当重视营造图书馆的环境和文化，比如设立专门用于共享阅读的空间以及经典书籍阅览室等，集中展现馆藏中的经典之作，以此点燃学生们对于经典文学的热情。同时，图书馆还应该设置阅读交流区，供学生分享他们的阅读体验，营造一个浓厚的阅读氛围，使大家能在优雅舒适的环境下放松身心，自由交流，感受传统阅读所带来的愉悦。

在图书馆的整体布局上，应追求宽敞明亮、整洁有序的效果，陈设上可以布置具有古典韵味的书桌和椅子，宽敞的书桌上可以放置一盏充满古典气息的台灯，馆内可以适当装饰一些文化元素，如展示名家书画作品；甚至可以在某个角落设置微型景观，如小桥流水盆景，并在整个图书馆内种植攀缘植物和鲜花，增添自然之美。将精选的经典图书摆放在容易触及的位置。在这样的书香四溢的环境中，大学生会受到潜移默化的影响，他们的阅读意识将被唤醒，愿意在其中流连忘返，静静地坐下来，阅读经典作品，体悟跨越时空的心灵交融。

(二) 规范借阅制度

常言道，无规则不成方圆。图书馆的规章制度是其运营经验的高度概括与提炼，这些制度不仅体现了图书馆发展的自然规律，还为工作人员和

读者提供了行为准则。这些规章制度是确保图书馆工作有序进行、最大化其服务职能的关键，也是图书馆实施科学管理的基础和标准，它们对于妥善处理图书馆内部的各种关系、激发全体员工的积极性和创造力、提升服务品质以及确保图书馆平稳运行至关重要。

在为读者提供服务时，图书馆通常会制定一系列相关制度，如借阅制度、续借制度、预约制度、召回制度、馆际互借、超期罚款制度以及豁免制度等，这些制度共同构成了一个完整的借阅管理体系。这一整套借阅管理体系如果能够合理、高效地运作起来，就能够很好地满足读者的需求，促进阅读活动的顺利开展。然而，在我国不少高校图书馆中，现行的一些借阅制度仍有改进空间，可以参考国外一些知名大学图书馆的做法来优化自身体系。例如，美国一些知名高校图书馆的借阅制度就非常详尽，各个环节紧密相连，且在整个管理过程中充分体现了人性化。尽管这些复杂的制度可能会增加管理成本，但它们具有更强的操作性，并通过采取人性化措施增强了图书馆员与使用者之间的和谐度，形成良性互动循环。在这个循环中，读者、资源和管理者之间形成了良好的互动关系，最终目标是以读者为中心，提高文献的利用率。要真正贯彻"以读者为中心"的服务理念，首先应从读者制度的人性化方面入手。只有在制度层面体现这一理念，才能更持久、深入地落实，并具备更强的操作性。这样，图书馆才能更好地服务于读者，提升整体的服务质量和管理水平。

当前，国内高校图书馆所遵循的规章制度存在着很大的共通之处。因此，有必要构建一套适用于全国范围内的、格式统一、内容全面、表述清晰的专业化标准体系作为基础框架。在此基础上，各高校图书馆可以根据自身的特点进行适当的调整和完善。值得注意的是，目前图书馆面向读者的借阅规则普遍存在的问题是措辞过于强势与生硬，这可能会在一定程度上影响读者的阅读热情。读者选择到图书馆本身就是一种值得尊重和鼓励的行为，对于可能出现的不规范行为，图书馆也应注意在措辞和语气上更加温和和体贴。

此外，随着时代不断进步，高校图书馆也应适时更新其借阅政策，充分利用自身的资源优势，全面考虑如何让借阅过程变得更加便捷高效，制定出既符合实际需要又充满人文关怀的新规。唯有如此，高校图书馆才能更好地服务于读者，支持教学和科研工作，充分发挥其在教育、信息服务和学术研究方面的职能。

（三）加强阅读推广的宣传工作

宣传工作是高校图书馆展示自身形象的重要途径，也是阅读推广过程的必然手段。宣传工作的核心在于向师生介绍高校图书馆及其提供的各项产品与服务，通过有效的信息传递来提高馆藏资料的使用频率。首先，通过宣传活动可以让师生更加熟悉图书馆所拥有的实体书籍、电子书、数据库以及其他数字资源等，并理解如何利用这些资源。从而激励读者更频繁地访问图书馆，进而提升馆内资源的实际利用率。其次，积极主动地对外宣传还能帮助图书馆树立良好的公众形象。它不仅能够彰显图书馆工作人员的专业精神和服务态度，也能加深社会各界对图书馆价值的理解和认可，从而为图书馆赢得更多的支持与尊重，进一步激发员工的工作热情，促进图书馆事业的发展。

目前，高校图书馆选用的宣传渠道大致可分为三大类：传统方式、多媒体平台以及社交网络。其中，传统方式指的是像横幅、海报、讲座等形式；多媒体则涵盖了 LED 屏幕、校报、校园电视台、官方网站等多种形式；而社交网络则包括了微信公众号、微博、小红书这样的新兴媒介。根据实际情况选择合适的宣传工具或组合使用不同类型的媒介，以实现最佳传播效果。无论采用哪种方式进行推广，都应该确保内容的新颖性、准确性及易于接受的特点。此外，还需要做好充分的事前规划，根据不同节日或纪念日等特定时间点策划相关主题的活动，创造一个既舒适又充满创意的服务环境，以此吸引并留住读者的心，形成良性循环。

图书馆还可以积极吸纳在校大学生参与到宣传工作中来。作为高校图书馆的主要读者群体，在校大学生在宣传过程中能够发挥显著的作用。学生之间的互动和信息交流密切，校园内的最新动态往往能迅速在学生间传播。因此，图书馆可以通过招募在校大学生参与宣传活动，尤其是那些活跃于社团如读书会或学生会的学生。这些学生可以成为连接图书馆与更广泛学生群体之间的纽带。通过这些社团成员和学生代表，图书馆宣传人员可以收集读者的反馈和需求，然后有针对性地进行宣传，并通过学生之间"口口相传"效应来推广图书馆的服务和活动，扩大宣传影响力。这种方式往往能够实现事半功倍的宣传效果。

高校图书馆应该充分利用图书馆宣传周、校园读书月等重要活动的契机，通过校园网站、广播、海报、宣传栏、横幅等多种渠道实时推送活动资讯与阅读倡导内容。此外，可以编辑并分发各种阅读资料汇编，采用丰富多样的形式来大力推广阅读的重要性，帮助学生深刻理解阅读的意义、方法及如何选择合适的读物。同时，也可以发布国内外阅读的最新动态和发展趋势，推荐阅读指导书籍和研究性著作，介绍最新的学术和大众出版物，以及深入介绍或深度剖析中外经典文学作品，以此激发学生的阅读兴趣与热情。在读书活动期间，可以围绕不同的主题进行集中宣传，而在非活动期间，则可以有计划地进行定期宣传。通过多种宣传方式的结合使用，给学生留下深刻印象，使阅读文化深入人心，从而营造一个充满书香气息的校园环境，让每一个人都能感受到阅读的魅力。

在当前不断演变的社会背景和环境下，图书馆的宣传工作应当致力于提升服务品质、创新服务内容和形式，以向读者推广图书馆服务和满足读者需求为使命。宣传工作对于图书馆的长期发展至关重要，尽管一些高校图书馆可能因经济条件、人力资源等限制而在宣传方面存在不足，但它们仍需克服这些障碍，根据自身实际情况尽可能地优化宣传策略，力求在有限条件下最大化宣传效果，以便更好地服务于读者，巩固并提升图书馆在读者心目中的价值与地位。

二、充分了解读者需求，遵循客体的阅读规律

高校图书馆阅读推广的主要受众是校园内的师生。为了更有效地开展工作，图书馆需要对不同读者群体的阅读习惯和需求进行深入研究，并据此设计个性化的阅读推广计划。

对于新生来说，由于刚刚入学，他们对图书馆资源和服务不熟悉，阅读目标尚不清晰，他们往往倾向于通过新书推荐来发现自己感兴趣的书籍。相比之下，高年级的学生已经具备了一定的阅读能力和兴趣，对图书馆的资源和服务也更为熟悉，且经过信息检索课程的学习已具备一定的信息检索技能。因此，与学生社团合作举办的专家讲座、专题活动等对他们更具吸引力，能够激发他们的参与热情。至于教师群体，由于其较高的文化素养，他们访问图书馆往往是为了查找专业文献，通常不会主动参加一般的主题阅读活动，但对深层次的课题服务、学科服务表现出浓厚的兴趣。因此，高校图书馆在进行阅读推广时，应将重点放在学生群体上，挖掘他们的阅读需求与特性，并与学生社团紧密协作，这是高校图书馆有效推进阅读推广工作的关键。

（一）识别大学生读者的潜在阅读需求

了解大学生的潜在阅读需求能够提高他们的满意度，并有助于高校图书馆实现长期可持续发展。通过对信息的搜集与研究分析，以及对读者群体的细致划分，可以更好地挖掘出这些潜在的需求。根据读者的特点来进行群体细分，并实行差异化的管理策略。

大学生既是青年群体也是学生群体。作为年轻人，他们处在生理、心理、智力发展和世界观的形成期，生活独立性逐渐增强，思想较为活跃，思维、观察能力有所提高，自我意识较强。而作为学生，他们的知识涉猎范围更广、更深，其阅读偏好和目的往往受到未来深造或职业发展的影响。为了成为具备专业素养的人才，并实现德、智、体全面发展，大学生在大学期间会系统学习政治理论、专业理论，以及全面的科学文化素养，以形成较高的文化水平、合理的知识架构，从而从单一的知识型人才培养成为智能型、创新型和应用型的人才。

随着知识积累和年级的不同，大学生的阅读偏好和规律展现出显著的差异。因此，高校图书馆应当针对这种变化提供专门的阅读咨询和指导服务。大多数大一新生，刚刚从应试的阅读模式中解脱出来，摆脱了高考的压力，突然的放松使他们迷茫、无所适从，不知道如何有效地进行阅读和学习。此外，他们对图书馆资源和服务也缺乏足够的了解，这导致他们的阅读行为往往比较随意且缺乏明确的目的，主要以消遣为主。在这种情况下，图书馆需要通过诸如新生入学培训等方式来指导新生，帮助他们快速熟悉图书馆环境，并掌握有效利用馆藏的方法，培养正确的阅读态度，防止他们在阅读过程中出现偏差。例如，河南理工大学图书馆每年都会安排专业人员对新入学的学生进行入馆教育，指导新生如何利用图书馆，以及在图书馆应进行何种阅读活动。

为了更全面地掌握读者的需求，图书馆可以通过分析用户的借阅历史、搜索记录和在线浏览行为等数据来进行研究，或者通过问卷调查及收集图书馆论坛上的用户反馈等方式，采用数据挖掘技术来深入了解读者的兴趣爱好和心理发展状况。基于这些信息，图书馆能够确定每位读者的具体阅读倾向，并据此建立个人化的阅读档案，从而提供更加精准的个性化阅读服务。

（二）针对大学生读者的阅读特点提供相应的阅读推广服务

根据哈佛大学教育学家珍妮·查尔提出的阅读素养"五阶段模型"，大学生的阅读素养发展应当处于"构建与批判"阶段。在这一阶段，"构建"意味着大学生通过整合书本知识来建立和完善自己的知识体系；而"批判"则意味着通过反思和审视自己的知识体系和思维模式，大学生能够对书本内容的逻辑和思维脉络进行深入分析，在批判性继承的基础上提升个人的素养和素质。

大学生们通常表现出思维活跃、渴望新知、兴趣多变以及好奇心旺盛等特点，这些特性有时会使他们在挑选读物时感到无所适从。长期以来，实用主义的阅读倾向可能限制了大学生的视野和思维发展，影响了他们的阅读选择。此外，由于专业背景、知识深度和层次的差异，一些大学生可能由于阅读、理解和思考能力尚未达到一定水平而难以进行深度阅读。与此同时，网络上碎片化的信息消费占据了大学生大量的空闲时间。尽管大多数学生对阅读持有积极的态度，并且充分认识到阅读的重要性，但由于缺乏足够的动力，他们的实际阅读行为往往滞后于其态度和认识。

通常来说，高校学生往往倾向于阅读自己熟悉的领域或感兴趣的内容，而对文学经典或专业书籍可能不太感兴趣。他们的阅读行为往往没有固定的方向和模式，也没有养成良好的阅读习惯。受网络的影响，越来越多的学生倾向于阅读简短、轻松、易懂的"网文"，即所谓的"轻阅读"，这导致他们的阅读质量不高，缺乏深度思考和独立理解的能力。当前大学生的阅读状况令人担忧，主要问题表现在阅读量不足，阅读目的过于功利，偏好网络阅读而忽视纸质书籍，阅读内容趋于通俗和快餐化。这些问题严重影响了学生的阅读兴趣和深度，导致他们多为被动阅读，难以体验到阅读的乐趣。不过，令人欣慰的是，大多数学生对自己在阅读能力方面的期望较高，并且能够意识到自身存在的不足，希望通过专家指导或其他方式来提升自己的阅读素养。因此，高校图书馆在进行阅读推广时需要采取更加创新和有针对性的策略，针对不同年级的大学生读者，提供个性化的阅读咨询和指导服务；设计一些能够激发学生兴趣的活动，以增强他们的阅读热情。此外，图书馆可以邀请那些热爱阅读的在校大学生成为义务阅读推广者，参与到阅读推广活动中来。这些学生推广者由于同样是学生身份，与其他学生在沟通时更容易找到共同话题，更能理解同龄人的阅读需求。通过他们的宣传，可以帮助更多学生了解图书馆及其丰富的信息资源，还能激发大家的阅读兴趣。最终，这些积极的阅读推广者将带动更多的同学参与到阅读活动中，从而促进整个校园阅读氛围的改善。

(三)图书馆与大学生社团合作共促阅读推广

高校图书馆阅读推广是通过举办各类活动,不断影响读者的阅读选择,并持续引导他们养成良好的阅读习惯的过程。图书馆作为学校的一个部门,不论人员还是精力都是有限的,需要借助外部的力量才能更好地开展工作。从高校来说,最好的合作伙伴就是学生社团。

大学生社团是由不同院系、班级的学生自发组织的群体,它们遵循学校的规章制度,自主开展各类活动。这些社团通常具有自发性强、内容丰富和特色鲜明等特点。通过强化与图书馆的互动交流,大学生社团可以及时掌握学生的最新阅读偏好与需求变化,并将这些信息反馈给图书馆,为图书馆提供宝贵的信息来源以支持其阅读推广工作。大学生参与阅读推广活动后,可以通过学生社团及时向组织者反馈他们的感受和意见。学生对阅读活动的反馈,有利于活动组织者广泛积累活动经验,进一步完善活动机制,为下一次开展高质高效的阅读推广活动打下坚实基础。同时,作为连接图书馆与读者的重要纽带,学生社团让图书馆有机会更深入地了解到目标群体的具体偏好。因为社团成员本身就是学生读者,他们最能理解同龄人的需求,可以提供真实而直接的反馈,这使得图书馆可以依据实际情况制定出更加符合学生喜好的阅读推广方案。此外,基于对高校学生喜好的了解,学生社团还能提出新颖的想法和建设性的意见,有助于丰富阅读推广的形式,提高活动吸引力,持续激发大家对阅读的兴趣,从而推动更多人参与其中。总之,与学生社团的合作不仅加深了图书馆与读者间的联系,也促进了阅读文化在校内的广泛传播。

大学生社团参与图书馆的阅读推广活动和阅读交流,不仅能够激发他们自身的阅读兴趣,还能提升他们的阅读水平。通过以书会友的方式,大学生社团可以吸引更多的人加入到阅读活动中,营造一个"爱读书、读好书、好读书"的良好氛围,从而逐步改变当前大学生的阅读状况。此外,大学生社团还可以积极联合校内的其他社团或校外的相关机构,共同参与到阅读推广中来,进一步增强阅读文化的影响力。

大学生社团还能够动员周围的朋友和同学参与到阅读推广活动中来,发挥其作为桥梁纽带的作用,推动阅读推广活动的深化与发展。对于高校图书馆而言,大学生社团的积极参与为阅读推广带来了新的生机与活力。因此,高校图书馆应当鼓励并支持更多的大学生社团加入其中,共同推动阅读文化发展,为构建书香校园、提升大学生综合素养做出了积极贡献。

(四)建立大学生读者阅读激励机制

(1)设立阅读学分制。阅读学分制度是一种图书馆激励机制,即按照一定的规则将读者在一定时间内的阅读行为转换为学分形式,读者可以根据自己累积的学分数多少享受到图书馆提供的奖励和增值服务。阅读学分由图书馆指定的工作人员负责统计与汇总,并且可以在学期结束时作为评定奖学金的一个参考指标,与其他学术成绩合并考虑。此外,当读者累积到足够的阅读学分后,他们将有资格参与优秀读者评选及其他相关荣誉的竞争。"阅读学分制"不仅具有趣味性和竞争性,能够鼓励学生更加积极地投身于阅读当中,在享受学习过程的同时找到乐趣,而且有助于提高馆藏图书的使用率。当然,阅读学分制的设置比较复杂,需要经过仔细规划和科学设计,以确保其科学性和可操作性。

(2)"阅读之星"评选活动。"阅读之星"评选是图书馆利用借阅管理系统对读者一年内所借书籍数量进行统计分析,并从其中选出年度借阅量前十名的读者进行表彰的活动。在获得这些读者的同意后,图书馆会将他们的借阅信息和读书感悟等内容展示在馆内的宣传栏上。对于那些被授予"阅读之星"称号的读者,除了颁发荣誉证书外,还会给予一系列物质奖励,比如赠送带有图书馆标志的纪念品、享有优先预订图书馆考研自习室的权利、免费提供为期一年的文献传输服务、赠送电子阅览室内电脑使用时长等福利。此活动借助模范作用,旨在激励更多人加入到热爱阅读、追求高质量读物的文化潮流之中。

(3)搜书技能大比拼。为了提升新生利用图书馆资源的能力,帮助他们利用图书馆更有效地获取信息,高校图书馆通常会开设文献检索课程或进行新生入馆教育。然而,实际情况中,即便学生接受了相关培训,不少学生在实际使用图书馆时仍可能感到困惑,面对海量资源时感觉无从下手,有些学生甚至可能因为缺乏耐心,不愿意投入过多精力,而忽视了图书馆的利用。为了解决这个问题并激发学生的自我学习兴趣与主动性,图书馆可以定期举办"搜书技能大比拼"。这项活动要求参赛者在限定时间内从书库中准确找到指定数量的图书,并根据结果评选出优胜者,给予奖励。相比传统的教育方式,这种寓教于乐的比赛形式更能吸引学生的注意力,提高他们使用图书馆的积极性。然而,此类活动能够覆盖的学生群体有限,因此能够从中受益的人数也相对较少。

(4)爱心图书漂流活动。图书漂流活动是一种起源于国外的阅读分享方式，近年来在中国也越来越受欢迎，吸引了众多参与者。它鼓励人们将不再需要的书籍附上特别标记后放置于公共场所，供他人免费取阅。为了更好地推动图书漂流活动在校园内的发展，图书馆应该积极发挥自身优势，利用与图书供应商的业务合作，筹集高质量的图书作为漂流起点。同时，面向全校师生，特别是即将毕业的学子，发起了捐书倡议，号召大家将不再常读的书籍捐赠出来，从而实现资源共享和循环利用。为了进一步激励捐赠行为，图书馆设立奖励机制，例如对于一次性捐赠达到一定数量且符合馆藏要求的个人，授予荣誉证书以表彰其贡献。这不仅有助于丰富漂流书籍库，还能在全校范围内营造一种积极向上的文化氛围，激励更多学生参与到知识共享与爱心传递中来。

三、阅读推广的基本保障

阅读推广已成为图书馆日常工作的重要组成部分。然而，如何有效地开展这项工作仍然是图书馆工作人员面临的一大挑战。为了做好阅读推广工作，要有以下几点基本保障。

（一）人力保障

图书馆在阅读推广过程中面临着场地、设备、经费及文献等资源的管理挑战，但最为关键的难题在于人力资源的管理。有效的阅读推广工作很大程度上依赖于图书馆员的积极性和创造性。作为现代图书馆服务的重要组成部分，阅读推广具有高度的综合性和复杂性，对馆员的专业能力要求远超传统的借阅服务。这需要馆员不断学习新知识、深入研究并积极思考，尤其是那些负责阅读推广活动的馆员，他们需要具备更高的专业素养、持续的学习动力及深刻的策略规划能力，才能设计出有效的推广计划。

为了促进这一目标的实现，图书馆应该从长远角度出发，构建一套有利于阅读推广人才发展的长效机制。例如，可以设立专门负责阅读推广的岗位乃至成立专门部门，并配备合适的推广馆员来承担这项任务。同时，也可以充分发挥学科馆员的阅读推广优势。许多高等院校内的图书馆已经实施了学科馆员制度，该制度不仅增强了图书馆与各院系之间的互动交流，也让学科馆员成为了联系学生与专业信息资源的重要桥梁。凭借其对特定领域深入了解的优势及良好的沟通能力，学科馆员能够帮助设计出更加贴合用户需求、更具吸引力的阅读项目。

此外，还应重视培养专门从事阅读推广工作的专业人才。比如澳大利亚新南威尔士州就曾开展了一项旨在提高图书馆工作人员阅读指导技能的集中培训计划，经过培训后的人员返回各自的工作单位后能够进一步传授所学知识给同事。实践证明，此类培训对于提升图书馆的流通量、增加资源利用率及优化馆藏结构等方面都发挥了积极作用。通过建立健全这样的人才培养体系，将有助于确保阅读推广工作目标性和长效性的实现。

（二）管理保障

阅读推广作为图书馆的一项新兴服务，在其初期阶段，往往采用较为宽松的管理方式。但随着全民阅读的兴起，阅读推广已然成为图书馆的核心服务之一，这迫切要求管理者进行管理上的革新，更新管理理念，将阅读推广纳入战略规划，并进行系统的顶层设计，从自发管理转向自觉管理，以实现更主动、更有效的管理。

此外，成功开展阅读推广活动需要细致周到的计划和高效的团队协作。这不仅涉及内部团队的合作，还需要有效整合学生组织、社团、校园广播站、社区及电台等外部资源。阅读推广的负责人需要激发宣传、策划等各个环节工作人员的创造力和参与热情，特别是需要馆长亲自进行全局性的统筹协调和参与，以确保图书馆内部及学校其他部门的协同工作。如果图书馆设有独立的阅读推广部门，则更有利于该工作的长期发展。如果没有独立的推广部门，图书馆可以通过临时抽调人员的方式来组建项目组，以处理非日常性任务。采用这种方法的好处在于其具有高度的灵活性，能够快速响应各种突发情况。不过，这种方式也意味着需要由临时负责人或者主管馆长来负责前期规划、过程监督以及后期评估等工作，并妥善处理好这些额外任务与日常运营之间的关系，以确保各项工作的顺利推进。

（三）技术保障

随着信息技术的飞速发展，传统图书馆的管理模式与服务体系正经历着深刻的变革，当代图书馆的自动化、网络化、数字化的特征日益凸显。借助于最新的信息科技，比如虚拟存储技术，现代图书馆能够为用户提供高效的数据服务，并通过互联网等渠道提供包括传统服务在内的多元化服务选项，同时也涵盖了电子文献服务。无论是信息推送还是目录资源的整合，抑或是适应快节奏生活的碎片化电子阅读内容，都越来越多地依赖于信息技术的支持。为了拉近与读者之间的距离，图书馆界越发重视社交媒体的开发与运用，这已成为不可或缺的互动桥梁。掌握信息技术应用已成为图书馆现代化发展的基本要求。例如，将借阅系统集成到微信平台、利用 RFID 技术推送图书定位信息至用户界面等，这些都需要专门的技术人员进行建设、维护和跟进；又如，图书馆网站的 App 开发和应用，从推广宣传到活动管理再到数据分析，每个步骤背后都有信息技术的身影。

因此，阅读推广人员需保持敏锐的洞察力，密切关注图书馆信息服务支撑技术的发展动态，并不断学习新的技能，紧跟信息技术发展的步伐。同时，建立和完善智慧图书馆的服务机制，营造良好的阅读环境，强化以读者为中心的服务理念，形成智慧图书馆新的共识与发展动力。在政策层面，应给予积极引导，强调智慧图书馆服务内涵的提升，加大教育服务功能的投入，加速新技术、新阅读媒介的学习与应用步伐，以此应对数字图书馆领域中不断涌现的新技术和新挑战，不断提高图书馆的整体服务水平以及用户的体验满意度。

（四）物质保障

高校图书馆作为国家公共事业单位，其运营经费主要来源于国家和地方政府的财政支持，这种资金来源模式导致了不同地区的高校图书馆在阅读推广服务的质量上存在明显的不平衡。一般而言，东部沿海地区的高校图书馆在推广阅读的认知程度和服务设施建设上要优于中西部地区。此外，高校图书馆主要服务于校内师生，相较于公共图书馆，它们处于更为独立和封闭的系统之中，受外界社会力量的影响较小。而在一些发达国家，高校图书馆的阅读推广活动得到了社会捐款和公益基金的广泛支持，这为图书馆提供了重要的经济支撑。因此，对于我国高校图书馆而言，探索并拓宽经费筹措渠道，减少对单一财政拨款的依赖，成为了推动阅读推广工作持续、高效开展的关键性因素。

不同的阅读推广活动对物质资源的需求各有差异。这就要求高校图书馆在实施阅读推广时，要依据具体需求来配置必要的资源。一方面，高校图书馆应致力于改善阅读环境、加强资源建设，并提供电子阅读器、笔记本电脑等移动设备的免费使用，以此减少使用者面临的物质障碍，同时鼓励传统与数字化阅读方式并行发展。另一方面，高校图书馆需要根据自身的实际情况，量身定制推广方案，在充分研究的基础上，积极争取校方的资金支持或优化现有的组织方案。

在当今社会大力倡导全民阅读的背景下，推动阅读已经成为高校图书馆的重要使命。"阅读推广是图书馆的生命力"，这不仅是对阅读推广及其工作人员的高度赞誉，同时也寄予了更深的期望。这激励着高校图书馆的阅读推广人员以高度的职业责任感和敬业精神，充分发挥专业能力，确保阅读推广活动能够持续、健康地发展。读者服务是贯穿图书馆工作的主线，也是其永恒的主题。面对科技日新月异带来的信息需求多元化、个性化和深层次化趋势，图书馆阅读推广工作必须紧跟时代步伐，不断提升服务质量。这就要求阅读推广人员不断精进自身能力，深入研究读者服务的新趋势、新要求，掌握先进的服务方法和技巧，为读者提供更加优质和完善的服务，在高校的阅读推广中扮演着更重要的角色。只有当图书馆能够提供开展阅读推广工作所需的基本条件，并且基于对读者需求的深入了解来明确推广思路和途径，不断探索并实践有效的方法，才能为构建书香校园乃至书香社会做出应有的贡献。

第四节　高校图书馆阅读推广活动策划

一、策划原则

高校图书馆组织阅读推广活动的目的在于点燃学生们的阅读热情，鼓励他们积极投身于阅读之中。为了达到这一目的，活动必须精心策划且富有创意，这样才能有效吸引大学生的兴趣。一个全面而细致的策划方案对于保障阅读推广活动的成功至关重要。

（一）针对性与整体性的协调

每一项阅读推广活动都是针对特定的目标群体设计的，因此，高校图书馆在组织阅读推广活动时，首先要做的就是明确其目标受众。随着大学生的年级和学术积累水平的升高，其阅读偏好与习惯也会发生显著变化，为更有效地服务于这些不同群体，有必要采用客户细分策略，针对不同年级的大学生群体提供内容和形式各异的阅读引导服务。具体而言，大学生读者群体可初步划分为本科生、硕士生及博士生三个层次，而每一层次内部又可进一步精细化划分。以本科生为例，他们可细化为新生、中高年级学生（老生）及即将毕业的毕业生等多个子群体。新生初入校园，首要任务是熟悉图书馆环境，掌握信息检索技能，提升信息素养；相比之下，老生已具备这些基础，他们更倾向于探索个性化阅读资源，寻找符合自身兴趣的书籍；而面临毕业季的大三、大四学生，则更渴望获取论文写作指导、考研备考策略及就业规划建议等实用信息。即便是同一年级的学生，其阅读需求也会因专业领域的不同而有所差异。

阅读推广还要考虑整体性，如与图书馆服务宗旨保持一致，兼顾图书馆各个读者群体，阅读推广工作中的各个环节均具有整体性。大学生层次不同，在策划活动时，要统筹考虑，不能只考虑某一个群体的需要，如不能只考虑新生的需求，也不能只考虑老生或毕业生的需求。在安排这些活动的时候，应该首先从全局出发进行考量，然后再根据实际情况做出适当的调整。例如，在秋季，考虑到新生入学，可以多布置一些面向新生的活动，适当地布置一些针对高年级学生的活动。到了春季，活动内容可以适当向高年级学生倾斜，适当地布置一些针对低年级学生的活动。

（二）科学性与前瞻性的结合

在策划高校图书馆的阅读推广活动时，首先要确保活动的目标和方向是准确和清晰的，旨在激发阅读兴趣并推动阅读文化的普及。其次，阅读推广活动的策划内容和形式是具有可操作性的，图书馆在人、财、物上应能保障活动顺利实施。

此外，阅读推广活动的策划也要有前瞻性。除针对纸质图书等开展活动外，要时时关注网络化环境下新技术的发展及读者阅读习惯的变化，要跟踪数字阅读、掌上阅读、新媒体等的发展，创新活动形式，不断策划新的主题活动。

（三）兼顾计划性与可持续性

阅读推广每一项活动都要进行很长时间的筹备。为保证活动质量与效果，一般情况下，要未雨绸缪，策划之初，就要考虑人员、经费、资源，甚至时间和空间等条件，提前为未来拟筹划的活动创造相关条件。

培养读者的阅读习惯和建设阅读文化是一个持续的过程，不可能仅靠偶尔的读书活动就能实现。因此，阅读推广工作不应局限于临时或节日性的短期活动，而需要建立一种长效的机制，在人力资源、资金支持以及资源分配等方面进行全面规划。在策划时，可以考虑将有些可反复开展的活动做成品牌，通过持续性的影响力积累良好口碑，从而激发读者更高的参与热情与忠诚度。例如，"一城一书"这样的活动就可持续开展，可以以年、季、月、周等不同周期开展，周期不同，书籍不同，这样可以大大提高书籍的阅读率。在高校图书馆，也可以持续打造"一校一书"的立体阅读模式，让阅读成为习惯。

(四) 创意性与常规性的平衡

阅读推广活动的开展是希望引导更多的人参与，具有创意的宣传推广活动能极大地提升宣传效果。衡量宣传推广活动是否具有创意，要看它是否引起了大学生广泛的共鸣，是否给大学生留下了深刻的印象及是否取得了大学生的广泛关注。

高校图书馆应定期设计和实施一些创新性的阅读推广活动，这些活动应该跳出传统框架，寻求创新和突破，以吸引大学生的注意力。在策划这些活动时，目标是制定出独特、有趣、具有吸引力且充满挑战性的方案，创造令人惊喜的效果。

但创意性活动要耗费更多的人、财、物，对技术也有更高的要求，因此图书馆的活动不可能都具有创意性。阅读推广活动本就有常规与非常规之分。在图书馆内经常性地开展常规性活动，以树立品牌和口碑。

图书馆阅读推广活动的策划，特别要注意在创意性和常规性间寻找一个平衡点，将常规活动打造成品牌，在人、财、物条件合宜的情况下，开展创意性活动，达到锦上添花的效果。

二、策划模式

策划的模式多种多样，可以由某个人或一个团队策划，再经讨论定稿。在策划过程中，创新是关键，但同时也必须确保计划的可行性，避免脱离实际情况而闭门造车。为了实施多元化、精确化的阅读推广，需要集思广益和多方合作，以确保高校图书馆的资源与服务得到最大限度的宣传和利用，提升活动的质量和效果，增强图书馆在校园中的影响力。

(一) 头脑风暴法

成功的推广方式需要创新性思维，在目前阅读推广活动需要经常有新点子注入的情况下，它更需要我们有创新和开拓的精神，阅读推广活动应在形式或内容上有所突破，展现出独特之处。为激发创造力，图书馆在确定阅读推广议题后，应将不同专业或岗位的人分成不同的小组，小组成员在轻松融洽的气氛下就活动方案自由发表意见和讨论。在一个较为开放的环境中，团队间的交流能够点燃参与者的激情，每个人都有机会无拘无束地分享自己的见解，并通过相互之间的思想碰撞来激发灵感。这样的过程有助于打破传统观念的束缚，最大程度地释放创造性思维的力量，进而激发出新的创意和灵感。

以 2015 年武汉大学图书馆开展的"首届学术搜索之星"挑战赛策划为例。首先，明确该活动的主旨，主要是推广图书馆订购的电子文献数据库，让更多的读者熟悉并利用图书馆订购的数据库，提高电子类图书及期刊的阅读量。与活动相关的部门应各司其职，由咨询与宣传推广部统筹，下设策划组、出题组、宣传组、培训组、系统组和"双微"发布组，组员要么是在各自岗位积累了较多的经验，要么有较新锐的思维。讨论过程中鼓励开放自由的思想交流，提倡大胆想象和跨领域合作，追求新颖独特的点子。鼓励参与者畅所欲言，相互激励，共同促进创意的产生。策划组提出活动策划的阶段方案及整体宣传方案设想，出题组提出出题思路，培训组提出针对活动的培训组织方案设想，系统组提出竞赛网站开发方案设想，"双微"发布组则提出整个周期的活动宣传方案，如何通过各种渠道进行宣传，汇聚人气，形成竞争的氛围。由组内其他人员提出补充建议。围绕搞好活动这个核心，整个活动经过 10 多轮头脑风暴式的讨论，策划方案在讨论中不断完善，易稿 10 多次。最终确定的比赛流程分为 4 个主要阶段："号角吹响"全民暖身赛、"虚拟之战"网络选拔赛、"精英计划"学霸集训营及"巅峰对决"现场总决赛。为配合每一个版块活动，无论在赛制还是题目设置上，都充分了解读者需求，采取读者喜闻乐见的方式。经集思广益、群策群力，活动圆满举行，5000 多人参与，全校 38 个院系中有 36 个院系的同学参加了网上选拔赛，院系覆盖率达 94.7%。活动举办期间，数据库用量处于增长势头，微信涨粉较快，关注人数较多。参与者普遍认为该比赛很有意义，对学生信息检索能力和学术素质能力的提高有极大益处，希望以后能多多开展类似活动和专题讲座。

（二）引入众包模式

众包模式自 2006 年起兴起，指的是企业或组织将原本由内部员工承担的任务以自愿的形式开放给广大的网络用户来完成的做法，以此汇集更多人的智慧和力量。简而言之，众包就是鼓励更广泛的群体参与机构的活动，共同贡献智慧和力量。研究表明，图书馆可以在包括阅读推广服务在内的 4 个关键领域运用众包模式，以此来提升服务品质并有效支持教学和科研工作。通过众包，图书馆可以吸引来自不同文化背景和社会领域的公众参与到阅读推广的创意策划中来，这极大地丰富了创意资源库，增强了活动的创新性和包容性。特别是从图书馆外部吸引人才，广泛挖潜，使他们参与合作过程，策划出适合同龄人心理的活动，吸引更多同龄人参加，以帮助图书馆打开局面。

将众包模式引入到高校图书馆阅读推广策划中是切实可行的。高校拥有庞大的学生群体和广泛的社群网络,加之图书馆与校内外各级机构长期建立的合作关系,这些都为图书馆实施众包服务提供了有利条件。学生社团成员及社交媒体上的粉丝们都可以作为志愿者参与到图书馆发起的众包项目中,为图书馆完成合作化任务提供保障。在阅读推广的策划方面,引入众包,就是要集众人的智慧,让人人参与,贡献新创意。图书馆利用众包模式可以广泛征集活动创意,包括活动方案、活动名称、宣传文案等。

这种做法已经在一些图书馆中得到了成功的应用。例如,清华大学图书馆曾经举办了一次名为"我让小图更聪明"的创意征集活动,在该活动中44位师生的提案获奖,这些优秀的创意可进入小图语料库,成为"小图"的知识点。同样的,复旦大学图书馆和山西大学图书馆也在各自的官方网站上开展了馆徽设计的公开征集。将读者和粉丝作为宝贵的资源,巧借外力,能使策划的内容更贴近学生的感受、更受学生喜爱。对部分技术或设计要求较高的项目,可以项目制的形式交给学生团队策划。2012年,武汉大学图书馆计划启动读书会项目,并向全校师生以及网络用户广泛征求创新意见。经图书馆考核,两个团队和几个音乐爱好者提出的一种新的读书会——集合文字、影像、音乐三种不同形态的读书会形式得到采纳,并最终成为珞珈阅读广场的雏形。这三种阅读形式既可以独立举行活动,也可以合作开展立体阅读,活动主持人也从校内外机构及众多网友中征集,涵盖各个层次,主持人的多样性使读书会充满活力。除学生社团成员、征文获奖作者、读书爱好者外,图书馆和社团还积极与校外机构或团体合作,挖掘主持人,扩大活动影响力。例如,"真趣书社"与湖北人民出版社合作,举办"重回民国上学堂"大型读书会,并邀请武汉高校数十家文学社团参加,共同探索历史文化的深邃魅力;影像阅读与FIRST青年电影展合作,播映最新获奖电影作品,为观众带来了一场场视觉与心灵的双重盛宴;"音乐空间"邀请浙江大学的古典音乐爱好者联盟合作讲授古典音乐鉴赏等,让师生们在悠扬的旋律中感受音乐的无国界之美。

三、策划思路

(一)与图书馆馆藏资源推介相结合

高校图书馆拥有庞大的资源库,这些资源是吸引学生前来图书馆体验的关键因素之一。由于高校学生的流动性较大，注定了图书馆的读者群体也在不断变化，因此高校需要持续不断地进行推介。在这样一个选择多元化的时代，图书馆应加大资源推荐的力度，吸引更多人群踏入图书馆，增进他们对图书馆的认识和利用。

（二）与图书馆服务相结合

图书馆的高品质服务与阅读推广是互相促进的关系。目前，高校图书馆提供了众多服务项目，如借阅服务、视听服务、数据库服务、教育培训、文献传递、学科服务、论文收录引用等，种类繁多。阅读推广活动的进行，必定对图书馆的形象有正面宣传的作用，促使更多的读者了解和体验这些服务。高校图书馆应当将这些服务与阅读推广相结合，更有效地推广宝贵的资源。

（三）与读者需求相结合

阅读推广活动的目的在于鼓励更广泛的受众参与到读书活动中来，培养良好的阅读习惯，并营造一个充满学习氛围的文化环境，让阅读成为校园生活不可或缺的一部分。同时，高校图书馆需要关注提升用户的信息素养，使他们能够在知识的海洋中遨游，享受阅读的乐趣，阅读更多优秀的书籍。

四、策划流程

（一）"知己知彼"，做好前期调研

1. "知己"——对图书馆的资源与特色服务进行梳理

策划人员要对本馆的资源与服务有充分的了解，只有这样才能进行有针对性的推介。一种是依托大众性的资源和服务进行阅读推广策划，如结合好书榜、获奖图书等开展书展和读书会。一种是挖掘图书馆特色资源和服务进行阅读推广策划，推出专题活动。比如，在 2013 年清华大学图书馆庆祝建馆 102 周年时，推出了首个专题书架"清华人与清华大学"，该活动精心挑选了 138 本图书，涵盖官方校史记录、校友回忆录以及关于校史的研究著作，全方位地展示了清华的独特精神与文化底蕴。武汉大学图书馆针对自己的馆藏特色资源，推出"馆藏特色文献推介展"，设置民国文献、港台文献、抗战专题文献、诺奖文学专题、边界研究专题等五大专题。

2. "知彼"——了解读者才能进行针对性推介

新信息环境下，互联网上的新创意层出不穷，很容易分散读者的注意力。许多图书馆在策划阅读推广活动时，往往受到传统思维模式的限制，缺乏对年轻一代阅读兴趣及实际需求的深入研究，尤其是"90 后"和"00 后"。加之与读者之间的沟通渠道不畅，用户体验感薄弱，缺乏双向且深入的交流机制，最终导致活动参与度不尽如人意。

为了适应时代的发展趋势，图书馆需要更加贴近年轻人的心理特点，融入快乐推广的理念，在图书馆与读者间建立一个亲和的"媒介"，搭建良性互动的平台，将活动的推广方式打造得活泼、有趣，迎合读者的喜好，从而与读者产生共鸣。

（1）通过前期调研了解读者的需求

在策划阅读推广活动时，前期的市场调研至关重要。这一过程需要以大学生读者为中心，关注他们的体验，并深入了解大学生的阅读兴趣和偏好。选题策划应当紧密围绕高校学生的兴趣点来进行，保证学生们能够实际参与到活动的选题策划中来。

通过观察或读者调查、访谈、座谈，设置建议箱、图书馆流通数据分析等方法，多方面了解读者需求。调研的方式包括问卷调查、有奖问答、现场采访调查等，可以通过在社交网站、微信、短信、图书馆主页发放调查问卷、电子邮件进行调研，获取调查数据，也可以充分利用图书馆的官方微博和图书馆馆员的个人微博与读者互动，听取读者的意见。在进行调查时，调研者要对大学生读者群进行细分，如本科新生的座谈会、高年级本科生的调查问卷、硕士生和博士生的需求访谈等。此外，要特别注意了解人文社会科学学生与理工科学生的需求差异。

（2）根据大学生阅读类型进行推介

大学生阅读根据其动机和习惯大致可以分为三类：目的阅读型、从众阅读型、随意阅读型。目的阅读型读者有较明确的目的，根据需求选择图书，如阅读考试类书籍、英语学习书籍、论文写作书籍、小说等，这类读者往往有明确书单，图书馆可根据这类读者需求补充馆藏，引导其阅读更多相关书籍；从众阅读型读者，大部分是别人读什么，他就读什么，对于这类读者，图书馆可以重点提供荐读服务，通过推荐热门书籍或经典作品来吸引他们的兴趣；随意阅读型读者数量较多，这类读者到图书馆往往没有明确的目标，在书架中看到心仪的书就随意看，一般也不会深入地读某本书，可以通过开具书单对这类读者进行引导。

（3）阅读推广时机的选择

阅读推广时机的选择很重要。例如，对刚进大学的学生推荐论文写作方面的书籍，效果不会太好，适时适宜地开展荐读活动才会有比较好的效果。每年9月份，大学新生到校，图书馆阅读推广的重点可以围绕大一新生进行，帮助大一新生更好地适应大学的学习和生活；每年11月份可以针对研究生进行课题或专业写作方面的书目推荐；每年5—6月份可以针对毕业生开展创业方面的书目推荐或讲座。

（二）确定活动意向

图书馆阅读推广的总体目标是推广资源与服务，但一项具体活动的开展需要有一个清晰的意向，这样策划才有方向。

从近几年阅读推广活动的开展来看，我们可初步将活动意向归纳为如下几种。

1. 引导阅读

引导阅读主要是开展专题书目推广或书展。这些活动策划主要立足大学生读者阅读推广，倡导健康的阅读风气，兼具知识性、思想性和趣味性。

2. 引导学术、思想、文化的交流和分享

①大型讲座。定期邀请各界专家学者进行各类型文化讲座，促进文化传承，鼓励创新思维。

②小型读书沙龙。欣赏文艺作品、分享阅读感悟、培养人文素养的阅读交流平台，强调交流和分享。

③真人阅读。以面对面的形式沟通，分享多样人生经历和感悟，励志成才，人即是书，书即是人，人书合一。

3. 阅读感悟和分享

①读书征文。强调以阅读感想和阅读思考为中心，写出自己不同的见解和真情实感，可读性强，对同龄人有启发。

②书评大赛。可以是不同主题的书评大赛，或网上微书评活动，字数不限，强调感悟。

4. 提升资源的推广利用

①可针对数字资料库设计"学术搜索之星"等竞技项目，或是开展数据库问答游戏，以此提高学生们的信息检索技能。

②可针对纸本资源举行"找书达人——图书搜寻大赛"，或书山寻宝类活动，让新生通过比赛的方式学习索书号知识，以更快速、更准确地找到

所需的图书。

5. 加强阅读资源的循环传递

图书互换会、图书漂流活动可让读者各取所需，让书籍流动到最有需求的人手上。

6. 加强阅读的示范效应

"借阅之星评奖""读书之星比赛"等活动可以身边的实例激发学生的阅读兴趣。

（三）确定选题

实践中，初步确定要开展哪一方面的活动，如书展或读书征文，但确定"选题"往往又是一个难点，常常会为想不出一个好的主题而烦恼。如果不想落入俗套，使活动接地气，且具有学术性、时事性、知识性、趣味性，可参考以下方法。

1. 关注社会热点

目前大学生获取信息的途径有很多，微博、微信以及各大主流媒体每天推送的新闻很多，图书馆如果能将活动与热点有机结合起来，就能瞬间抓住大学生的兴趣点。例如，在莫言荣获诺贝尔文学奖之后，图书馆可以通过推出获奖作品的精选书目来吸引学生们的注意力，这不仅能够满足他们对新晋诺奖得主的好奇心，还能激发起对于文学作品的热情。2015年，借中国药学家屠呦呦获诺贝尔奖的契机，武汉大学图书馆一方面推出中医药书籍的专题书展，另一方面在信息搜索大赛中推出"屠呦呦发表的一篇文章《中药青蒿化学成分的研究》引用率很高，通过中国知网查找，这篇文章被引用了多少次？"这样类似的微博抢答，使图书馆瞬间吸粉无数，产生了相当不错的反响。

2. 关注文化机构的热点

一些文化机构，如新闻社、出版社、学校、书店等的活动和网站是策划人员需要经常关注的。年度好书榜、文学奖获评图书等都可以作为活动主题，由此策划一系列活动。例如，上海交通大学图书馆的"好书中的好书"主题书展，华中科技大学图书馆的新浪读书和凤凰读书网等媒体2013年好书榜推荐书单等，即为不错的选题。

3. 结合节日或纪念日确定选题

节日和纪念日往往与丰富的历史和文化背景相关联。利用这些特殊的日子开展阅读推广活动，不仅能够增强对传统文化的了解，还能夯实文化底蕴，提升人们的文化素养。例如，在端午节举办屈原古诗朗诵赛，就是一种很好的文化体验活动。一些高校图书馆已经成功地结合节日或纪念日举办特色活动，吸引了学生的参与。例如，上海交通大学图书馆曾推出"元宵节和图书馆在一起，猜灯谜，留感想，品美味活动"，既庆祝了传统节日，又增加了图书馆的用户互动；清华大学图书馆在 2015 年 3 月 8 日国际妇女节当天推出的"了解女性专题书架"，旨在提升对女性话题的关注和理解；2015 年，武汉大学图书馆为了纪念中国抗日战争胜利及世界反法西斯战争结束 70 周年，推荐了一系列有关抗战历史的书籍，并举办了书展，以此缅怀历史，激发爱国情怀；2016 年，为纪念汤显祖和莎士比亚逝世 400 周年，北京师范大学图书馆举办了"致敬大师：汤显祖与莎士比亚"的立体阅读活动，通过专家讲座、主题书展与影像展播的多元形式，让学生跨越时空界限，感受两位文学巨匠的非凡魅力，促进了中外文化的交流与共鸣。这些活动均以其独特的文化视角和丰富的参与形式，成功吸引了学生的注意力，提高了他们的参与热情，进一步促进了校园文化的繁荣与发展。

4. 结合本校特色、重大活动和校友等选题

阅读推广活动还可以与本校特色、重大活动（如校庆、馆庆、纪念日）、校友等紧密结合，吸引更多学生关注。例如，北京大学图书馆在秋季迎新季，围绕"认识北大、热爱北大""适应北大、享受北大""走近大师、提升素养"等主题，精心挑选了一批适合新生阅读的书籍，通过推荐书目展的形式，帮助新生更好地了解和融入校园文化，这一举措受到了学生的广泛好评；武汉大学图书馆在毕业季线上、线下推出知名校友雷军的书单，将雷军精心挑选并大力推荐的 10 本书作为温馨"礼物"送给毕业生，既表达了校友对母校的深情厚谊，也为毕业生提供了一份精神上的鼓励和指导。

（四）实施策划

1. 整体规划

图书馆的活动，根据高校本身的学期特点及学生利用图书馆的规律，基本可分为常规阅读推广活动、专题阅读活动，以及吸引人眼球的创意推广活动。图书馆可根据自身特点开展不同形式的活动。

整体规划需明确的主要问题有：活动主旨、活动主题、活动时间跨度、活动组织方和合作方、活动主要内容、活动的进度、活动子项目的任务分工的落实、活动经费预算、活动预期效果、效果评估方法等。整体规划应当全面考虑阅读推广活动的各个方面，以及人力资源、财务资源、物资资

源、技术支持、时间规划和空间利用的有效配置。所有这些因素都必须仔细考量，确保既实际又可行。特别要注意在策划与实施间寻找平衡点，由于现实条件的限制，有些非常好的创意往往难以实施。

2. 设计活动方案

在整体规划的统筹下，对于各个阅读推广子项目，还要设计具体的实施方案，实施方案一般由子项目负责人根据统一要求起草制定。实施方案解决的问题更加具体，包括要做什么、怎么做，以及事后的评估怎么做。

要做什么，即确定活动的主题、目标受众、具体内容和形式。

怎么做，即确定活动管理方式、活动人力安排、时间安排、活动奖励方式、合作方式以及活动宣传方式（包括传统媒体和新媒体如微博、微信、图书馆网站及合作网站等）。

事后的评估，即活动结束后，还需建立一套科学合理的评估体系，用以衡量活动成效，总结经验教训。评估内容可涵盖活动参与度、反馈意见收集、目标达成度等多个方面，为后续阅读推广项目的优化升级提供有力支撑。

第五节　高校图书馆阅读推广活动策划的关键点

高校图书馆阅读推广活动是为了培养读者的文化素养，推介图书馆的资源和服务，提高读者的综合素质。推广活动不仅是保障读者阅读权益、强化信息素养教育的重要手段，也是图书馆履行其社会职责，推动建设学习型图书馆乃至学习型社会的关键途径。只有充分发挥阅读推广的作用，才能更好地改善读者的阅读现状，提高读者获取信息的能力。在实施阅读推广的过程中，高校图书馆应当注意以下几个方面。

一、做好顶层设计和规划

读者阅读习惯的养成、阅读文化的培育以及对资源服务的了解和充分利用并不是搞几次突击式的活动就可以实现的。为了营造良好的读书氛围，树立图书馆文化建设的品牌，高校图书馆需制定或完善推广政策，保障阅读推广活动的开展。

高校图书馆在规划推广活动时，应紧密围绕读者需求，精心策划活动的类型与规模，确保推广服务能够精准对接读者群体的兴趣偏好与接受方式，提升服务体验，让读者更好地享受丰富的资源。同时，图书馆还须为读者提供一个可以顺畅反馈意见和建议的渠道。当前，不少高校图书馆所举办的活动存在相似性高、缺乏独特性的问题。要想吸引读者且有创新性和特色性，就需要组织者多方调研，既要了解读者的需求和喜好，也要符合本馆现实条件。新活动的实施需要较长时间的规划与设计才会成熟。根据学生入学时间和学习规律，春季学期推广阅读，秋季学期推广资源和服务较为适宜。

二、策划时要考虑活动的持续性和品牌建设

从高校图书馆的文化活动来看，不同的活动侧重于不同的方面。如书展、阅读征文、读书沙龙、微书评、诵读比赛有利于深化阅读；名师讲座、推荐书目、信息培训、知识竞赛彰显了教育使命，保障了信息的获取；优秀读者评选、读者座谈会、爱书护书宣传、图书互换、图书漂流、问卷调查、读者沙龙等可以营造和谐的图书馆关系；艺文展览（包括书画展、摄影展）、设计比赛、视频比赛、影视欣赏则可以提高人文素养和艺术鉴赏力。

高校图书馆在策划阅读推广活动时，应该长远考虑活动的可持续性，并积极进行品牌建设，通过品牌塑造提高活动的"吸睛度"。图书馆应利用其自身的资源、服务或人力资源优势，精心策划并培育一系列富有特色的文化活动，使之逐步成为图书馆的标志性常规活动，达到让读者耳熟能详的目的，形成鲜明的品牌形象。品牌文化活动会激发读者的参与度，还能促进读者与图书馆之间的积极互动，对于培育忠实且活跃的读者群体具有积极意义。因此，各大高校图书馆都着力打造自己的推广品牌，如清华大学图书馆的"爱上图书馆"系列、同济大学图书馆的"立体阅读"、湖南大学图书馆的"一校一书"精读推广活动、重庆大学图书馆的"不见不散毕业生歌会"以及"文化衫设计大赛"等，都成为了各自图书馆重点培育的品牌。设计、推广、传播，进行持久的传播推广都是在持续地提升品牌形象，增加品牌价值。

三、不可忽视阅读推广活动的人文关怀

图书馆是知识的殿堂和人类精神家园，其人文关怀体现在营造一个温馨、包容的人文氛围。这就要求高校图书馆在设计阅读推广活动时，要充分考虑大学生的实际需求，从他们的视角出发，融入人文关怀，展现对读

者的关心和支持,从而建立起图书馆与读者之间长期的信任和理解。

例如,通过举办名师讲座等活动,图书馆为高校学生读者不仅提供了一个学习和交流的平台,也丰富了其精神世界,展现了图书馆的人文精神。形式多样的导读服务及书目推荐活动能够引导学生更多地接触人文经典作品,这对塑造人格、提升审美情趣、启迪心灵具有重要作用。很多图书馆还会定期举办人文主题书展,进一步丰富校园文化内涵。

对于刚入学的大一新生,图书馆应该尽早介入,安排参观图书馆的活动,并进行入馆教育。同时,可以制作专门针对新生的引导网页,设计一些有趣的互动游戏,帮助他们快速了解图书馆的资源和服务,熟悉图书馆的环境,激发他们使用图书馆的兴趣。这种对新生的人文关怀有助于他们更快地融入图书馆,主动利用图书馆,从而建立起与图书馆之间的信任和理解,为后续的服务打下坚实的基础。在毕业季,图书馆可以组织一系列充满人文关怀的活动,如专题讲座、纪念册赠送、个性化留言墙等,以此向即将离开校园的学生传递知识和祝福。这样的活动能够让毕业生带着图书馆的美好回忆和丰富的文化体验步入新的人生阶段。这些举措不仅彰显了图书馆的人文精神,也为毕业生留下了难忘的记忆。

总之,图书馆的人文关怀体现在对读者的细致入微的考虑和关怀,无论是新生的引导还是毕业生的祝福,都是图书馆人文精神的具体体现,有助于建立图书馆与读者之间长期的信任和理解的关系。

四、善用新技术和新媒体

在阅读推广的过程中,技术的应用变得越发重要。它不仅为推广活动带来了新的生命力,也使得这些活动更加前瞻和高效。其中,社交网络服务和大数据服务是其典型代表。

社交网络平台彻底改变了人们获取信息的方式。通过用户之间的分享、参与及互动,形成了一个更加动态的信息传播系统。许多图书馆已经加入了这些社交网络,从而开辟了更多元化的服务渠道,并且让读者能够更方便地接触到所需的信息。

微博和微信等社交媒体成为了数字时代图书馆服务的重要延伸。不少图书馆已经在各大门户网站上开通了经过认证的官方微博账号,这些账号成为了图书馆之间以及图书馆与读者间沟通交流的良好平台。微信公众平台在消息推送、即时阅读、自助服务方面具有很大的优势,作为推广阅读和提升品牌影响力的重要工具,越来越受到图书馆界的重视。通过微博和微信,图书馆能够及时发布与阅读推广相关的信息,如推广活动公告和宣传预告;讲座、培训等活动信息;新书通报、好书推荐;艺术和文化展览;宣传活动互动及速递;宣传活动总结。目前,很多图书馆采取微博与微信联动的方式进行活动报道,利用图文并茂乃至音频视频等多种形式对活动进行全方位、立体化的报道,来吸引受众关注,极大地提升了互动效果与关注度,为阅读推广活动注入了新的活力。

随着大数据技术的发展,图书馆现在能够更加精准地理解读者的需求、行为模式以及情感倾向和满意度,从而实现更精细化的服务。通过搜集并分析读者的阅读习惯和社会网络数据,图书馆可以在大量复杂无序的数据中准确地识别和预测读者的阅读习惯、偏好和需求。这种洞察力对于制定有效的阅读推广计划至关重要,它可以帮助图书馆更好地规划未来的活动和服务。大数据在图书馆中的应用,还体现在为读者提供个性化的服务体验,比如根据个人的使用情况生成详细的分析报告,或是针对即将毕业的学生提供他们在校期间利用图书馆资源的全面回顾,并制作个性化的纪念册以作留念。

从目前的图书馆推广工作来看,图书馆对技术与设计人才的要求越来越高,要打造"酷炫"的效果,越来越需要先进的技术和精致的设计支持。无论是开发游戏或移动客户端,还是机器人的智能功能,对技术和设计的需求越来越高,因此,技术和设计二者需要密切配合。

五、利用广泛的合作推动阅读推广活动实现跨越性提升

阅读推广活动要办好,光靠图书馆一家甚至图书馆内某一部门、某一人之力是不够的,只有利用广泛的合作,对资源进行优化整合,才能推动阅读推广活动实现跨越性发展和提升。

推广活动主要由图书馆组织和发起,首要任务是构建一支既具备专业素养又展现积极风貌的阅读推广团队,包括活动设计人员、宣传品设计人员、网页建设人员等,使推广活动能通过海报、电子屏、网页等多种渠道以吸引人的形式呈现给大众,并且达到全面覆盖与多层次互动的效果。

由于高校图书馆推广活动面向的读者类型多样,且其个性化需求明显,所以除需要进行充分的馆内合作外,还需要其他部门的通力合作,如宣传部、团委教务部门及各院系等。同时,可以邀请校内知名专家、教授定期为读者提供专业领域书籍的阅读指导，分享阅读心得和经验，从而有效地激发学生的阅读兴趣，提高活动在校园中的知名度，进一步促进整个校园形成浓厚阅读氛围。

学生会和各类学生社团在接触和服务于广大学生群体方面具有天然优势，它们不仅能够拉近与读者的距离，还因为成员们拥有不同的特长而为阅读推广工作提供了有效的人力支持。将读书会、读书沙龙等活动纳入图书馆的整体阅读推广体系中，可以进一步壮大阅读推广的力量，促进校园阅读文化的蓬勃发展。通过这种多层次、跨部门的合作模式，不仅能够丰富阅读推广的形式与内容，还能有效提升活动的实际效果和社会影响力。

第五章　高校图书馆阅读推广发展形态探索

第一节　高校图书馆新媒体阅读推广

新媒体指的是运用数字化技术来传播信息的所有媒体形式，它包括了通过数字手段呈现的传统媒体（如数字报纸和杂志）、互联网媒体、移动设备上的媒体应用以及数字电视等。与传统的纸质报刊、无线电广播及电视媒体相比，新媒体代表了新一代的信息传播平台。它的范围相当广泛，整合了数字科技和网络技术，并且利用互联网、高速局域网、无线通讯网以及卫星等多种渠道进行内容传输。同时，新媒体依靠个人电脑、智能手机、平板电脑以及智能电视机等终端设备向用户提供丰富的内容和服务。

新媒体的特点包括内容的多样性、资源的开放性、操作的便捷性和互动的灵活性。对于高校图书馆来说，新媒体的发展既带来了挑战也提供了机遇。一方面，需要应对读者习惯的变化，调整服务模式以适应新的阅读方式；另一方面，也可以借此机会探索创新的服务项目，提升自身功能，实现转型与发展。

一、不断提高馆员认识，搭建活动平台

根据实践经验和新媒体自身特点和优势，合理应用新媒体技术丰富阅读推广活动内容和形式，将有效提升活动宣传及整体效果。然而，当前许多高校图书馆在利用新媒体技术开展阅读推广时，因观念上的局限及技术应用经验的欠缺，其广度和深度均显不足。部分图书馆仍固守传统模式，未能充分利用新媒体带来的机会。此外，部分高校图书馆虽然已经开始尝

试通过官方网站、微博、微信等平台发布活动信息，但往往只是简单地将内容推送出去，并没有对活动进行全程性立体化的深入宣传报道，也没有将新媒体技术和理念深入应用到整个活动的组织实施过程中。

面对新的信息传播技术变革带来的挑战和机遇，高校图书馆应当勇于突破传统束缚，积极拥抱变革，以开放的心态和前瞻的视野重新审视自身的发展路径。

第一，加强工作顶层设计。要树立积极应用新媒体技术和方法的工作理念，加强新媒体阅读推广服务模式的整体规划，基于不同技术和手段，自主开发管理独立的高校图书馆门户网站。随后，按照既定步骤和计划推进数字资源阅读推广、移动高校图书馆推广和电子阅读器借阅推广等工作，逐步将新媒体技术和理念融合整个活动，以便提升活动效益。

第二，加强内部宣传和培训工作。随着新媒体时代的到来，信息传递的方式、途径及内容都发生了显著变化，这对高校图书馆工作人员而言意味着全新的工作环境。高校图书馆要组织开展面向内部员工的专门性的新媒体概念和应用宣传和培训工作，确保高校图书馆馆员首先具备新媒体应用能力，实现从内心认同到行动实践的全方位新媒体工作模式。

第三，加强活动平台的搭建。高校图书馆应该根据自身的实际需求，开发、利用相关新媒体阅读推广平台，并加强与校内各部门之间的合作，建立一体化的活动平台体系，借鉴社交媒体如新浪微博、腾讯微博等成功的"活动矩阵"策略，即利用新媒体平台强大的信息即时传播与同步共享功能，促使图书馆与各部门在阅读推广活动上形成合力，由单打独斗转变为多边协作，共同增强活动的社会影响力，从而提升校园阅读文化的整体氛围。

二、全面建设资源，增强读者宣传工作

在当今的新媒体环境下，高校图书馆阅读推广工作需要建立在馆藏数字化和新媒体资源的基础上。为了提升资源的利用率并适应数字时代的需求，图书馆应积极促进其资源向数字化转型。

新媒体技术的引入使得阅读推广活动形式能够更多样化且更具吸引力。相较于传统的方式，新媒体阅读推广活动更具新颖性、互动性，更易于抓住读者的眼球并赢得他们的青睐，因此高校图书馆必须大力宣传、引导读者接触和接受新形式的资源和推广活动。同时，虽然网络时代新媒体

阅读环境下读者的信息获取渠道多样、信息获取数量极为丰富，但网络数字资源也存在信息质量良莠不齐和信息泛滥、信息鸿沟、信息安全、知识产权等问题，读者的新媒体阅读素养亟待加强。因此，高校图书馆应该通过开展信息检索与利用教学、组织新生入馆教育、举办新媒体阅读能力提升培训会等活动，引导师生读者开展新媒体阅读，系统地培养师生的新媒体阅读能力和兴趣。例如，清华大学图书馆举办的"读有故事的人，阅会行走的书——'学在清华·真人图书馆'交流分享活动"，不仅丰富了学生的阅读体验，还将其纳入到文化素质教育课程中，成为本科教育的重要组成部分。

三、增强经典阅读推广与新媒体阅读推广的融合

碎片化阅读和略读虽然能够快速获取信息，但不利于读者汲取经典文献的知识养分，这也是高校图书馆馆员对开展数字化阅读推广感到担忧和困惑的原因。为了在利用新媒体优势提高阅读推广吸引力的同时，避免大学生阅读的碎片化和肤浅化，高校图书馆需要巧妙地将经典阅读与新媒体技术相结合。

一方面，提高阅读内容的质量。高质量的内容建设是提升读者阅读品位的基础。高校图书馆应致力于数字化经典文献资源的开发，并借助新媒体平台与网络技术，将这些宝贵资源以生动、便捷的方式呈现给读者。例如，武汉大学图书馆创建的"珞珈风范——武汉大学名师库"，集中展示了武汉大学建校以来的名师资料，包括个人传记、学术成果、影像资料和社会影响等。读者可以任意选择一位名师，查看其相关资料。每个板块内嵌丰富档案文献及"读秀"全文在线阅读链接，既方便了读者即时获取更多信息，也促进了深度阅读，有效地防止了信息的碎片化和阅读的表面化。

另一方面，合理的阅读推广策略和内容，是引导读者进行经典阅读的保障。高校图书馆应该整合各种媒体技术，开展多元化、立体式的阅读推广活动，以激发读者对经典作品的阅读热情。例如，中国台湾地区出版人郝明义策划的"经典3.0"阅读推广活动，通过整合文字、讲座、图像、影像等多种媒介形式，使经典阅读变得立体鲜活，从而大大增强了阅读的魅力与参与感。同时，略读和精读两者之间并非不能共存，二者有着各自的特性和优势。高校图书馆应该通过微书评、在线游戏等略读活动吸引读者阅读兴趣，再通过合理的方法引导读者进行精读。例如，武汉大学图书馆开发的经典名著在线游戏，以寓教于乐的形式引导读者深入思考和研究经典名著，有效提升了读者的经典阅读兴趣和能力；天津财经大学图书馆通过话剧比赛活动引导读者进行精读，有力促进了高校图书馆相关名著文献的利用率等；北京大学图书馆在其社交媒体平台上推出的"一书一图一介绍"网上微展览，每天在线推出一段短文配上图片，既适应了现代人快节奏的生活方式，也无形中增加了人们对古典文献的好奇心，促进了相关图书的借阅率。

四、增强传统阅读推广与新媒体阅读推广的融合

随着阅读推广活动的不断深入和新媒体技术的不断发展，面对以大学生为主要对象的高校图书馆阅读推广活动，将更加倚重互联网和新媒体技术。尽管新媒体技术提供了新的可能性，但传统阅读推广活动依然具有其独特的优势，如体验性强、短期影响大、监控方便等，所以未来的趋势应当是将传统和新媒体两种推广手段有机结合，互相补充，共同促进阅读文化的广泛传播与发展。同时，高校图书馆阅读推广有时是一系列不同主题的活动，有时又是同一主题一系列不同内容形式的活动，在这种情况下，新媒体阅读推广活动形式和传统阅读推广活动形式也将更容易互相借力，发挥各自特点。

另外，根据高校图书馆阅读推广发展趋势，高校图书馆总体策划牵头的角色定位可能将进一步转变和明确，活动将越来越多地发挥读者的主观能动性，特别是大学生读者参与活动的积极性和创造性，而大学生则更愿意利用互动性强、个性化强的新媒体开展活动。例如，吉林大学图书馆通过创建"白桦书声"校园朗读分享平台，极大地提升了学生们的参与热情，并促使他们由被动的参与者转变为活动的主动策划者与组织者。利用新媒体的力量，这样的项目不仅拉近了与学生日常生活之间的距离，也为阅读推广注入了新的活力。

第二节　高校图书馆有声读物阅读推广

有声读物，即有声书籍，是指那些包含不低于51%的文字内容的录音产品，它们以磁带、高密度光碟或纯粹的数字形式存在，并在市场上销售。1934年，美国推出了世界上首款有声读物。随后，众多教育出版商开始采

用唱片形式出版语言教材，如 20 世纪中期广受欢迎的灵格风英语学习专辑，进一步推动了有声读物的发展。随着第三次科技革命的到来，有声读物产业初步形成。这一时期，由于数字化、网络以及移动通信技术的迅猛进步，为有声读物市场的繁荣提供了巨大的推动力，引领着国民阅读方式向有声阅读时代迈进。作为知识的宝库和文化传播的重要阵地，高校图书馆在推广有声读物方面肩负着重要使命。推广有声读物不仅顺应了数字化阅读的趋势，还能丰富读者的阅读形式，提升读者的阅读体验。

一、分类建设，夯实阅读推广资源

随着移动互联网技术的迅速发展和智能应用的不断进步，大学图书馆的传统服务正经受着考验，纸质书籍的借阅数量正在减少。在这样的环境下，大学图书馆必须主动应对数字化时代的到来，并促进其阅读推广活动向数字平台转移。有声书作为一种新的阅读媒介，为图书馆带来了新的可能性。

随着移动互联网技术的迅速发展和智能应用的持续升级，高校图书馆的传统服务正经受着考验，纸质文献的借阅量呈现下降趋势。在这种背景下，高校图书馆必须主动应对数字化时代的到来，并促进其阅读推广活动的数字化转型。有声读物不仅方便了视觉障碍者、文盲、低幼儿童等读者群体，同时也符合当代大学生在当今快节奏生活中的碎片化阅读偏好，特别贴合了他们的阅读习惯和兴趣爱好。高校图书馆面对这种实际存在的有声阅读需求，在传统业务不景气的背景下，应该抓住机遇，努力建设有声资源，为阅读推广转型奠定基础。目前，高校图书馆在构建有声读物资源库方面主要可采用以下三种途径。

（一）直接购买资源

高校图书馆可以通过购买的方式获取有声书读物。这种方法实施起来相对简单，只需通过压缩、下载和播放技术即可实现资源的使用。然而，在采购流程启动之前，图书馆需进行深入的调研，广泛征求读者的资源采购意见，选择与有正规渠道和有实力的资源出版发行机构进行合作，还需要对所购置的资源进行全面的甄选，确保资源的安全、健康和可靠。目前市场上有影响力的有声读物资源供应商有 EBSCO 有声读物资源服务系统，该系统与全球数字内容交付领头羊 Findaway 合作，提供了丰富的有声读物资源，并且可以通过移动设备直接访问。该系统以其简化的工作流程和直观有趣的设计，使读者能够快速轻松地搜索和访问，在线聆听有声读物资源。

(二) 自建资源

2013年，由教育部语言文字信息管理司制定的《中国语言资源有声数据库建设工作规范（试行）》确立了由国家语言文字工作委员会领导、按照全国统一规划执行、地方具体实施、专家负责业务指导及社会广泛参与的建设方针，为中国语言资源有声数据库的构建提供了制度上的支持。基于这一模式，有能力的大学图书馆可以参照该框架，依托区域内联盟组织，联合其他高校图书馆、公共高校图书馆和相关文化传媒和出版发行机构，制定长期有声资源发展规划，并开展相应的资源调查和选题研究。同时，设立专门的录播室或有声资源制作中心，配备必要的录音设备和技术支持，购置专业的文字转音频软件，在版权许可的前提下，聘请专业演播人员对原作品进行有声录制，旨在服务于教育和公益活动，确保录制内容的质量和适用性。条件欠缺的高校图书馆亦可充分发挥高校图书馆馆员和校内师生读者的积极性，在进行必要的专业培训基础上，利用喜马拉雅FM等手机软件的录播功能，立足校内教学科研需求和地方文献服务特色，有步骤地实现实体馆藏和有声数字资源的协调发展。

(三) 搜集整理网络资源

为了更有效地降低资源建设成本和简化建设过程，高校图书馆在开展直接采购和自主建设的同时，需重视对网络免费有声读物资源的整合与推广。高校图书馆应该组织专人对互联网上海量的免费有声资源进行筛选、整理，建成特色数字资源库或资源链接。此外，为进一步提升服务效能，高校图书馆加强与图书管理系统供应商的合作，共同推动现有图书管理系统的升级换代，特别是对联机公共目录查询系统（OPAC）进行改进，确保检索结果不仅展示实体馆藏，还能提供相关电子资源或有声资源的链接，以迎合读者多样化的信息需求。同时，为进一步优化用户体验，高校图书馆亦可独立开发一套多媒体点播系统，专门用于搜集和编目免费有声资源。例如，北京联合大学图书馆自主研发的有声读物点播系统，点播系统由硬件和软件组成，硬件部分主要包括一台稳定的服务器和一台有足够空间的磁盘阵列或网络存储，软件方面则包括WEB发布服务器、流媒体点播服务器、数据库软件、点播CMS网站管理系统以及大量的免费资源。

高校图书馆在有声读物资源建设过程中，有必要提供一个专门的资源存储空间和设施，将有声资源集中保管和利用，并对不同介质形式的有声资源进行科学分类，可参照《国际标准书目（非书资料）》和《国际标准书目（电子资源）》等相关细则著录，重点突出有声读物的内容、播客信息以及与其相对应的纸质资源链接和相关内容链接，从而构建一个内容丰富、结构清晰、互相关联的有声高校图书馆数据资源库。同时，还需要提供一个统一的检索入口，通过减少专业术语的使用来降低检索难度，使得拥有不同知识背景的人都能轻松访问这些宝贵的资源。

二、读者细分，有效增强用户黏合度

随着"互联网+"的快速发展，用户对于定制化服务的需求与日俱增，网络社群呈现出更加细化的趋势。应用程序市场的定位变得更加精确，移动互联网行业正逐渐转向更精细化的管理方式。移动互联网技术在满足多元化个性体验的同时，已将大批潜在线下用户黏合成最忠实的线上应用的支持者。有声读物作为一种新兴的学习方式，克服了传统阅读模式对视觉的依赖，使得那些因视力障碍、阅读能力有限或时间紧张而难以进行传统阅读的人群也能随时随地"听读"，轻松享受阅读的乐趣。因此，高校图书馆应顺势而上，针对不同的师生读者专业背景和知识需求，分门别类制作符合不同类型读者阅读需求的内容，细分有声读物的受众群体。

一般来说，高校图书馆在举办听书活动时，主要面向两类群体：学生和教职工。为了更好地服务于这两类群体，图书馆应根据其各自的特点，提供有针对性的有声资源。例如，加强与学生组织和教学院系之间的合作，在充分调研大学生学习特点和阅读习惯的基础上，根据年轻人的阅读喜好进行有声读物推送。年长的教师读者，由于繁忙的工作和生活，对有声读物这类新生事物接触较少，接受能力也较弱，但是对本专业知识学习和评书、故事连载、人物传记、亲子阅读类文献有着浓厚的兴趣。为此，高校图书馆应该简化使用过程，并向这些用户提供相应的有声资源。此外，高校图书馆还需积极转变服务理念，不仅要满足线下用户的阅读需求，还要拓展线上用户群体，建立线上有声资源库，并引入用户评价机制，将有声资源的优劣评价权交给读者，以提高线上用户的体验感和忠诚度，从而吸引更多的潜在听众加入到推广阅读的活动中来。

三、加强合作，加快实现跨界推广

随着云计算、大数据以及"互联网+"等信息技术的发展，新一轮的技术革命正在兴起。这场革命带来了线上用户数量的快速增长，使得挖掘潜在用户成为市场竞争的焦点。商业性的有声读物平台以其灵活多变的线上合作策略，在跨界融合方面取得了显著成效。例如，2014年酷听听书通过获得有声视听文化委员会的资质认证，并与中信出版集团、当当网等多家内容提供商达成战略合作协议，形成了行业内首个战略联合集团——听书联盟，有效地实现了资源和分销渠道的优化整合。

反观线下，传统高校图书馆的服务面临着挑战，其业务范围遭遇严重萎缩。为应对这一挑战，高校图书馆亟须主动求变，在保持公益性的同时探索服务转型之路，以适应数字化技术带来的挑战。高校图书馆应该积极寻求与校内外的广泛合作，特别是在有声资源领域，既要争取学校与政府的资金支持，也要深入挖掘读者的个性化需求，开发独具特色的服务项目。通过加强与听书平台、广播电台等线上机构的合作，按需引入高质量有声资源，不断优化馆藏结构，从而更好地满足师生及更广泛社会群体的多元化阅读需求。例如，吉林大学图书馆不仅与校内读者及相关部门合作，还积极与百度、喜马拉雅FM等平台合作，创建"白桦书声"校园朗读分享平台，充分利用各种资源组织了一系列成功的"听说"活动，既推动了校园文化的传播，也大幅提高了参与者们的积极性和满意度。武昌理工学院图书馆与盛大天方合作推出了"读100本好书——博学实训"专题栏目，为用户提供了一个方便收听和下载精选有声读物的机会。

第三节　高校图书馆个体阅读推广活动

一、高校图书馆阅读推广主体个体化表现形式

（一）阅读分享

"阅读分享"这一概念最早由新西兰教育学家赫达维（Holdaway）等人在20世纪60年代提出，起初聚焦于儿童阅读的研究。随着时间的推移，尤其是计算机网络技术的迅猛发展，阅读分享的范畴已扩展到更广泛的领域，任何人对于任何感兴趣阅读内容的关注、讨论和转发都可以被视为阅

读分享。个人通过阅读分享来推广阅读活动，主要有以下三种形式。

1. 读者推荐

读者个人根据自身的阅读体验和经历，出于对阅读的促进和分享的目的，向其他读者推荐书目的行为，即让读者进行阅读推荐。作为高校教师，特别是著名专家学者，有责任也有能力为大学生读者推荐书目，中国高校的名师历来也愿意为大学生读者推荐书目。例如，胡适曾为清华大学学生开列了《一个最低限度的国学书目》，顾颉刚为大学生开列的《有志研究中国史的青年可备闲览书》，钱穆为西南联大学生开列的《文史书目举要》，张岂之和徐葆耕共同主编了《清华大学学生应读书目（人文部分）》。在过去，这样的书单通常是学术界人士编撰的。但随着时间的发展，普通读者也开始积极参与到这个过程中来。现在，在许多大学图书馆内，都可以找到专门设置的空间或设施，如留言板或留言簿，供读者推荐他们认为值得一读的书籍及其推荐理由。为了适应不同的阅读推广对象和目标，推广活动的形式应当多样化。除了传统的留言方式，还可以撰写书评，分享书籍的深度解读和个人感悟；制作视频，以动态形式展示书籍内容和推荐理由；通过绘画作品表达对书籍的理解和推荐；创作与书籍相关的手工艺品，提升阅读的趣味性，等等。例如，在苏州工业园区的独墅湖学校图书馆，读者可以在卡片上写下推荐书籍的信息和理由，并将这些卡片挂在图书馆预先布置的推荐圣诞树上，以此增加互动性和趣味性。

2. 读书分享会

读书分享会在促进读者之间的交流和互动方面发挥着重要作用，是推广深度阅读和经典文学的有效手段。读书分享会通常可以归纳为以下三种形式：一是读书会。这是一种最常见的方式，读者通过积极参加高校图书馆牵头组织开展的读书会及其活动，并在组织和活动中发挥着引领阅读的作用。二是读书节。例如，华中农业大学图书馆举办的"青椒"读书分享活动，不仅为青年教师提供了向学生推荐书籍的机会，也拓宽了学生的阅读视野，让大学生有机会领略到青年教师的风采，增强了师生之间的联系。三是撰写文章。馆员和读者依托高校图书馆的阅读推广活动平台，围绕阅读主题进行文学创作、新闻报道、专著编译以及网络文章的撰写等。特别是利用微博、微信、小红书等新媒体渠道，让这些作品得以以大众化、网络化、碎片化的形式广泛传播，使读者可以随时随地浏览相关内容，与作者及其他读者进行跨时空的交流与分享，从而在轻松愉快的氛围中促进阅读的深入与普及。

3. 捐书赠书

捐书赠书，即读者将阅读后认为有价值的文献捐献给高校图书馆以便让其他读者有机会阅读的行为，或通过图书漂流的形式将图书资源无偿与别人分享的行为。例如，高校教师在结束某项教学科研工作后，为充分发挥资源的使用价值，将利用过的资源无偿捐给高校图书馆。高校毕业季期间，即将毕业的学生读者将自己使用过的读物无偿捐献给本校图书馆。校内外有关人士出于对高校图书馆事业的支持，购置图书资源无偿捐献给高校图书馆。由于活动具有操作简单、成效快、影响大等特点，是目前个体参与高校图书馆阅读推广常见的形式之一。

（二）日常工作

如果说高校图书馆是校园内阅读推广工作的主要阵地，那么馆长就是先锋官，馆员就是排头兵，需要他们在日常的工作和生活中肩负起更多的阅读推广使命，将阅读推广内化于心、外化于行。

1. 馆员负责制阅读推广

在馆员负责制下，每位馆员都被分配了明确的阅读推广任务，他们将阅读推广服务自然地融入到日常工作和生活的每一个细节中，使之成为不可或缺的一部分。馆员们如同一台台阅读推广播种机，通过持续而有效的努力，在校园内播下阅读的种子，激发师生的阅读兴趣，促进良好的阅读习惯形成。

2. 馆长负责制阅读推广

馆长负责制，是高校图书馆负责人将阅读推广纳入高校图书馆发展战略，通过自己的示范带头作用，长期创新开展具有深远意义的特色阅读推广服务，为师生读者阅读创造条件和优良环境，引领校园阅读蔚然成风。

（三）读书会

读书会作为一种自由、非正式的阅读学习组织，其历史可以追溯到很久以前，瑞典的"读书圈"被认为是现代意义上的读书会的先驱。读书会不仅是一种阅读和学习的方式，也是现代人休闲娱乐的选择之一。读书会具有强大的渗透力、简便的操作性和多样化的形式，因此受到人们的欢迎。根据实际管理者的身份不同，高校图书馆读书会可以分为高校图书馆主办的读书会、师生主办的读书会两大主要类型。后者大多依托高校图书馆，但具有独立的社团组织性质，在开展阅读推广活动中主要以师生管理者或负责人为组织核心,通过高校图书馆读书节等平台发挥阅读推广主体作用。

（四）志愿者活动

志愿者是指那些基于自愿原则,不以物质报酬为目的,致力于社会进步而奉献个人时间和精神的人。从广义上看,所有无偿支持高校图书馆运作的个人或团体,比如捐赠者、托管人以及"图书馆之友"等,都可以被视为高校图书馆的志愿者；而在狭义上,则特指那些按照高校图书馆的规定,定期参与其日常运营工作的志愿者。在推动阅读文化的过程中,拥有良好素质的学生和教职工志愿者能够显著缓解图书馆在人力资源和财务方面的压力,还可以给活动带来无限创意,提升活动的社会认知度和参与度。志愿者在阅读推广中可以扮演多种角色,包括引导读者参与阅读活动的引导者；协助组织和实施阅读活动的协助者；通过多种渠道宣传这些活动以吸引更多人的注意；充当图书馆与用户之间沟通交流的桥梁；确保活动顺利进行所需的各种后勤支持；甚至有时候还参与到决策过程中来,对活动的具体内容及形式提出建议。

随着高校图书馆更加积极地履行其社会责任并彰显核心价值,越来越多的高校图书馆开始重视建立一个健全的志愿者招募和服务体系。虽然我国高校图书馆的志愿者服务起步较晚,但目前志愿者活动已经广泛渗透至高校图书馆的各项服务和活动中,特别是在活动化的阅读推广工作中志愿者的身影越来越多,志愿者已经被视为常规的"生产力"要素。以湘潭大学图书馆为例,这里活跃着一群由在校生组成的志愿者团队,他们不仅积极参与到诸如"高校图书馆服务周""世界图书日""新书推荐"等丰富多彩的文化活动中去,还为主持课题的教师开展信息推送服务,进行深层次的文献资源检索、读者咨询、引导等工作。广西科技大学图书馆建立志愿者服务工作常态化机制,并争取学校资助中心等部门的支持,不断提升志愿者团队的专业素养与服务质量,形成了包括招募选拔、系统培训、绩效管理及激励机制在内的一整套完善流程。志愿者不仅是高校图书馆日常管理中的得力助手,更是阅读推广活动中的重要合作伙伴。通过与志愿者团队的合作,图书馆能够定期地举办一系列深受大众喜爱且富有教育意义的活动,如读书交流会、找书比赛、送教下乡、高校图书馆进社区、进宿舍、进食堂等,这些活动受到了广大读者和社会大众的高度评价。

二、高校图书馆构建个体阅读推广保障体制

（一）转变工作理念，提高个体主体地位认识

高校图书馆不仅是校内文献与信息的核心枢纽，同时也是该地区社会文化知识的重要中心。它肩负着多重职责，既要为学校的教学和科研活动提供必要的资源支持，也要满足更广泛社会大众对于知识探索的需求。这些图书馆的服务对象不仅涵盖了在校师生，还包括了社会各界的读者群体。因此，高校图书馆开展的阅读推广活动不仅限于校园内部，还会延伸至更广阔的社会层面。在这样的背景下，高校图书馆的阅读推广不仅仅依赖于图书馆工作人员的努力，还需要得到学校管理层、其他职能部门、在校师生以及校外合作伙伴和个人的支持与参与。为了有效地推进这一进程，可以组建一个由具备特定才能、积极意愿及执行能力的个人组成的领导小组，其中包括来自读者群体中的代表。在活动策划过程中，要深入了解并考虑不同读者的具体需求，确保所设计的内容形式能够贴近他们的兴趣点；在活动组织实施过程中，要善于利用教师联盟、读者协会、青年志愿者、企业行业协会和社会名流等社团组织和个人资源，保障活动深入有效地开展，以便有效实现活动的宗旨和目标。

（二）建立健全制度，规范引导个体阅读推广

为了有效规范和引导个体在阅读推广中的发展，高校图书馆需要建立健全的规章制度，明确个体在阅读推广中的权利与义务，促进个体更好地融入高校图书馆的阅读推广体系。

第一，高校图书馆要积极宣传阅读推广的重要性和意义，积极争取学校各部门和组织的协同合作，从学校层面上制定阅读推广事业规划。

第二，制定高校图书馆阅读推广工作规划和方案过程中，要突出师生读者在阅读推广和校园文化建设中的主体地位，强化他们的主体性与使命感。确保他们在活动策划、执行和评估过程中都有充分的参与和发言权。

构建起一套完善的阅读推广管理制度。借鉴全国书香城市（县级）标准指标体系的经验，着力培养"阅读推广大使"，鼓励这些大使投身于大学图书馆的各项阅读推广工作中，为相关活动增添新的动力。此外，还需持续改进各项管理规定，比如加强读者俱乐部的管理体系建设，利用政策、财政资助等手段支持此类组织举办各类阅读推广活动；通过教育培训提高俱乐部成员对于推广阅读的理解与能力；根据《志愿服务条例》进一步完

善志愿者管理体系，吸引更多人以志愿者身份加入图书馆的阅读推广行列；与校方其他机构紧密协作，优化师生管理制度，激发更多师生成为图书馆阅读推广的核心力量；依据《中华人民共和国公益事业捐赠法》《社会团体登记管理条例》《中华人民共和国商标法》等相关法律法规，为独立从事阅读推广工作的个人或团体提供必要的法律保障和支持。

第三，构建起一套完善的阅读推广管理制度。参照全国书香城市（县级）标准指标体系，积极培养"阅读推广人"，并鼓励他们投身于大学图书馆的各项阅读推广工作中，为相关活动增添新的动力。同时，不断完善相关管理制度，如完善读者协会管理制度，通过政策资金和资源等途径支持协会组织开展阅读推广活动，通过培训教育提升协会成员阅读推广的能力和意识；依据《志愿服务条例》进一步完善志愿者管理规章制度，吸引更多人以志愿者身份加入高校图书馆阅读推广的行列；联合学校其他部门，完善教师和学生管理制度，鼓励师生成为高校图书馆阅读推广主体；依据《中华人民共和国公益事业捐赠法》《社会团体登记管理条例》《中华人民共和国商标法》等法律，为独立从事阅读推广工作的个人或团体提供必要的法律保障和支持。

第四，依据《普通高等学校图书馆规程》，完善高校图书馆社会化服务管理机制，有效促进社会读者利用高校图书馆资源，在此基础上积极引导、吸纳社会资源开展阅读推广活动，形成图书馆与社会间资源共享的良好局面。

（三）搭建平台，凝聚力量

为了更好地整合资源、凝聚力量，高校图书馆应充分利用计算机网络和新媒体技术，在现有的阅读推广管理框架内，构建一个统一且具有权威性的个体阅读推广网络管理平台。该平台应由学校牵头，由高校图书馆负责，并由阅读推广工作团队具体执行运营。平台应涵盖以下6个主要内容：

一是推广项目板块。推广项目板块旨在全面展示由个人及组织在高校图书馆内发起的各类阅读推广活动。通过细分不同的子板块来整理全国范围内的个体阅读推广人、组织及其项目，以此提高他们的知名度，同时促进个人阅读推广技能与综合素养的全面提升。

二是资源共享板块。资源共享板块整合了丰富的图书资源信息，包括图书在版编目数据、共享图书资源、开放获取资料库、精选推荐书目列表、经典阅读推广案例集、阅读推广技能培训材料以及相关法律法规资料等，为从事阅读推广工作的人员提供强大的文献支持。此外，板块还整理数字化高校图书馆历年来阅读推广素材和个体阅读推广活动资料，并上传至平台以便实现资源共享。

三是信息公告板块。主要用于发布通知、公告及新闻报道，包括志愿者招募、会议日程安排、培训计划、竞赛活动、评选结果等信息，增进成员之间的沟通联系，并保证信息传递的公开透明性。

四是友情合作单位板块。本板块展示了与高校图书馆阅读推广工作紧密相关的组织信息，如中国图书馆学会、各出版发行机构、数字和有声阅读网站、各省级高校图书情报工作委员会、各类型高校图书馆、校内其他部门、学生社团、志愿者组织等，并提供超链接，为阅读推广个体搭建起对外交流、寻求合作与支持的桥梁。

五是实时互动板块。实时互动板块构建了一个集论坛、贴吧、微博、小红书、微信公众号、QQ群等新媒体平台于一体的互动网络，鼓励阅读推广者在此进行日常交流、问题探讨、经验分享及法律援助等，促进信息的即时传递与深度互动。

六是实践与理论研究板块。目的是对个体阅读推广活动进行系统的研究、总结与评估，探讨未来的发展方向。其中包括编制与发布《高校图书馆阅读推广年度报告》，回顾并展示过去一年中取得的成就；举办年度评选活动，表彰在阅读推广领域表现突出的个人、读书会、学生社团、书香班级及志愿者等；创办专门的出版物《阅读推广报》，设置专题来探讨阅读推广实践中遇到的问题及其解决策略。

全民阅读的推广是一项需要广泛参与的社会活动，其核心动力在于公众的积极参与和支持。在高校图书馆推动阅读的过程中，个体的地位尤为重要，其特色鲜明，优势显著。然而，要构建起持续有效的活动机制，离不开高校图书馆的积极引导和支持。观察当前阅读推广的发展态势，以下几点至关重要：首先，在主体多元化的趋势下，高校图书馆应认识到个体在阅读推广中的主导地位，并助力其作用的充分发挥。其次，主体合作化要求高校图书馆应承担起组织协调的任务，将各种阅读推广资源进行整合，鼓励不同主体之间开展深层次的合作。最后，主体角色层次化要求高校图书馆在阅读推广中应明确区分组织者与执行者的职责，确保每一个参与者都能够根据自己的专长履行相应的职能。

第四节　高校图书馆阅读推广口碑营销策略

作为校园文化信息中心的高校图书馆，已经不再是学生获取知识的唯一来源，甚至在很多情况下，它也不再是主要的信息渠道。面对数字信息技术的挑战和读者阅读率下降的现象，高校图书馆应采取双管齐下的策略：一方面加强数字资源建设和使用，另一方面则通过组织多样化的阅读推广活动来吸引读者，提高资源的有效利用率及增加图书馆自身的访问频率。

一、高校图书馆阅读推广口碑营销概述

在当今高校图书馆的运营中，营销活动已经成为一个关键组成部分。它也不仅仅是局限于宣传活动，还涉及探索满足用户需求的关键点、建立与用户群体之间的稳定联系以及持续性的互动等多方面内容。这些活动对于高校图书馆来说至关重要，有助于其更好地匹配服务与资源以符合用户的需求，从而形成内外部的良性循环，并最大化地实现社会效益。

为了应对这一挑战，高校图书馆在实践活动中积极尝试了各种营销方法和策略，如历届 IFLA 国际营销奖中获奖的高校图书阅读推广项目。其中，口碑营销以其独特的优点和功能，已经成为高校图书馆阅读推广工作中运用营销策略树立品牌活动的重要手段。

口碑营销的概念最初来源于传播学领域，后来被市场营销领域广泛采纳。传统的口碑营销依赖于个人间面对面的信息传递，比如通过亲朋好友之间的推荐来增加产品或品牌的知名度。而到了互联网时代，"病毒式营销"成为了口碑营销的一种新形式，其核心在于创造出能够"感染"目标受众的信息或事件。这类营销的成功与否很大程度上取决于所创造的内容是否足够吸引人，能够在众多信息中脱颖而出并引起公众讨论。

在网络世界里，尤其是随着博客、论坛等交互平台的兴起，口碑营销变得越来越流行。这类平台上的交流不仅促进了信息的快速传播，有时甚至比传统的新闻渠道更受欢迎。口碑营销具有成本低、可信度高、针对性强等特点，能够有效提升机构形象、发现潜在用户、影响消费者决策，并有助于建立品牌忠诚度。此外，它还能借助于自然现象、政策法规变化、突发事件乃至竞争对手的行为来增加自身的影响力。

高校图书馆阅读推广口碑营销的基本目标是让读者之间交流高校图

书馆阅读推广活动,以便提升活动的认可度和参与度。具体地说,就是让"值得信赖的读者"感受阅读推广服务,而不必考虑是否参加活动或甄选活动的内容。

二、高校图书馆阅读推广口碑营销的应用

根据口碑营销的主要原则和总体实施方法,高校图书馆在应用口碑营销促进阅读推广过程中,具体流程主要应包括以下5个步骤。

(一)制定长期规划

高校图书馆利用口碑营销促进阅读推广之前,首先应该制定一个长期规划,因为大部分阅读推广活动效益具有隐性,口碑营销效益同样也需要一定时间的沉淀、发酵。规划要建立活动长效机制,要明确相关活动的使命、愿景和战略方向,要明确活动受众范围。其中,战略方向是"讲述高校图书馆阅读推广活动的故事",是口碑营销努力的根本基础,是口碑营销努力的指南。

(二)寻找意见领袖

口碑营销注重顾客体验。顾客对企业的产品、服务以及整个业务流程的整体感受。意见领袖是读者圈内的权威,他们的观点能被其他读者广为接受和支持。意见领袖应该是一个组织,成员包括师生读者代表、学校组织机构代表和高校图书馆内部馆员。特别是高校图书馆馆员,他们不仅能够向团队介绍图书馆提供的资源和服务,而且作为口碑营销的意见领袖,其作用是不可替代的。

(三)确定推广活动

没有任何一种阅读推广活动能够迎合所有读者的喜好,尽管高校图书馆拥有丰富的资源,能够策划出形式多样的阅读推广活动,但是面对数量众多的读者及日益复杂的信息需求,高校图书馆仍要充分发挥"意见领袖"的作用,深入了解读者的实际阅读服务需求,并据此设计出既独特又实际可行的阅读推广计划。同时要认识到口碑营销只是众多营销方法中的一种,它只是阅读推广活动的一种手段,仅仅依靠口碑营销来创立广受欢迎的活动品牌是不切实际也是不恰当的。正所谓,口碑是目标,营销是手段,但真正让这一切成为可能的基础还是高质量的产品或服务本身。只有组织实施符合读者实际需求的活动,才能在读者群体内树立正面口碑,否则会适得其反,形成反面口碑。

（四）建立和谐的客户关系

阅读推广活动内容和形式确定后，高校图书馆需要将活动意义和目标传递给核心读者，并维护好核心读者的关系，让核心读者支持高校图书馆的活动，并作为传播者在其他读者群体中广为宣传其活动。高校图书馆阅读推广活动中的核心读者主要包括教师和学生，图书馆应采取以下措施来促进教师之间、学生之间的交流与讨论。

一是通过研讨会、讲习班或演讲等活动，以图片、PPT和视频等形象生动的途径，将阅读推广活动信息传递给核心读者，让他们了解高校图书馆是他们学习、生活和工作的重要伙伴，而阅读推广活动是提高他们的学习、生活和工作质量的有效手段。

二是利用体验式销售理念，让核心读者切身感受阅读推广活动的过程和实际意义。以他们希望的时间、希望的地点、希望的方式为原则，开展他们实际需求的服务活动。

三是注意收集核心读者对活动的反馈意见，完善活动纠错机制，使活动更趋于科学合理化。在收集核心读者对活动的意见过程中，要特别注意收集那些容易被忽视的"微不足道"的错误，因为这些小的不足，正是口碑营销的致命缺陷。

（五）其他相关工作

谈论者是口碑营销的起点，用户之间的互动交流是关键。为了更方便有效地利用口碑效应，新时期下高校图书馆应该注重运用诱发口碑的宣传工具，如搭建网络平台，利用微博、微信、论坛等新媒体建立口碑营销渠道，方便读者之间的交流和互动。同时，高校图书馆要为阅读推广工作设计形象生动的、独特的活动标识和朗朗上口的活动标语等。

选择合适的形象代言对于提升品牌形象同样至关重要。高校图书馆应基于其特定活动的主题及宗旨，选择形象好、符合活动要求的校内外领导和师生代表为活动代言，并根据活动的变化及时更换活动代言人。

适当的奖励是读者往往无法拒绝的。给读者一定的物质和精神奖励，让他们帮助完成一次正面的口碑传播，将大大加快高校图书馆阅读推广活动的口碑营销进程。例如，鼓励读者将阅读推广活动新闻和网站推荐给其他读者、与其他读者分享活动体验、传播活动作用和意义等。

三、高校图书馆阅读推广口碑营销的注意事项

（一）开展诚实营销

口碑营销不是靠创意取胜，也不是靠炒作一鸣惊人。口碑营销的力量在于其真实性和透明度，它依靠的是真诚的意见分享，无论是正面的还是负面的。用户坚持信任他们的朋友、家人的意见，是因为他们纯粹的、无偏见的意见。高校图书馆在开展口碑营销阅读推广中，一定要坚持开展读者需要和读者有兴趣的活动，能真实有效地促进读者阅读和提升读者素养。同时，要注意建立长效机制，不断适应时代的变化，要维系品牌阅读推广活动的生命力，不能故步自封，忽视对活动质量和效益的评价。

（二）开展内部营销

在多数情况下，许多机构错误地将口碑营销仅视为对外部的营销活动，而组织内部的口碑营销则经常被忽视。实际上，内部的口碑营销不仅有利于馆员对高校图书馆活动目标的支持和理解，而且有利于统一高校图书馆内部工作意见，并在工作中形成合力。同时，在实际营销过程中发现，如果组织内部作为负面口碑信息源的话，其反面效果要比组织外部一般用户的传播效果大得多。所以高校图书馆在进行口碑营销阅读推广时，首先要树立馆员的营销理念，让馆员理解和支持口碑营销。当馆员真心实意地投入到这些活动中去时，他们的推荐与支持相比起一般公众来说更具影响力。通过加强内部沟通和培训，确保馆员成为积极的口碑传播者，可以显著提升整体营销效果。

（三）开展网络营销

口碑营销就像一把双刃剑，既能为组织带来正面的宣传推广效应，也可能因为负面消息的传播给企业带来损害。高校图书馆在进行口碑营销阅读推广时，不仅要注重网络营销平台和渠道的搭建，更要注重收集网络口碑传播的负面消息，并迅速采取有效措施进行处理，及时消除读者对图书馆及其阅读推广活动的疑虑和不满，防止负面口碑的扩散，避免对图书馆声誉造成损害，通过有效的沟通和问题解决，保持图书馆的正面形象和声誉。

（四）开展持续营销

没有任何一种营销策略或方法能够一劳永逸地解决阅读推广中的所有问题，高校图书馆阅读推广服务属于无形的文化产品，其成效难以直观

衡量，同时评估起来也颇具难度。高校图书馆要长期坚持开展阅读推广活动，同时要坚持开展口碑营销工作，要使普通的读者不断升级为口碑传播大使，不断扩大口碑传播的深度和广度。沟通、交流、互动是口碑营销的必要手段，高校图书馆要不断深入开展有价值、有针对性的阅读推广活动，而非仅仅依靠口碑营销，只有通过提供高质量的服务和有意义的活动，才能更有效地吸引和支持读者，进而建立起持久的正面口碑。

（五）开展整合营销

口碑营销虽然具备可行度高、针对性强等特点和优势，但它只是众多宣传推广中的一个环节，将口碑营销从整体营销中单独拿出来，仅依靠口碑营销来塑造活动品牌是既不合理也不高效的。且在核心读者努力进行口碑宣传的同时，高校图书馆还应该同步开展系统的营销和公关工作，使各种宣传推广营销策略互为补充，这才是营销策略的精髓所在。

阅读推广是一项长期而艰巨的工程，无论采用何种营销手段和方法，都是为了提升阅读推广活动效益，不断满足读者的阅读和信息需求。高校图书馆必须要有开放的度和信心，树立营销推广理念，不仅要实现"书有其读者、读者有其书"的高校图书馆价值目标，而且要在有限资源下更有效地达成目标。通过借鉴国内外高校图书馆运用营销知识开展阅读推广实践的成功经验，国内高校图书馆需要敢于超越传统束缚和现有成绩的桎梏，通过不断丰富活动营销手段，应用口碑营销等技术和方法，使各种营销策略互为补充、相辅相成，最终提升阅读推广工作效益，创立活动品牌，并保持活动正面口碑效应的持续发展。

第六章 高校图书馆阅读推广案例分析

第一节 内蒙古医科大学传统医学"真人图书馆"阅读推广活动

中华民族的传统医学,源于悠久历史中的医疗实践与生活智慧的累积,逐渐发展成为一个具有独特理论风格的医学体系,它是中华优秀传统文化的重要组成部分。习近平总书记在全国卫生与健康大会上强调"把人民健康放在优先发展战略地位",2016年中共中央、国务院印发了《"健康中国2030"规划纲要》,其中发展中国传统医学、提高中国传统医学在促进人民健康过程中的地位也成为了目标之一。为科学谋划"十四五"时期全区中医药(蒙医药)事业发展,根据《自治区"十四五"时期卫生健康事业发展规划编制工作方案》要求,自治区卫生健康委组织编制了《内蒙古自治区中医药(蒙医药)事业"十四五"发展规划》,提出"促进中医药(蒙医药)文化传播。要求举办中医药(蒙医药)文化科普活动,推动中医药(蒙医药)文化进校园、进社区、进企业"。

内蒙古医科大学,作为我国民族地区最早建立的高等医学院校之一,始终秉持现代医学与传统医学并重的办学方针,并以蒙医药学为特色,致力于打造具有区域特色的一流医科大学。学校设有中医学院、蒙医药学院以及附属蒙中医院,有多名中医学、蒙医药学领域的专家学者。图书馆为传承发展中华优秀传统医学文化、不断创新阅读推广模式,结合学校特色建立传统医学"真人图书馆"阅读推广活动模式。

一、传统医学"真人图书馆"活动的背景

"真人图书馆"(Living Library)这一概念颠覆了传统图书馆的阅读方

式，在这里，读者并非借阅纸质书籍，而是"借阅"拥有丰富故事和经验的人。这种模式通过直接的人际交流，让读者体验一种全新的"阅读"过程。与传统的图书相比，"真人图书"所带来的不仅是知识的传递，更是一种生活的体验和情感的交流，它能够让读者在对话中学习到更多探求知识的方法和处世的智慧。

自 2018 年起，内蒙古医科大学图书馆将传统医学文化宣传与阅读推广工作有机结合，创建传统医学"真人图书馆"阅读品牌活动。正如耕作需要勤奋才能收获丰饶一样，读书也需要选择好的内容，而"真人图书馆"则提供了与优秀人物交流的机会。通过这一活动，不仅弘扬了中华优秀的传统文化，还提升了大学生的人文和科学素养，使他们能够更好地参与文化建设和社会服务。该活动吸引了更多大学生走进图书馆，通过榜样引领，让学生懂得理解与关爱、勤奋与坚持，在阅读中不断成长。不仅培育了学生的爱国情怀，也激发了他们为社会做出贡献的责任感和使命感，鼓励他们积极投身于国家的进步与发展之中。活动的影响深远，取得了显著的成果，成为推动校园文化建设和学生全面发展的有效途径。

二、传统医学"真人图书馆"阅读推广活动的意义

（一）实现思想政治建设和专业建设协调推进

在新时代中国特色社会主义思想指导下，传统医学领域内的"真人图书馆"活动，作为一种创新性的教育方式，正在成为强化理想信念教育的有效途径。这种形式不仅挖掘了故事中所蕴含的思想政治教育资源，也强调了个人经历中的道德价值和精神内涵，促进了思想政治工作与专业能力培养的有机结合。此举有助于培养全面发展的高素质人才，即在掌握扎实的专业知识和技能的同时，也具备高尚的品德修养和社会责任感。通过立德树人的教育理念，确保每位参与者都能在学习过程中获得思想上的启迪和心灵上的触动，从而形成正确的世界观、人生观和价值观。

（二）弘扬中华优秀传统文化

中国传统医学，作为中华民族多元医学体系的统称，涵盖了汉族（中）医学、藏族医学、蒙古族医学及维吾尔族医学等诸多民族医学，它不仅是中华优秀传统文化的重要组成部分，也是中华民族共同体意识的重要体现。推动传统医学的传承与创新，对于提升民族文化的自信心以及促进全球命运共同体的构建具有不可估量的影响。传统医学"真人图书馆"活动，凭借其"真人讲述、真事展现、真实体验"的独特魅力，有效激发了读者的探索热情与阅读兴趣。将医科大学的专业优势融入到"真人图书馆"活动中，通过传统医学特藏建设强馆，不仅有利于中蒙医药专业人才的培养和学科的创新发展，也有利于传统医药文化的保护、传承与发展。

（三）以数字人文的形式保护传统医学文化、助力学校铸牢中华民族共同体意识教育

传统医学"真人图书馆"数据库是通过数字人文的形式保护和传承传统医学人文精神的具体实践。活动建立了汉蒙双语传统医学"真人图书馆"数据库，是通过数字人文的形式保护和传承传统医学人文精神的具体实践。每场活动都会进行现场拍摄，后期制作剪辑、对视频进行分类、编目后上传至数据库，可供读者长期借阅。不仅为中蒙医药领域专业人才的成长提供了宝贵的学习资源，促进了学科创新与发展，同时也加深了不同民族背景学生对中国传统文化的认同感，强化了中华民族共同体意识。

（四）培养了一支专业化的传统医学"真人图书馆"阅读推广团队

内蒙古医科大学图书馆组建了一支专业化的传统医学"真人图书馆"阅读推广团队。领队由分管阅读推广的业务副馆长担任，成员为传统医学文献信息部4位副研究馆员、技术部1位副研究馆员。分管征集"真人图书"、现场主持、文案策划及宣传推广、视频录制后期制作及数据库建设等工作。

三、活动思路

图书馆秉承立德树人的核心理念，积极投身于北疆文化的传承与创新之中，助力学校铸牢中华民族共同体意识教育工作，大力弘扬"艰苦创业、和衷共济、革故鼎新、洁己奉献"的内蒙古医科大学精神，自2018年传统医学文献信息服务团队创建数字人文传统医学"真人图书馆"阅读推广新模式，推广数字化阅读。活动围绕"知识改变命运"主题，采取线下和线上相结合形式，线下邀请中医、蒙医药著名学者现场交流，推荐影响一生的图书，让同学们零距离感受体验学者的人生经验、治学精神，勇于担当、报效祖国的精神伟力；线上依托自建的汉蒙双语"传统医学文献信息服务平台"，创建汉蒙双语传统医学"真人图书馆"视频数据库，以数字人文的形式保护和传承传统医学人文精神；结合新媒体平台、移动应用程序等多种手段综合运用，推广数字化阅读。

(一）线上形式

线上主要依托内蒙古医科大学图书馆自主研发的"传统医学文献信息服务平台"，成功搭建了汉蒙双语传统医学"真人图书馆"视频数据库，以数字人文的形式保护和传承传统医学人文精神。通过将新媒体平台与移动应用相结合，该平台不仅促进了数字化阅读的普及，还加强了文化的交流与共享，对于弘扬中华民族的优秀传统文化以及增强民族共同体意识具有重要意义。

建设流程主要有：

（1）活动现场的录制。使用录音设备、摄像机、照相机等电子工具，对活动进行音频、视频和图像的采集；

（2）视频内容的审核。为确保网络环境的健康，图书馆成立了专门的审核小组，对录制的视频内容进行严格把关，确保其符合意识形态工作的相关要求；

（3）视频编辑与制作。在此阶段，工作人员会根据活动主持人的讲解，为视频添加适当的片头，并配以准确的字幕说明。同时，会对视频进行必要的剪辑，去除不必要的重复片段或过长的部分，使最终成品既精练又完整，便于观众观看；

（4）蒙汉双语元数据标引。为了方便不同语言背景的用户访问，所有内容进行蒙、汉双语著录。邀请中医学、蒙医药学专业人员对专业术语的蒙汉互译进行审核、把关。对视频进行分类、编目后上传至平台，可供读者长期借阅。

（二）线下活动

"真人图书馆"阅读推广活动自2018年起启动线下活动。活动先后邀请国家和自治区名蒙医学思想及临床经验传承导师、国家级教学团队带头人、自治区名蒙医布仁达来教授、自治区首批名老蒙医专家学术经验继承工作指导老师，自治区第二批名蒙医陶·苏和教授、自治区名老蒙医药专家学术经验传承指导老师色仁那木吉拉教授、自治区医药卫生学科带头人、自治区级名医乌仁图雅教授、自治区新世纪"321人才工程"第一层次入选专家、自治区草原英才松林教授、内蒙古医科大学中医医史文献学研究室主任、中医医史文献专业硕士研究生导师孟永亮副教授作为"真人图书"，围绕"知识改变命运"主题，让同学们零距离感受体验他们的人生经验、读书经历、治学精神，以及专业学习中必备的勤奋坚持、坚韧不屈，勇于担当、报效祖国的精神力量。

四、具体操作流程

（一）征集传统医学"真人图书"

征集途径有"主动邀请"、"他人推荐"及"自我推荐"三种形式。活动初期主要通过"主动邀请"途径在内蒙古医科大学蒙医药学院、中医学院众多专家学者中遴选具有影响力、代表性的杰出传统医学专家，即"真人图书"。做到读书要读好书，阅人要阅优秀的人。

（二）确定"真人图书"讲述选题

图书馆工作人员邀请"真人图书"商谈，介绍传统医学"真人图书馆"活动的形式、确定选题、活动时间、活动地点，并和"真人图书"深入交流，帮助他们梳理讲述的内容，并提供必要的指导，以确保活动能够达到最佳效果。

（三）撰写活动方案

每个传统医学"真人图书"活动，要撰写活动详细的分工及各项事项的准备方案。包括：活动现场设计、宣传海报制作、主持人及主持词、摄像安排、新闻稿撰写、视频分编及安排参与互动学生环节问答等。

（四）活动宣传推广

为了有效推广传统医学"真人图书馆"活动，内蒙古医科大学图书馆采取了线上线下相结合的宣传策略。在线下，图书馆通过在校园内的图书馆、教学楼和学院楼等地悬挂条幅、张贴宣传海报以及开展学科服务等方式，向师生详细介绍活动的主题、时间和地点等关键信息，不仅提高了活动的可见度，也让更多的师生能够了解到这一独特的学习机会。在线上方面，图书馆充分利用其官方微信公众号和网站等数字媒介，广泛宣传活动的具体内容和亮点，不仅可以及时发布最新的活动信息，还能吸引更广泛的受众群体关注，进一步扩大活动的影响范围。

（五）活动现场

传统医学"真人图书"讲述自己知识改变命运的人生，读书对其一生的影响。读者可以零距离讲述治学精神，无障碍分享心路历程、成功的人生经验。在主持人的带领下与嘉宾互动，提问和交流。

（六）新闻报道，扩大影响力

通过图书馆官方网站、微信公众号等新媒体渠道，对每期活动的举办情况进行及时的宣传报道，以此扩大活动的影响力。

（七）收集反馈意见，不断改进提高

活动结束时及时与师生交流参加活动的感想、活动后期线上通过"问卷星"问卷调查等渠道了解师生参加传统医学"真人图书馆"线下活动后的收获、感想以及意见建议等，进一步优化活动方案。

五、不足及改进措施

（一）加强部门之间的合作交流

为了进一步扩大传统医学"真人图书馆"活动的影响力，未来我们将加强与学校宣传部、学生工作处、团委以及学生社团的合作。通过跨部门协作，我们可以更广泛地传播活动信息，并吸引更多学生的参与。通过设置团委"第二课堂"加分吸引更多的学生参与活动；图书馆主要负责活动的策划，由学生工作处"学管会"负责活动的具体执行。

（二）提升精准阅读推广服务

前期举办的传统医学"真人图书馆"活动，并未区分受众群体的专业、年级、爱好等。在今后活动策划中，根据读者专业、年级、爱好需求，举办不同主题的传统医学"真人图书馆"活动，提供更加个性化和有针对性的服务。如针对大一新生，举办以适应大学生活、了解专业方向为主题的活动，帮助他们更快融入校园环境并激发对专业的兴趣；针对大二及大三的学生，聚焦于专业课程的学习，邀请相关领域的专家分享学习方法和实践经验，解决他们在学业中遇到的实际问题；对于即将毕业的大四学生，围绕考研准备或就业指导开展活动，提供实用的建议和支持，帮助他们更好地规划未来的职业道路。

（三）创新发展

传统医学"真人图书馆"活动已成为内蒙古医科大学图书馆一项长期阅读推广服务，目前处于深化和提高阶段，需要不断拓宽视野，继续积极探寻活动发展的新思路。未来要加强传统医学"真人图书馆"活动的运行机制建设，推动活动向纵深发展。我们将积极研究和运用前沿的网络技术和新媒体手段，如5G、大数据、人工智能等，来丰富传统医学"真人图书馆"活动，增强其互动性和公众参与度；利用"5G+全媒体"技术，构建高校图书馆真人阅读服务的理论模型为活动的持续开展提供理论依据；同时，我们将探索运用增强现实（AR）和虚拟现实（VR）技术，打造沉浸式阅读环境，让参与者更直观地体验传统医学的文化底蕴和应用场景。开发基于场景智能适配的阅读服务，根据不同读者的需求和环境，自动调整阅读内容和形式，提供个性化的阅读体验。

第二节　天津财经大学图书馆话剧比赛阅读推广活动

　　大学阶段是大学生提高阅读能力、增加阅读量的黄金时期，但有些大学生在面对各种文化、接触各类媒体时容易产生浮躁心理，不愿意坐下来品读一本书，进而逐渐减少了阅读的时间，陷入了文化快消费的处境。在当下各种快节奏的生活中，阅读这种保持心灵宁静的方法被逐渐淹没在各种眼花缭乱的信息更替之间。网络、手机、电视等多种媒介手段出现之后，高校图书馆传统的阅读推广模式就显得相对单一。读书征文、读书心得等传统的阅读活动对学生的吸引力越来越小，同学们的参与兴趣也呈下降趋势，大学生阅读推广显得力不从心。因此，如何在校园内以更受欢迎的形式推广阅读，成为了亟待解决的问题。在保留传统的基础上，高校图书馆如何创新阅读推广手段，探索更多元化的推广策略，变得尤为关键。天津财经大学图书馆在这方面做出了积极的尝试，连续10年成功举办"书与剧的碰撞，你和我的思扬"话剧比赛，这一活动由图书馆主办，思扬读书会承办。该活动不仅是对阅读推广模式的一次成功探索，也是图书馆积极寻求创新、拓宽阅读推广路径的生动实践。

一、思扬话剧比赛的创立缘由

　　思扬话剧比赛的构想最初是由学生提出的。同学们受中学时代课本剧的启发而萌发要做话剧比赛的想法。中学时代，老师为了调动大家的学习积极性，让大家将书中的经典片段改编成课本剧在舞台上进行展演，如《红楼梦》《梁山伯与祝英台》《雷雨》《荆轲刺秦王》《鸿门宴》等经典片段。走进大学，专业知识学习成为大学生的主要任务，他们很少有时间再从课本中阅读经典。受此启发，一部分学生觉得可以以课本剧的形式进行阅读推广，以前是将课本中的内容搬上舞台，现在可以将名著中的经典片段呈现在舞台上；以前是展演，现在可以用比赛的形式来激发大家的参与热情；以前是原文再现，现在可以根据自己的理解进行创新。

　　此外，天津财经大学图书馆在指导思扬读书会的过程中，发现许多学生对话剧这种艺术形式有着浓厚的兴趣与创作潜力,但这些社团往往受限于展示平台,其优秀剧目大多只能在小范围内传播,难以触及全校范围。而会员遍布各系的思扬读书会恰恰可以成为搭建这个平台的最佳选择。

还有一点也很重要,那就是天津有着深厚的话剧基础,话剧这种艺术表现形式也深受大学生的喜爱,这使得校园话剧成为大学校园文化的载体之一。话剧社团相较于其他学生团体,拥有其独特的性质和魅力,在提升大学生全面素质、丰富校园文化生活中扮演着关键角色,是高素质人才培养和素质教育推进的重要手段,其在校园文化建设及培养全面发展的优秀人才方面的作用不容小觑。目前,天津财经大学拥有多个学生话剧社团,几乎每个院系都有自己的话剧社。校内众多话剧社是基础,而话剧社又是学校众多社团中最受学生欢迎的,这说明话剧这种表现形式是学生最容易接受的,这样就为组织话剧比赛奠定了良好的群众基础。比赛无疑为学生搭建了一个竞争、切磋与交流的平台,这样就调动了大家参与的积极性。

针对这种情况,师生们决定大胆尝试,以经典名著为基础,由思扬读书会牵头组织校内各话剧社团,用话剧形式展现经典名著,将经典名著改编成话剧(片段),把经典名著中静止的画面、无声的场景,以学生的理解视角鲜活地呈现给读者,将其作为我们阅读推广活动新的尝试,这样能有效地激发读者阅读原著的兴趣,提高读者的参与度,从而实现更持久、更广泛的推广效果。

二、主题的选择与诠释

迄今为止,天津财经大学图书馆已经成功举办了 10 届比赛,比赛创建伊始明确话剧比赛的目的是激发大学生阅读的兴趣,帮助大学生养成正确的阅读习惯,最终在校园里形成一定积极的影响,营造大学生崇尚阅读的氛围。话剧的一个很大的优势在于,它能简化深刻枯燥的文学著作。很多大学生无法坚持阅读的一个理由就是书过于枯燥难懂。用话剧来呈现书籍的主题无疑会使书籍变得生动形象,这种方式更容易被大学生接受,有利于提高大学生的参与度。话剧由两个重要的部分组成:一个是优秀的剧本,一个是优秀的表演。经典文学恰恰能够给剧本提供最好的核心价值。不论是对书籍原始故事的改编还是再创作,剧本创作者只有在对该文学价值观深入了解的前提下才能写出完美的剧本。当我们分享这些优秀剧本的时候,更多的读者将了解到这些优秀的书籍。而舞台上的表演将剧本中的文字转化为视觉与听觉盛宴，演员们通过精湛的演技，将角色形象栩栩如生地展现在观众面前，使观众在享受艺术美的同时，也能深刻体会到文学作品的魅力。通过这些表演提高大学生的阅读热情，也许不同的人会有不同的理解，但是引起关注这一目的已经达到。

图书馆、思扬读书会所举办的话剧比赛有别于校内其他部门和社团举办的话剧比赛，其主题"书与剧的碰撞，你和我的思扬"寓意深远。前半句表达了图书馆、思扬读书会选择话剧这一艺术形式对于推广阅读经典书籍的重要看法。这里"书"指的是经典名著，它们是滋养心灵的不朽之作，大学生应该有机会去体验这些作品的独特魅力。图书馆与思扬读书会为此提供了一个舞台，将"剧"的创作方向划分到经典名著这一方面，就是为了让大学生阅读这些书籍，同时也是为了让大学生参与其中，以另一种艺术形式让大学生重新看待阅读和名著。主题的后半句"思扬"两字一语双关。一方面是契合话剧承办方思扬读书会的名字，另一方面寄托了话剧比赛对于大学生放飞思想的期望。释放学生的创造力，促进他们形成更加全面的价值观念，正是这项活动的重要目的之一。

三、活动流程

2024 年 11 月 16 日，由天津财经大学图书馆主办，思扬读书会承办的"书与剧的碰撞，你和我的思扬"天津财经大学第十届校园话剧大赛圆满收官。

（一）开场环节

2024 年 11 月 16 日，天津财经大学图书馆主办、思扬读书会承办的第十届校园话剧大赛在月牙报告厅盛大举行。为了营造一个充满艺术气息的开场氛围，活动特别邀请了校合唱团以及经济 2102 班的季宇轩同学带来了一场视听盛宴。合唱团以和谐美妙的歌声拉开了序幕，而季宇轩同学则用悠扬的二胡独奏为观众们带来了别样的音乐享受。这样的开场不仅预热了现场气氛，也为接下来的话剧表演奠定了良好的情感基调。

（二）评委介绍

本次活动会聚了一支由 5 位校内外知名专家组成的评委团，他们分别是理工学院院长唐承秀老师、后勤保障处处长董君瑞老师、党委宣传部副部长王萍老师、学工部孙庆老师以及校团委崔文瑶玥老师。这些评委不仅在各自领域内拥有丰富的经验和专业知识，而且对戏剧艺术也有着深刻的理解。他们的参与保证了比赛的专业性和公平性,同时也为参赛选手提供了宝贵的指导和建议。

(三)嘉宾致辞

作为此次大赛的重要组成部分,嘉宾致辞环节显得尤为重要。出席本次大赛的主要嘉宾包括天津财经大学图书馆侯宗杰书记、李素梅馆长、王南副馆长以及刘洋副馆长。他们在致辞中表达了对所有参与者和支持者的感谢,并强调了此次活动对于促进校园文化建设、提升学生综合素质的意义。领导们的讲话既是对同学们努力的认可,也是对未来发展的鼓励,极大地激发了大家的积极性。

(四)话剧表演

来自不同院系的7个话剧社依次登台,上演了精心准备的作品。每个剧目都独具特色,充分展示了青年学子的艺术才华和社会责任感。

商学院某某话剧社带来的《雷雨》,将观众带回了那个风雨交加的夜晚,重现了大家庭内部复杂的爱恨纠葛。这部由曹禺创作的经典作品,通过生动的角色演绎和紧张的情节发展,深刻揭示了封建社会背景下人性的复杂性和社会矛盾。年轻演员们用精湛的演技展现了剧中人物内心深处的情感冲突,使观众仿佛置身于周鲁两家几十年的恩怨情仇之中,感受着那段历史时期的沉重与压抑。

统计学院留年话剧社的《无人生还》则带领观众进入了一场惊心动魄的悬疑之旅。改编自阿加莎·克里斯蒂同名小说的话剧,以紧凑的剧情、巧妙的谜题设计和意外不断的结局著称。该剧成功地营造出一种紧张刺激的氛围,让观众跟随角色一同解开谜团,在每一个转折点都屏息凝神,体验到了推理小说的魅力所在。

管理科学与工程学院茹梦话剧社的《万山书院》将师生们的生活与追求交织成一幅幅生动的画卷。这部作品聚焦于教育机构内部的人际关系和社会责任,展现了教师和学生们共同面对挑战时的成长历程。剧中人物形象鲜明,故事情节紧凑,既有温情脉脉的教学互动,也有激烈的思想碰撞,成功地反映了当代教育背景下青年人的理想与现实之间的矛盾冲突。该话剧以其真实性和贴近生活的特质,打动了许多观众的心。

会计学院五味子话剧社改编自欧·亨利同名短篇小说《麦琪的礼物》讲述了世界上最珍贵的礼物不是最贵的,而是充满爱的礼物。这个简单却感人的故事强调了物质之外的情感价值,提醒人们珍惜身边人所付出的真心。演员们细腻入微的表现力让观众深刻体会到那份无私奉献的爱情，同时也传递了一种积极向上的生活态度——即使生活中充满了困难，只要心中有爱，就总能找到希望。

经济学院星光话剧社的《反诈银行》通过幽默诙谐的手法揭示了现实生活中的诈骗现象，并在笑声中深刻意识到了反诈的重要性。这部话剧巧妙地利用喜剧元素来探讨严肃的社会话题，既娱乐了观众又起到了很好的宣传教育作用。剧中设置了一系列令人捧腹的情景，但最终目的是为了提高大家对新型金融犯罪的认识，增强自我保护意识。这种方式不仅使得信息更容易被接受，也为观众带来了轻松愉快的观剧体验。

财税与公共管理学院天堂鸟话剧社的《贵妇还乡》讲述了一个金钱与复仇的故事，描绘了人性中贪婪、嫉妒等复杂情感。该剧通过对一个富有的女性回到故乡后引发的一系列事件进行描写，探讨了财富背后隐藏的人性和道德问题。演员们精湛的演技和紧张刺激的剧情发展，使整个故事充满了张力和悬念，引人深思。观众在观看过程中不仅能享受到视觉上的冲击，还能从中获得关于人生价值观的启示。

艺术学院门话剧社的《从前有座山》则探讨了青年人在父辈面前究竟是挣脱还是顺从的问题。这部话剧深入挖掘了两代人之间的代沟和理解不足所带来的矛盾，通过一系列富有象征意义的情节设计，表达了年轻人渴望独立自主的愿望。剧中角色性格鲜明，情节跌宕起伏，既有对抗也有和解，最终传达出家庭和谐共处的美好愿景。这样的主题选择既具有普遍性又贴近实际生活，能够引起广大观众尤其是年轻群体的共鸣。

（五）评委点评

每个剧目表演结束后，评委之一的董君瑞老师都会为参赛选手做精彩的点评。他从剧本创作、角色塑造、舞台呈现等多个角度出发，给出了中肯的意见和建议。这种即时反馈不仅帮助演员们认识到自身的不足之处，也为未来的改进指明了方向。评委们的真挚话语赢得了全场热烈的掌声，也体现了他们对学生作品的关注和支持。

（六）观众互动

为了增加活动的互动性和趣味性，比赛现场还特别设计了观众参与环节。主办方抽取了30名大众评委，他们不仅可以在台上给心仪的话剧节目投票，还能获得精美小礼品一份。这一举措不仅增强了观众的参与感，也让整个比赛更加贴近群众，形成了良好的交流平台。

（七）评分与颁奖

随着最后一个剧目的落幕，激动人心的评分环节正式开始。在激烈的竞争中，商学院某某话剧社出演的经典话剧《雷雨》取得了大赛一等奖的好成绩。二等奖由门话剧社和星光话剧社获得，三等奖则由留年话剧社、茹梦话剧社、天堂鸟话剧社、五味子话剧社共同获得。此外还评选出了最佳导演奖、最佳编剧奖、最佳男女主角等多个奖项。当主持人宣布结果时，全场爆发出雷鸣般的掌声，获奖者们走上领奖台接受表彰。这一刻不仅是对他们辛勤付出的认可，更是见证了一段难忘的成长历程。

（八）比赛结束

所有表演结束后，主持人宣布比赛圆满结束。随后，在欢快的音乐声中，各团队与嘉宾、评委一同上台合影留念。相机快门按下的一瞬间，记录下了这个充满欢笑与泪水的美好时刻。这不仅是对过去几个月筹备工作的总结，也为未来更多类似的活动留下了珍贵的记忆。

四、活动宣传工作

（一）前期宣传准备工作

"酒香也怕巷子深"，任何一次成功的活动都离不开有效的前期宣传。只有进行积极的对外宣传，活动才能吸引更多的参与者，组织方才能把话剧比赛办得有声有色。对此，图书馆和思扬读书会下设的宣传部通过以下几种方式开展前期的宣传准备工作。

1. 制作多种形式的邀请函、宣传海报

邀请函上简要介绍了比赛的主办方、承办方、内容、形式、时间、地点以及联系人等信息。宣传部将不同的话剧比赛邀请函分别送给学校的各话剧社团、话剧比赛拟邀请的助演社团以及各位评委老师。邀请函由学生专门设计，具有中国水墨风格韵味，淡青色的背景融入了荷花、佛塔等古典元素，富有传统文化的艺术魅力。

宣传部多名学生共同制作多种宣传海报，并根据使用需求从中选出两种，一种贴在学生公寓和人流比较集中的地方，一种放在话剧比赛签到处和比赛现场。

2. 制作三套话剧比赛 PPT

组织方邀请各个参赛话剧社提供本话剧社的简介及参赛剧目的简介，根据他们提供的资料制作 PPT。一套 PPT 用于介绍"书与剧的碰撞，你和我的思扬"话剧比赛的时间、地点,并且简要介绍参赛话剧社及表演剧目,图书馆将该 PPT 在图书馆大厅屏幕上循环播放,以提高活动的知名度。第二套 PPT 在比赛开始前放映,介绍比赛承办社团——思扬读书会,并详细介绍各参赛话剧社和本期参赛剧目的改编书籍。第三套 PPT 用于比赛串场,重点包括开场背景、各个话剧的背景及音乐、颁奖以及闭幕的背景和音乐。

在话剧比赛前 10 天,图书馆通过大屏幕显示话剧比赛倒计时,并介绍活动内容、时间、地点,以倒计时的方式使学生关注本次比赛,并吸引感兴趣的同学前来参加。

与此同时,在活动的三个阶段通过思扬读书会官方微信平台发布活动信息,第一阶段推文介绍初赛的情况,第二阶段推文介绍参赛话剧社的简介、宗旨以及出演过的话剧,第三阶段则是决赛倒计时。通过社团成员的转发扩大影响力。设置最佳人气奖,通过微信平台进行"最具人气的话剧社"的线上投票活动,借助各个话剧社的转发提高活动的关注度和参与度。

(二)媒体宣传

话剧比赛的媒体宣传共分为三个部分:图书馆多媒体宣传、公众号线上宣传以及校园其他媒体宣传。

在图书馆多媒体宣传方面,思扬读书会在比赛两个星期前依据参赛话剧社递交的相关图文资料,由宣传部进行宣传 PPT 的制作,制作完成之后在图书馆大厅的大屏幕上循环播出,并附加决赛倒计时,吸引进入图书馆的学生和教职工的注意,为即将到来的比赛营造氛围。

在公众号线上宣传方面,思扬读书会的公众号提前一个月进行话剧比赛的宣传活动,介绍相关书目,并在决赛前 10 天,以每天介绍一个参赛话剧社和线上投出最具人气奖的方式进行多元宣传。

在校园其他媒体方面,邀请记者团进行跟踪报道,在最具校园影响力的校园新闻上占据一期的头版,利用校园媒体的广泛覆盖扩大比赛的影响力,吸引更多师生的关注和支持。

五、活动带给我们的启示和思考

(一)活动效果

2024 年 11 月 16 日,第十届"书与剧的碰撞,你和我的思扬"话剧比赛圆满落下帷幕。思扬读书会的话剧比赛已经渐渐被大家所熟知,将名著名篇改编为话剧的这种形式也越来越被大家认可和接受，大家通过编排、表演、观赏话剧来感受阅读的乐趣。比赛期间，台上的演员们用精湛的演技诠释他们对名著名篇的理解，以他们独特的方式呈现一出出精妙绝伦的话剧；台下的观众则全情投入，被演员们的精彩表现深深打动，掌声与欢呼声此起彼伏。话剧比赛秉承公平公正、面向所有喜欢读书和话剧表演的学生这一原则，立志为校内话剧社提供一个展现自我的平台，为在校学生提供一场近在身边的话剧盛宴，获得了各话剧社团的认可，并在学生中获得了广泛的赞誉。

（二）活动亮点与提升空间

1. 舞台效果绚丽

从门口的各个话剧社的海报展览到内场的气球彩带装饰，加之以专业的追光灯等，力求给观众提供一场完美的视听盛宴。

2. 社团在逐年的探索中不断前进

各话剧社团演出总体水平不断提高，承办组织水平、手段不断进步。通过地麦以及舞台灯光等，营造更为逼真的舞台效果，同时比赛邀请了专业的评委为话剧进行点评，大大提高了比赛的专业度，各话剧社团得以在比赛中交流成长。

3. 题材多样，内容丰富

商学院某某话剧社的经典再现《雷雨》重现了那个风雨交加夜晚的家庭纠葛；统计学院留年话剧社带来的《无人生还》将观众带入了一场惊心动魄的悬疑之旅；管理科学与工程学院茹梦话剧社的《万山书院》描绘了师生间的生活点滴；会计学院五味子话剧社演绎的《麦琪的礼物》传递了关于爱与牺牲的美好故事；经济学院星光话剧社通过《反诈银行》提醒人们警惕金融诈骗；财税与公共管理学院天堂鸟话剧社讲述的《贵妇还乡》探讨了金钱与复仇的主题；艺术学院门话剧社的《从前有座山》则反映了青年人面对父辈态度的选择。

4. 表演逼真，多种媒介结合

在话剧表演过程中，利用音响、道具、灯光、LED 大屏等营造逼真的舞台效果，每个细节都经过精心设计，从背景音乐到灯光变换，再到道具的合理使用，都为演出增色不少，极大地提升了观众的沉浸感和观赏体验，使观众身临其境。

5. 具有一定的社会影响力

话剧比赛得到了学校师生的热烈反响，在社会上也引起了广泛的关注，激发了更多人对话剧的兴趣，提高了人们对这一艺术形式的关注度。

活动整体上圆满成功，然细思过程，仍有许多可改进之处。例如，如何使名著名篇改编更切合学校整体氛围，场地布置以及装饰怎样有条不紊地提高赛前准备的效率，音响设备如何也让后排观众得到更好的听觉体验，这些都有待今后改进。

（三）启示和思考

1. 放开思路，勇于实践

高校图书馆阅读推广的主要对象是学生，随着时代的发展，不断拓展新的阅读推广形式已成为必然需求。传统的阅读推广模式形式相对单一，对学生的吸引力越来越小，同学们的参与兴趣趋于下降，因此在继承传统的前提下创新阅读推广形式，积极开拓更广阔的阅读推广思路显得尤为重要。话剧比赛作为一种直观且生动的宣传手段，将经典名著以话剧的形式呈现给学生。在名著改编、话剧编排和剧目欣赏的过程中，学生们会自觉地思考和回味名著名篇，话剧本身所具有的潜移默化的教化作用同时也使大学生的自身思想水平得到提高，使他们对文学作品的阅读更加深入和细致。这种阅读推广形式，我们认为完全可以推广到其他图书馆实际工作中，如将话剧形式换作其他剧种或者微电影等，它们都是具有可操作性的。

2. 要善于利用网络等新媒体

微博、微信、小红书等新媒体以其快捷、互动、高效率的沟通等特质引起了大学生强烈的文化共鸣，迅速成为大学生认知世界、发表观点、参与公共事件的主要方式和手段。话剧比赛就采用了微信平台这一目前比较流行的手段，推送话剧比赛剧目及参赛社团消息，组织进行最具人气话剧社团前期网络投票，为正式比赛造势，比赛的过程、结果及相关图片视频也借助微信平台及时推送给学生。信息广泛传播的同时也扩大了活动的影响，已进行的5次话剧比赛，校园网均在显著位置予以报道，后面几届比赛，天津市主流媒体北方网等也第一时间做了详细报道，进一步提高了图书馆在学校和社会中的知名度。

3. 积极探索工作方法，善于活动形式的创新

阅读推广思路、方法、手段、形式要创新，只有创新才能吸引读者，只有读者积极参与，我们才能进行阅读推广，否则一切将成为空谈。我们在阅读推广活动中发现，传统的诸如读书心得交流、新书推介、图书漂流等活动在读者中的影响力趋于下降，读者的主动参与意识越来越弱，如何吸引读者来馆，使其积极主动参与、响应图书馆主办的阅读推广活动，这需要我们积极思考和探索。三次话剧比赛让我们感受到，新颖的、多样化的阅读推广形式更容易被学生所接受，以话剧形式进行的阅读推广比单纯的课堂教育、自己独自阅读书籍更容易被学生接受。实践证明，用话剧这一形式表现名著经典是我们对阅读推广形式的一次成功的探索与尝试，得到了读者的广泛响应。

4. 充分发挥学生社团和学生工作部门的主动性

图书馆承担着日常借阅、参考咨询等繁杂的工作，人员和精力终归有限，阅读推广工作会占用图书馆相当大的人力资源。如果想既做好阅读推广，又尽量少占用图书馆正常人力资源，我们就需要找到一个平衡点，那就是充分激发学生社团和学生工作部门的参与热情，将图书馆的资源与阅读推广活动有效结合，实现资源的最大化利用，从而达到事半功倍的效果。图书馆在活动中起到联络、整合的作用。历届比赛活动充分证明，相信学生，引导和鼓励他们自己组织活动，既能调动他们的积极性，也能节约图书馆人力资源。同时，学生们在话剧的组织、编排与演出过程中，不仅深化了对文学作品的理解，还锻炼了社会实践能力与独立思考能力，实现了个人成长与阅读推广目标的双赢。

第三节　沈阳师范大学图书馆

"以青春之名　赴书香之约"阅读推广活动

在信息爆炸的时代，书籍仍然是知识传承和文化积累的重要载体。沈阳师范大学第十五届读书文化节以"以青春之名　赴书香之约"为主题，旨在响应第二十九个世界读书日的号召，鼓励青年学生通过阅读来丰富自己的精神世界。此次活动不仅是一次校园文化的庆祝活动，也是对传统阅读文化的弘扬，是对现代快节奏生活的一种反拨，强调了静下心来、深入思考的重要性。

沈阳师范大学作为一所高等教育机构，一直致力于培养具有深厚人文底蕴和社会责任感的优秀人才。因此，举办读书文化节不仅是对学生个人成长的支持，也是为了推动整个社会的文化进步。通过一系列丰富多彩的活动，学校希望营造浓厚的学习氛围，激发学生的求知欲，提高其综合素质，同时促进师生之间的交流与合作。

一、"以青春之名 赴书香之约"读书文化节活动的意义

1. 弘扬传统阅读文化的重要性

随着数字媒体的发展，年轻一代越来越多地依赖于电子产品获取信息，而纸质书籍的阅读量却逐渐减少。然而，书本阅读具有一种独特的魅力——它能够让人静下心来，深入思考问题的本质。通过举办读书文化节，沈阳师范大学希望能够唤起学生们对经典文学作品的兴趣，重新发现书籍的魅力。这种活动不仅是对传统阅读方式的一种回归，也是对抗现代社会快节奏生活方式的有效手段之一。它提醒着每一个人，在忙碌的生活之外，还有这样一个安静的空间，可以让我们停下脚步，反思自我，探索未知。

2. 培养具有深厚人文底蕴和社会责任感的人才

作为高等教育机构，沈阳师范大学一直致力于培养具有深厚人文素养和社会责任感的优秀人才。阅读不仅是获取知识的过程，更是塑造人格、提升精神境界的重要途径。通过阅读不同类型的书籍，学生可以获得多元化的视角，理解社会现象背后的复杂原因，并从中汲取解决问题的经验和方法。此外，阅读还可以帮助学生建立正确的价值观和世界观，增强他们对国家和社会的责任感。因此，学校希望通过读书文化节这样的平台，引导更多学生走进图书馆，沉浸在书海之中，从而实现个人成长与社会发展之间的良性互动。

3. 营造浓厚的学习氛围与促进交流

一个良好的学习环境对于学生的成长至关重要。读书文化节通过组织多样化的活动，如主题讲座、读书分享会、创意比赛等，不仅丰富了校园生活的内容，也为师生提供了一个相互交流、共同进步的机会。例如，"热烈青春 共赴未来"主题诵读赛鼓励学生们朗读那些曾经激励过自己的文字；而"观典册 致新知"古籍读享会则为同学们打开了一扇了解古代文化和历史的大门。这些活动不仅能激发学生的求知欲，还能让他们在实践中锻炼表达能力、团队协作能力和创新思维。

4. 推动校园文化建设与社会进步

从长远来看，读书文化节不仅仅是一次短期的庆祝活动，而是构建长期校园文化的一部分。当每一位参与者都能从活动中受益时，整个校园的文化氛围也会随之改变。一个充满书香气息的校园环境不仅有利于学生成长，也能影响到更广泛的社会群体。正如著名作家余秋雨所说："一个民族的精神发展水平，在很大程度上取决于全民族的阅读水平。"因此，通过推广阅读习惯，沈阳师范大学也在为推动全社会的文化进步做出贡献。

二、活动流程

沈阳师范大学第十五届读书文化节从 2024 年 4 月持续至 6 月，活动分为启动阶段、主题活动阶段和总结表彰阶段。每个阶段都有其独特的任务和目标，旨在通过一系列精心策划的活动，激发师生对阅读的兴趣，促进知识交流与文化传承，最终实现个人成长和社会责任意识的提升。

（一）启动阶段（4 月初）

1. 开幕式及活动介绍

启动阶段的核心是召开开幕式，这不仅是整个读书文化节的开端，也是向全校师生展示活动愿景和安排的重要时刻。在开幕式上，校领导将致辞，强调阅读的重要性以及本次活动对于校园文化建设的意义。同时，会详细介绍本届读书文化节的具体安排，包括各项子活动的时间表、参与方式以及预期成果等。此外，还将发布官方指南，为参与者提供详细的指引和支持。

2. 预热活动

为了吸引更多人的关注并营造热烈的氛围，在正式活动开始前的一段时间内，学校组织了一系列预热活动。这些活动形式多样，内容丰富，既有线上的互动环节，如在线投票评选最期待的活动项目，也有线下体验式的活动，比如提前开放部分展览区域供学生参观。预热活动的目的在于激发潜在参与者的兴趣，让他们能够提前感受到即将到来的文化盛宴的魅力。

3. 宣传动员

除了上述具体的预热活动外，宣传动员工作也在这一阶段同步展开。利用校内广播站、海报张贴、社交媒体等多种渠道广泛宣传活动内容及意义，吸引更多的同学参与到活动中来。同时，还特别针对不同年级、专业的学生群体进行有针对性的宣传，确保信息能够覆盖到每一位可能感兴趣的成员。

(二)主题活动阶段(4月中旬至5月底)

1. 特色主题活动

主题活动阶段是读书文化节的重头戏,涵盖了多个具有特色的活动。例如,"书香致远 青春起航"历届文津图书奖获奖图书选展,精选馆藏中历届文津图书奖获奖图书,以飨读者;"观典册 致新知"古籍读享会,则邀请专家或学者带领大家领略古籍的魅力。这类活动不仅展示了图书馆丰富的资源,也为参与者提供了一个深入了解经典作品的机会。

2. 互动性比赛项目

为了增加活动的趣味性和参与度,读书文化节推出了一系列互动性强的比赛项目,如主题诵读赛、创意绘本制作赛、"迷影杯"配音赛等。这些比赛不仅考验了参赛者的语言表达能力和艺术创造力,同时也促进了团队协作和个人综合素质的发展。通过比赛的形式,学生们可以在实践中学习,在竞争中进步,真正体会到阅读带来的乐趣。

3. 专题讲座与分享会

除了丰富多彩的比赛之外,读书文化节还安排了大量的专题讲座和分享会。学校邀请了多位来自学术界、文学界乃至其他领域的知名人士前来讲学,他们带来了最新的研究成果和深刻的见解,帮助同学们开阔视野,启迪思维。同时,也鼓励在校生分享自己的读书心得或者创作经历,形成良好的交流平台,让每个人都能从中受益。

4. 线上线下结合

考虑到现代年轻人的生活习惯和技术条件,本届读书文化节特别注重线上线下相结合的方式开展活动。线上部分包括但不限于微信公众号推送文章、直播课堂等形式,使无法亲临现场的同学也能同步参与到活动中来;而线下则更加注重实际体验,如实地参观、面对面交流等,两者相辅相成,共同构成了一个全方位、多层次的文化交流体系。

(三)总结表彰阶段(6月初)

1. 闭幕式及颁奖典礼

随着各项活动接近尾声,6月初迎来了读书文化节的总结表彰阶段。在这个阶段,首先举办的是闭幕式,它既是本届读书文化节的终点,也是一个新的起点。闭幕式上,将回顾过去两个月里所取得的成绩,并对表现优异的学生团队和个人颁发奖项。这些荣誉不仅是对他们努力的认可,更是激励更多人积极参与未来类似活动的动力源泉。

2. 收集反馈意见

为了更好地评估此次活动的效果，并为下一次举办积累经验，学校会在闭幕式之后专门设立反馈环节。通过问卷调查、座谈会等方式收集参与者的意见和建议，了解他们在活动中的收获与不足之处。这些宝贵的信息将有助于改进未来的活动方案，使之更加贴合实际需求，更具吸引力。

3. 效果评估与展望

最后，学校会对整个读书文化节进行全面的效果评估。这不仅仅是简单的数据统计，更重要的是要分析活动对学生思想观念、行为习惯等方面产生的长远影响。基于此次评估的结果，学校可以对未来的工作方向做出调整，继续深化校园文化建设，推动全民阅读的良好风气形成。同时，也可以借此机会展望下一届读书文化节，提出更高的目标和更创新的想法，不断追求卓越，为培养更多优秀的社会栋梁贡献力量。

三、具体活动

（一）"观典册 致新知"古籍读享会

古籍是中华民族文化遗产的重要组成部分，它们承载着悠久的历史记忆和深厚的文化底蕴。"观典册 致新知"古籍读享会正是为了让更多人领略古籍的魅力而设立。在这个信息高度发达的时代，人们往往忽略了传统文献的价值，但事实上，古籍中蕴含着丰富的思想资源和历史信息，值得我们深入挖掘。

此次活动采用线上线下相结合的形式，在 2024 年 4 月至 6 月间定期举行。首先，学校招募了一批有志于推广古籍文化的主讲人，包括相关专业的教师、研究生和具有一定研究基础的本科生。每位主讲人准备一份详细的 PPT 或视频材料，介绍自己选定的一部或多部古籍，包括但不限于版本特点、主要内容、学术影响等方面。讲座结束后，安排问答环节以及小型竞答游戏，以此加深听众的理解和记忆。对于积极参与的同学，还有机会获得精美礼品作为奖励。

古籍读享会不仅是一次知识分享的过程，更是一个文化交流的平台。它打破了时空限制，让现代人有机会近距离接触古代文明，感受那份跨越千年的智慧光芒。通过这种方式，可以有效提高公众对传统文化的认知度和支持率，进而推动全社会形成保护和利用古籍的良好风尚。

（二）"热烈青春 共赴未来"主题诵读赛

青春是充满活力与梦想的时期，"热烈青春 共赴未来"主题诵读赛正是为了庆祝这一美好时光而特别策划。活动鼓励学生们选择那些曾经打动过自己、激励过自己的美文片段，用声音传递情感，表达内心深处的想法。这不仅是语言艺术的表现形式，也是心灵沟通的一种方式，有助于增进同学之间的理解和共鸣。

本次比赛时间为 2024 年 4 月 8 日至 4 月 25 日，参与者需通过图书馆微信公众号上的朗读小程序录制音频作品提交参赛。作品内容不限，可以是一篇完整的文章、一首诗，也可以是从书中摘录的一段文字。为了确保公平公正，所有参赛作品都将经过专业评审团打分评定，最终选出若干名优秀朗读者给予表彰，并邀请他们参加线下的分享会，与其他爱好者共同探讨阅读带来的感悟。

通过这样的活动，不仅可以锻炼学生的口语表达能力和自信心，还能让他们更加深刻地体会到优秀文学作品的魅力所在。更重要的是，当每个人都能勇敢地站出来分享自己的故事时，整个校园就会变得更加温暖和谐。这种正面的能量也将感染更多的人，使阅读成为一种生活习惯，而不是任务式的负担。

（三）"乘青春之舟 逐时代新浪"《麦田里的守望者》书评征集

"乘青春之舟 逐时代新浪"《麦田里的守望者》书评征集活动，旨在引导学生深入阅读这部经典作品，理解其背后所蕴含的深刻思想，并通过写作表达自己的感悟。《麦田里的守望者》作为一部描绘青少年内心世界的名著，它以独特的视角揭示了年轻人在成长过程中的迷茫、挣扎以及对未来的憧憬。此次活动不仅是一次文学欣赏的过程，更是一个自我反思和成长的机会。

活动时间为 2024 年 4 月 8 日至 5 月 18 日，参与方式多样，包括读书打卡，鼓励参与者每日坚持阅读，并记录下自己的感悟，这不仅帮助建立了良好的阅读习惯，还促进了个人思考和情感表达的能力；读书笔记展览，通过优秀的读书笔记的展示，为其他同学提供了学习的榜样，同时也增进了同学之间的交流与分享，共同进步；原创书评征集，邀请同学们撰写书评，既是对原著理解的一次检验，也是锻炼写作技能的好机会，学生可以将自己对于书中人物、情节或主题的独特见解以文字形式呈现出来，增强自我表达的信心。

通过这样的活动，不仅可以提升学生的阅读能力和批判性思维，还能让他们学会如何用文字表达情感和见解。同时，这也有助于营造良好的校园文化氛围，让更多人关注经典文学的价值。此外，对于那些积极参与的同学来说，这是一个展示自我才华的好机会，他们的作品可能会被更多人看到，从而获得成就感和自信心。

(四)"青春的力量"云支教优秀团队真人图书分享

"青春的力量"云支教优秀团队真人图书分享活动，意在展现当代大学生的社会责任感和服务精神。云支教项目让城市里的大学生志愿者们能够跨越地理限制，为偏远地区的孩子们提供教育资源和支持。这些志愿者们用自己的实际行动诠释了什么是真正的奉献和担当，而这次分享会则为他们提供了一个讲述故事、传递正能量的平台。

活动时间为 2024 年 4 月，邀请曾经参与过云支教项目的大学生志愿者们作为主讲人，讲述他们在支教过程中遇到的挑战和收获。每位主讲人都将准备一段简短的故事，通过 PPT 或视频的形式进行展示，并在现场与听众互动交流。除了正式演讲外，还设置了问答和讨论环节，允许观众提问或者分享自己类似的经历。这样可以加深大家对教育扶贫工作的了解，同时也促进了不同背景人群之间的理解和共鸣。

此次活动不仅是对志愿者们辛勤付出的认可，也为全校师生提供了一次宝贵的学习经历。它让人们意识到，在享受优质教育资源的同时，也应该关心那些仍然面临困难的人群，并且尽己所能去帮助他们。通过这种方式，可以激发更多人的社会责任感，共同为构建更加公平和谐的社会贡献力量。

(五)"师大荐读者"第三届经典好书推荐视频征集

"师大荐读者"第三届经典好书推荐视频征集活动，是为了鼓励全校师生广泛阅读、深入思考，并积极分享自己的读书心得。在这个信息爆炸的时代，虽然网络上充斥着各种各样的信息，但真正有价值的内容往往需要我们静下心来去发现。通过制作和传播高质量的读书推荐视频，不仅可以推广优秀的书籍，还可以培养人们的阅读兴趣和习惯。

活动时间为 2024 年 4 月至 6 月，参与者可以选择一本对自己影响深远的经典书籍，拍摄一段不超过 5 分钟的短视频。视频内容应包括但不限于图书梗概、阅读感悟、推荐理由以及精彩片段诵读等部分。要求语言流畅、逻辑清晰，最好能结合个人实际生活体验来阐述观点。所有参赛作品需上传至学校指定的网络平台（如微信公众号），以便更多人观看和评价。同时，为了保证公平公正，每件作品都将经过专业评审团的打分评定。

通过这一活动，不仅可以挖掘出许多隐藏在学校里的"读书达人"，还能激发更多人对经典书籍的兴趣。当每个人都能勇敢地站出来分享自己的读书心得时，整个校园的文化氛围将会变得更加浓厚。更重要的是，这种正面的影响还将延伸到校外，带动更多人加入到阅读者的行列中来，共同享受知识带来的乐趣。

（六）"青春绘梦影 成长织华章"第四届创意绘本制作赛

"青春绘梦影 成长织华章"第四届创意绘本制作赛以"青春"为主题，鼓励学生用画笔和文字描绘出他们心中的青春画卷。青春是一段充满活力、无惧挑战的人生旅程，每个人都有自己独特的经历和感悟。通过创作绘本，学生们不仅可以表达自己对青春的理解，还能锻炼他们的创造力和艺术表现力。此次活动不仅为校园文化增添了亮丽的一笔，也为参与者提供了一个展示自我才华的平台。

活动时间为 2024 年 3 月至 4 月，参赛者可以单独完成作品，也可以组成不超过三人的小组合作创作。要求围绕"青春"这一主题，创作一本完整的绘本，包括封面设计、故事构思、绘画风格等方面的内容。作品需体现作者对于青春的独特见解和个人风格。所有参赛作品需在规定时间内提交电子版文件（PDF 格式），同时附上简短的文字说明，解释创作灵感和意图。优秀作品将在图书馆内展出，并有机会被收藏进入学校绘本馆，成为永久性的教育资源。此外，还将邀请专业评委进行评审，确保评选过程公开透明。

通过这次比赛，预计能够激发学生的创造力和想象力，提升他们的艺术修养和审美水平。更重要的是，它为年轻一代提供了一个表达内心世界的机会，让他们能够在创作过程中更好地认识自己、理解他人，从而更加珍惜这段宝贵的青春时光。

（七）"青春有我 不负光阴"第五届"迷影杯"配音赛

"青春有我 不负光阴"第五届"迷影杯"配音赛以"让世界倾听中国的故事"为主线，旨在引导学生树立正确的历史观、民族观和文化观，培养他们成为中国文化的传播者。配音不仅是语言技能的展现，更是一种文化传播的方式。通过此次活动，学生们将学会如何用声音传递情感，讲述那些动人心弦的故事，进而增强民族文化自信。

活动时间为 2024 年 4 月 15 日至 5 月 29 日，要求从青春励志、红色青春、青春校园、青春梦想等题材的文化影视作品中挑选一个片段，该片段应具有一定的教育意义和社会价值。根据选定的台词和画面进行中文或外文配音，要求发音准确、情感充沛，能够很好地诠释角色性格特点。将配音后的视频（MP4 格式）上传至指定平台，供评委打分评定。

此次活动不仅能提高学生的语言表达能力和艺术鉴赏力，还能加深他们对中国传统文化的理解和认同感。当年轻人用自己的声音讲述中国故事时，这不仅是个人能力的展示，更是对国家和民族的热爱之情的具体体现。这样的实践有助于培养更多具有国际视野和文化自觉的新时代青年。

（八）"提升信息素养 助力终身学习"第十五届信息检索赛

"提升信息素养 助力终身学习"第十五届信息检索赛是为了强化大学生的信息意识，提高他们获取、评估和利用信息的能力而设立。在这个信息爆炸的时代，掌握有效的信息检索技巧至关重要。通过参加此类竞赛，学生们不仅可以学到实用的知识和技术，还能养成良好的学习习惯，为未来的学术研究和个人发展打下坚实的基础。

活动时间为 2024 年 4 月至 5 月，为帮助参赛者更好地准备比赛，学校将组织多场专题讲座，介绍常用的信息检索工具和方法，如数据库查询、文献管理软件使用等。比赛分为两个阶段，全部采取线上答题模式。初赛主要考察基础知识，决赛则侧重于综合应用能力。题目类型多样，涵盖选择题、填空题、案例分析等。

通过这次竞赛，预计能够显著提升学生的信息化素养，使他们在面对海量信息时能够迅速定位有用内容，做出合理判断。这对于培养创新型人才、推动学术创新有着重要的意义。同时，这也是一种终身学习理念的推广，鼓励大家不断更新知识结构，适应社会发展需求。

（九）"玩转名著 悦读闯关"名著阅读嘉年华

"玩转名著 悦读闯关"名著阅读嘉年华为经典文学作品注入了新的活力。传统意义上的名著往往给人一种高不可攀的感觉，但通过游戏化的设计，可以让这些经典变得更加亲切易懂。此次活动意在打破这种隔阂，让更多的同学愿意主动接触并喜爱上名著。通过一系列有趣的挑战环节，学生们可以在轻松愉快的氛围中体验阅读的乐趣，同时也提高了自己的文学素养。

活动时间为 2024 年 5 月，要求组队参加，每支队伍由三人组成，共同完成各项任务；闯关活动设置了多个关卡，包括抢答、拼图、角色扮演等，每个关卡都与特定的名著相关联。例如，回答关于《红楼梦》的问题、完成《西游记》中的谜题等。除了竞技性项目外，还设有分享会，允许同学们分享自己阅读名著的心得体会，互相交流感受。

此次活动不仅能激发学生对经典文学的兴趣，还能增强他们之间的互动与合作精神。当名著不再遥不可及，而是变成了可以触摸、可以感受的东西时，它们的魅力就会自然而然地显现出来。通过这种方式，我们可以期待更多的人爱上阅读，发现书籍背后隐藏的世界，最终成为更好的自己。

四、反思与启示

沈阳师范大学第十五届读书文化节以其精心的设计和成功的实施，在传播知识、启迪智慧方面发挥了重要作用。它不仅为学生们提供了一个展现自我风采的舞台，更为校园文化建设注入了新的活力。通过这样的活动，我们可以看到，当青春遇上书籍，便能激发出无限可能；而当每一个人都能在书中找到属于自己的那片天地时，我们的社会也将变得更加美好。

（一）活动成功之处

1. 广泛的参与度

本次活动成功地吸引了众多师生的热情参与，这得益于其线上线下相结合的方式。线上平台如微信公众号等新媒体工具的使用，打破了时间和空间的限制，使得更多人能够参与到活动中来。同时，线下丰富多彩的活动形式也增加了互动性和趣味性，激发了参与者对阅读的兴趣。这种双线并行的模式扩大了活动的影响范围，让更多的人受益于这场文化盛宴。

2. 多元化的活动形式

读书文化节涵盖了从静态展览到动态竞赛的各种类型，包括但不限于图书选展、古籍分享会、主题诵读赛、创意绘本制作赛等。这些多样化的活动满足了不同兴趣爱好的人群需求，无论你是喜欢安静地沉浸在书本中的读者，还是热衷于表达自我的表演者，都能在这里找到适合自己的项目。通过这种方式，活动不仅丰富了内容本身，也为每一位参与者提供了展示才华的机会，增强了他们的自信心和成就感。

3. 深化教育功能

除了娱乐性和观赏性外，读书文化节更注重教育意义的传递。它不仅仅是一次简单的阅读推广活动，而是旨在培养学生的阅读习惯和社会责任感。例如，"乘青春之舟 逐时代新浪"《麦田里的守望者》书评征集鼓励学生思考成长过程中的困惑与期望；"青春的力量"云支教优秀团队真人图书分享则展现了当代大学生的社会担当精神。这些活动在潜移默化中影响着年轻人的价值观形成，帮助他们成为有理想、有道德的新时代建设者。

（二）改进空间

1. 进一步加强跨学科融合

尽管本届读书文化节已经包含了多个领域的元素，但未来还可以考虑引入更多元化的学科内容，使活动更加丰富多彩。比如可以结合科学、艺术、体育等其他学科的特点，设计出更具创新性的活动形式。这样做不仅能拓宽学生的视野，还能促进不同专业之间的交流与合作，共同探索未知领域。

2. 提升技术支持水平

随着数字化时代的到来，线上服务平台的功能性和用户体验显得尤为重要。目前虽然已有一定的技术基础，但在某些方面仍存在改进的空间。例如，可以优化在线投票系统，确保评选过程更加公平透明；或者开发专门的应用程序，方便用户随时获取最新资讯和参与讨论。通过加大投入和技术升级，可以为用户提供更好的服务体验，吸引更多人加入到阅读者的行列中来。

3. 注重长期效应

短期活动固然重要，但为了实现可持续发展，还需要构建长效机制。例如可以在校园内设立固定的读书角或定期举办读书沙龙等活动，让阅读成为一种生活方式而非一时兴起的行为。此外，也可以考虑建立一个持续性的奖励机制，表彰那些长期坚持阅读并在其中有所收获的同学，以此激励更多人养成良好的阅读习惯。

第四节　华中师范大学"文华阅读季"阅读推广活动

随着中国社会经济的迅速发展和国际地位的显著提升，国家对于传承和发展中华优秀传统文化给予了前所未有的重视。在全球化日益加深的今天，保持民族文化特色、增强文化自信成为国家发展战略的重要组成部分。为此，中国政府出台了一系列政策文件，如《关于实施中华优秀传统文化传承发展工程的意见》，明确提出了要将传统文化融入教育体系，特别是鼓励学校开展形式多样的传统文化教育活动,以提高全民的文化素养和道德水平。

高校作为人才培养和社会服务的重要基地,在这一进程中扮演着至关重要的角色。高等教育机构不仅是知识传授的场所,更是思想交流和文化创新的中心。因此,高校积极响应国家号召,致力于将传统文化元素渗透到日常教学与课外活动中,以此来丰富学生的精神世界,培养他们的社会责任感和人文情怀。特别是在师范类院校中,这种努力更为关键,因为未来的教师们将在很大程度上影响下一代的思想观念和行为模式。

华中师范大学,作为一所历史悠久且享有盛誉的重点师范类大学,自成立以来就以其深厚的人文底蕴而闻名。学校一直强调学生的全面发展,不仅关注学术成绩,更加重视综合素质的培养。在这样的理念指导下,华中师范大学通过组织各种形式的文化活动,旨在激发学生对学习的兴趣,帮助他们树立正确的人生观和价值观。同时,这些活动还有助于构建一个和谐美好的校园环境,促进师生之间的互动交流,营造积极向上的学习氛围。2022年上半年,华中师范大学图书馆响应时代需求,策划并实施了"读优秀经典,品传统文化"这一主题系列文化活动。该系列活动涵盖了专题讲座、读书会、书评影评大赛以及线上知识竞赛等多种形式,旨在让学生们通过阅读经典著作、参与讨论交流等方式深入了解和体验中华传统文化的魅力。此次活动不仅为学生们提供了一个展示自我才华的平台,也极大地促进了校园文化的繁荣与发展。更重要的是,它激发了学生们对中国传统文化的兴趣与热爱,使他们在享受阅读乐趣的同时,也能深刻体会到传统文化的价值所在,并将其内化为个人成长的动力源泉。

一、活动前期准备

(一)策划与主题确定

2022年上半年,华中师范大学图书馆积极响应习近平总书记关于传承中华传统文化和推广经典阅读的号召,精心策划了以"读优秀经典,品传统文化"为主题的系列活动。这一主题不仅契合了国家对于传统文化传承的要求,也符合学校长期以来致力于培养学生综合素质的目标。活动旨在通过文化育人、书香怡人的方式,将传承优秀传统文化引向深入,让更多的学生在阅读经典的过程中汲取智慧,培养正确的价值观和人生观。

（二）组织与动员

为了确保活动能够广泛覆盖并吸引学生的积极参与，本次活动首次采用了校园"阅读推广人"招募制度的形式。文宣文创中心的老师们指导学生们自发组织起来，形成了一支充满活力的阅读推广志愿者队伍。这些志愿者们群策群力，通过进班宣讲、校园采访等多种方式，迅速在学校内掀起了读书热潮。仅用了三天时间，就建成了一个拥有650名成员的读书活动报名群；一周之内，他们还采访了全校各院院长、关工委老师，以及各年级国奖获得者、"自强之星"、"阅读之星"等榜样人物，为活动的正式开展积极造势，营造了浓厚的文化氛围。

（三）活动内容设计

活动内容丰富多样，涵盖了书评影评大赛、"芸窗共读"阅读打卡、寻找书友、线上线下读书分享交流会、"寻找最美之声"诵读大赛等多种形式。每项活动都精心设计，力求从不同角度引导学生深入理解经典作品的魅力。

书评影评大赛：鼓励学生撰写对经典作品或其改编电影的心得体会，促进对文本的深度解读。

"芸窗共读"阅读打卡：通过每日打卡的方式，帮助学生养成良好的阅读习惯，同时提供了一个交流平台。

寻找书友：搭建线上社交空间，让学生们根据兴趣标签找到志同道合的朋友，共同探索经典书籍。

线上线下读书分享交流会：定期举办线下和线上的读书会，邀请专家学者参与讨论，增进师生间的互动交流。

"寻找最美之声"诵读大赛：通过朗诵比赛的形式，展现经典文学作品的语言之美，提升学生的表达能力和审美情趣。

（四）培训与指导

为了让阅读推广工作更加专业有效，文宣文创中心的老师们对志愿者进行了系统性的培训指导。培训内容包括如何向读者传播读书的价值与意义、增强读者的阅读兴趣、提升读者的阅读能力等方面的知识和技巧。通过这些培训，志愿者们不仅掌握了必要的技能，更重要的是深刻认识到阅读的重要性，从而更加积极主动地投入到活动中去，成为推动校园阅读文化的生力军。

（五）宣传与推广

宣传活动是确保更多人了解并参与到这次盛会中的关键环节。为此，学校充分利用各种媒体资源，通过电视台、图书馆网站全方位宣传报道免费开放的项目和内容。在馆门口制作了醒目的公告牌，详细公示了免费开放的政策措施、服务项目及开放时间，方便师生随时查阅。此外，还发放了大量关于免费开放后读者服务和需求调查表，收集到的意见建议经过归纳梳理后用于整改提高，进一步优化了服务质量。这种透明公开的做法赢得了广大师生的好评和支持，也为未来的类似活动积累了宝贵的经验。

二、具体活动

（一）芸窗共读·院长系列讲座

院长系列讲座通过邀请各学院院长作为主讲人，分享他们对特定经典书籍的独到见解，这一安排不仅彰显了学校管理层对文化传承和学术交流的重视，也为学生们提供了一个难得的机会，能够直接听到高层学者对经典书籍的独特理解和感悟。院长们作为各自领域的权威人士，他们的见解往往具有深刻性和前瞻性，这有助于激发学生的思考，引导他们从不同的角度理解经典作品。

根据各学院的专业特色来确定不同主题，如文学、历史、哲学等领域的讲座，使得内容更加贴近学生的专业背景。这种定制化的内容设计不仅增加了学生的学习兴趣，也帮助他们在自己的专业领域内建立更深厚的文化基础。通过这种方式，讲座不仅仅是一次知识的传递，更是专业素养培养的重要环节。

采取预约报名制，并限制每场人数，保证每位参与者都有足够的机会与院长互动交流。这种方式既确保了讲座的质量，也为学生提供了一个亲密接触学术领袖的机会。在这种小范围的交流环境中，学生可以更自由地表达自己的想法，提出问题，从而获得更有针对性的回答和支持。

（二）芸窗共读·一书一会活动

"芸窗共读·一书一会"鼓励学生自行组成读书小组，每个小组选定一本经典书籍进行共同研读。这样的组织形式促进了自主学习能力的发展，同时也在无形之中培养了团队合作精神。学生们需要学会分工合作，共同解决问题，这对于个人成长和社会交往技能的提升都有着重要的意义。

定期举行的读书会为成员们提供了一个分享阅读心得并就书中某些观点展开辩论的平台。这种深度的交流和思想碰撞能够极大地提高学生的批判性思维能力和语言表达技巧。在讨论过程中，学生们学会了倾听他人的意见,尊重不同的观点,这也是现代公民应具备的基本素质之一。

最终以报告或者 PPT 的形式呈现小组的研究成果,这是一个总结和反思的过程。它不仅锻炼了学生的表达能力和逻辑思维能力,还让他们体验到了完成一个项目所带来的成就感。此外,成果展示也是对学生努力的一种认可,可以激励更多的同学参与到类似的活动中来。

(三)芸窗共读·寻找书友活动

在"芸窗共读·寻找书友"活动中,通过利用线上社交平台创建"寻找书友"专区,极大地便利了有兴趣的同学自由组合,形成新的读书团体。这种基于互联网的互动形式打破了传统交流的时间和空间限制,使得更多的学生能够参与到活动中来。它不仅提供了一个便捷的信息共享平台,也促进了校园内外的文化交流。

基于兴趣标签(如古典诗词、古代小说等)为学生匹配合适的伙伴,让志同道合的人更容易找到彼此。这样的安排有助于提高读书小组的质量,确保成员之间有共同的话题和目标,从而促进更深入的学习和讨论。兴趣相投的学生更容易建立起长期的合作关系,这对于他们未来的学术和个人发展都有着积极的影响。

定期组织线下见面会,增强了书友之间的联系感,同时也为校园增添了更多人文气息。线下的面对面交流能够弥补线上交流的不足,使参与者感受到更加真实和直接的互动体验。这不仅有利于加深成员间的了解和信任,还能够在校园内营造出浓厚的阅读氛围,激发更多同学对经典书籍的兴趣。

(四)"品经论典 书影随行"书评影评大赛

"品经论典 书影随行"书评影评大赛要求参赛者撰写一篇关于某部经典作品的心得体会或对其改编电影的看法,字数不少于 800 字。鼓励学生深入思考和研究经典作品及其影视化表达,培养他们的批判性思维能力和文学鉴赏水平。同时,这也是一次难得的写作练习机会,对于提升学生的文字表达能力有着重要的作用。

评选标准主要从文章结构、论证逻辑、语言表达等多个维度进行评审,选出优秀作品予以表彰。严格的评审标准保证了比赛的专业性和公正性,也为参赛者提供了明确的努力方向。通过参与这样一个高标准的比赛,学生们可以学习到如何构建合理的文章框架,如何用有力的证据支持自己的观点,以及如何使用准确且富有表现力的语言来表达思想。

奖项设置了一等奖、二等奖、三等奖及优秀奖若干名，获奖者将获得荣誉证书以及精美礼品。这样的奖励机制不仅是对参赛者的肯定和支持，也是一种激励措施，可以吸引更多人关注并参与到活动中来。此外，获奖作品还可以作为范例展示，为其他同学提供学习和参考的机会。

（五）图书馆"喜迎二十大·青春逢盛世·奋斗正当时"线上知识竞赛

"喜迎二十大·青春逢盛世·奋斗正当时"线上知识竞赛采用在线答题的形式，题目涵盖党史、国史等相关知识点。这种形式不仅考验了参赛者的知识储备，也提供了一个学习和重温历史的机会。通过参与竞赛，学生们能够更加深刻地理解国家的发展历程，增强民族自豪感和责任感。同时，在线答题的方式使得更多学生可以便捷地参与到活动中来，不受时间和地点的限制。

竞赛设置了初赛、复赛和决赛三个阶段，随着比赛进程逐渐增加题目的难度。这一设计确保了比赛的公平性和挑战性，既鼓励了所有层次的学生参与，又为那些具备深厚知识基础的同学提供了展示自我的平台。分阶段的比赛结构有助于保持学生的兴趣和动力，激发他们不断努力提升自己的知识水平。

除了物质奖励外，还特别颁发了"学习标兵"的荣誉称号，这不仅是对获奖者的肯定，也是一种激励机制，旨在激发广大学生积极参与政治学习的热情。荣誉的认可对于年轻人来说具有特殊的意义，它能够增强个人的成就感和社会认同感，从而进一步促进他们对政治学习的兴趣和投入。

（六）图书馆"知海寻宝"线上知识

"知海寻宝"线上知识竞赛引导学生深入了解图书馆丰富的馆藏资源，包括纸质书籍、电子数据库等。通过这种方式，学生们不仅能够获取更多的学术信息，还能掌握高效的信息检索技巧，这对于他们的学术研究和个人发展都至关重要。了解并充分利用图书馆资源是现代大学生必备的一项技能，而此类活动正是培养这一技能的有效途径。

竞赛设计了一系列有趣的任务，如查找特定文献、解答谜题等，让学生在游戏中学习如何有效利用信息资源。将学习过程转化为游戏体验，极大地提高了学生的参与度和积极性。趣味性的任务设置可以让学生在轻松愉快的氛围中学习，同时也能加深他们对所学内容的记忆。此外，这种寓教于乐的方式还有助于培养学生的问题解决能力和创新思维。

部分任务需要多人协作完成，这培养了学生的团队意识和解决问题的能力。团队合作是现代社会不可或缺的软技能之一，通过共同完成任务，学生们学会了倾听他人的意见，尊重不同的观点，并且能够在集体中发挥自己的优势。这样的经历对于他们未来的职业生涯和个人成长都有着深远的影响。

三、反思与启示

（一）成功之处

此次"读优秀经典，品传统文化"系列活动的成功举办，无疑是全校师生共同努力的结果。通过丰富多彩的活动安排，确实达到了预期的效果。

1. 提升学生兴趣

无论是专家讲座、读书小组，还是线上线下结合的形式，都吸引了大量学生的积极参与。特别是那些原本对传统文化了解不多的同学，在参与过程中被激发了好奇心和探索欲。例如，《论语》《孟子》等经典著作的解读，不仅让同学们获得了更深层次的理解，还让他们感受到了古代智慧与现代生活的紧密联系。这种深度的学习体验极大地增强了他们对传统文化的兴趣，使更多年轻人愿意主动去接触和学习经典作品。

2. 增强文化交流

各类活动有效地促进了校园内不同学科背景之间的交流，形成了良好的学术氛围。无论是院长系列讲座，还是书友活动，都为师生提供了一个跨专业、跨年级交流思想和见解的平台。在这个平台上，学生们不仅可以聆听专家学者的精彩讲解，还能与其他同学分享自己的思考和感悟。不同学科视角的碰撞，产生了许多新颖的观点和深刻的洞见，这不仅拓宽了大家的知识面，也促进了学术思维的发展。此外，这样的交流还有助于打破学科壁垒，鼓励跨学科合作，为未来的学术研究提供了新的思路和方法。

3. 搭建学习平台

活动期间建立的学习平台，如线上社交平台的"寻找书友"专区、定期举办的线下见面会等，极大地便利了学生的自主学习和团队合作。这些平台不仅是信息共享的空间，也是情感交流和共同成长的地方。在线上，学生们可以通过标签匹配找到志同道合的伙伴，共同组建读书小组；在线下，他们则可以面对面地交流心得，讨论问题。这种线上线下相结合的方式，使得学习不再局限于课堂之内，而是延伸到了日常生活中。同时，通过这些平台，学生们学会了如何高效地组织和管理团队，提高了他们的领导力和协作能力。更重要的是，这些平台成为了学生们情感交流的重要场所，帮助他们在共同学习的过程中建立了深厚的友谊。

4. 促进沟通合作

通过组织各种形式的讨论和竞赛，活动加强了师生之间以及同学之间的互动，培养了学生的表达能力和团队协作精神。例如，"品经论典 书影随行"书评影评大赛和"喜迎二十大·青春逢盛世·奋斗正当时"线上知识竞赛等活动，不仅考验了学生的知识水平，还锻炼了他们的逻辑思维和语言表达能力。在准备和参与这些活动的过程中，学生们学会了如何清晰地表达自己的观点，如何倾听他人的意见，并在此基础上进行有效的沟通和合作。团队合作任务的设置，更是让学生们深刻体会到集体力量的重要性，培养了他们的责任感和奉献精神。此外，师生之间的互动也为教学相长提供了宝贵的机会，教师可以从学生的反馈中发现新的教学方向，而学生也能从教师的经验中获得指导和启发。

（二）不足之处

尽管"读优秀经典，品传统文化"系列活动取得了显著的成绩，但在实际操作过程中也暴露出了一些亟待解决的问题。这些问题不仅影响了活动的效果和覆盖面，也在一定程度上制约了其长远发展。

1. 时间安排紧凑

部分活动的时间安排过于集中，导致一些有意愿参加的同学无法全程参与。特别是对于课程繁忙的学生来说，这成为了一大障碍。许多学生反映，由于讲座、读书会等活动多集中在特定时间段，他们不得不在学术任务和个人兴趣之间做出艰难的选择，从而错失了宝贵的学习机会。这种时间上的冲突不仅减少了潜在参与者的人数，还可能削弱学生对活动的兴趣和支持度。长期来看，如果不能有效解决这一问题，可能会降低学生们对未来类似活动的期待值，进而影响校园文化活动的整体活跃度。

2. 场地限制

由于场地有限，某些热门活动的人数受到了严格控制，使得很多想报名的同学遗憾错过。例如，"院长系列讲座"等高人气活动往往因为座位有限而不得不拒绝大量申请者，这不仅影响了活动的覆盖面，也可能挫伤部分同学的积极性。严格的名额限制虽然保证了活动的质量和互动效果，但也意味着许多有兴趣的同学被排除在外。这对于那些渴望深入学习和交流的学生来说无疑是一种遗憾，同时也可能引发不满情绪，影响校园内的和谐氛围。此外，这也反映出学校在资源分配和管理方面存在一定的瓶颈，需要进一步优化。

3. 多样性不足

尽管活动形式多样，但在吸引年轻人关注方面仍有改进空间。传统的活动形式如讲座、读书会等虽然经典且有效，但可能不足以完全满足现代大学生的需求，尤其是在数字化时代背景下。随着信息技术的发展，学生们对新颖、互动性强的学习方式有着更高的期待。传统形式的局限性可能使部分学生感到乏味或缺乏吸引力，尤其是那些习惯于通过互联网获取信息的年轻人。

（三）改进方向

1. 延长活动周期

适当延长活动周期是确保活动质量和覆盖面的重要措施。通过分散各项任务的时间节点，每个活动都能获得更充分的准备和宣传时间，这不仅有助于提升活动的质量，还能让更多人有机会参与到活动中来。例如，可以将系列讲座从几周扩展到整个学期，每周或每两周安排一次，使学生们能够在繁忙的学习日程中灵活调整自己的时间参与。同时，延长周期还可以为后续活动积累口碑，吸引更多潜在参与者。

2. 增加基础设施

加强基础设施建设对于提高活动的接待能力和服务水平至关重要。增加活动场地数量、改善现有设施条件能够有效解决因场地限制导致的报名人数受限问题。此外，图书馆可以考虑与其他机构合作，借用外部资源如社区中心、文化馆等，以扩大活动的空间和影响力。这种合作不仅可以缓解内部资源的压力，还能够促进校园与社会之间的文化交流，形成良性互动。另外，投资于数字基础设施，如建立高质量的线上平台，可以支持更多的在线活动，方便无法到场的同学参与。

3. 引入多元化形式

引入更多元化的活动形式是吸引年轻一代关注传统文化的关键。随着科技的发展，虚拟现实（VR）体验、在线直播等新型技术为传统活动带来了新的生命力。通过 VR 技术重现古代场景或人物对话，学生可以身临其境地感受经典的魅力，增强他们的沉浸感和学习兴趣。利用直播平台分享专家讲座，则能突破时间和空间的限制，扩大受众范围，让更多人受益。此外，还可以探索其他创新形式，如开发互动式电子教材、举办线上线下结合的比赛等，使传统文化更加贴近现代生活，激发学生的创造力和参与热情。

4. 优化报名机制

采用更加灵活的报名方式，如滚动报名、候补名单等，可以显著提高活动的公平性和参与度。滚动报名允许学生在活动开始前的一段时间内随时报名，而不仅仅是集中在初期；候补名单则为未能第一时间成功报名的学生提供了二次机会。这样的机制既保证了活动的人数控制，又不会让有兴趣的同学因为一时疏忽而错过宝贵的机会。此外，可以通过建立一个高效的报名系统，自动处理报名申请并发送确认信息，简化流程，提高效率。

（四）长远影响

此次活动不仅仅是一次简单的阅读推广，更重要的是它为校园文化建设注入了新的活力。它教会了我们如何更好地利用图书馆这一宝贵资源，创造性地将传统文化元素融入到现代教育体系之中。这对于培养学生的创新思维和社会责任感有着不可忽视的作用，也为其他高校提供了宝贵的经验借鉴。

1. 文化传承

通过"读优秀经典，品传统文化"系列活动，中华传统文化在年轻一代中获得了新的生命力和发展空间。学生们不仅学到了丰富的知识，更重要的是学会了如何欣赏和理解传统文化的价值。例如，在《论语》《孟子》等经典著作的解读中，学生们能够感受到古代思想家对人性、道德和社会秩序的深刻思考。这些经典的智慧与现代社会问题相结合，使学生能够从中汲取灵感，以古鉴今，更好地应对现实生活中的挑战。此外，活动还激发了学生们对传统文化的兴趣，鼓励他们成为文化的传播者和守护者，从而确保中华传统文化得以代代相传。

2. 教育创新

活动期间所采用的各种形式——从线上线下的结合到虚拟现实体验，都是教育创新的具体实践。这种多元化的教学手段极大地丰富了传统课堂的内容和方式，使得学习变得更加生动有趣。特别是虚拟现实技术的应用，让学生仿佛置身于历史场景之中，亲身体验古人生活，增强了他们的沉浸感和参与度。这类创新不仅提升了学生的学习效果，也为未来的教育改革提供了宝贵的思路。随着信息技术的不断发展，未来还可以探索更多可能性，如利用人工智能辅助教学、开发互动式电子教材等，进一步推动教育现代化进程。

3. 社会责任感

对经典作品的学习和讨论，使学生们对国家的历史和社会发展有了更深入的认识，进而提高了他们的社会责任感和使命感。通过对《史记》《资治通鉴》等历史典籍的研究，学生们了解到中华民族悠久的历史和辉煌的文化成就，同时也认识到了先辈们为了国家独立和民族复兴所做出的巨大牺牲。这有助于塑造正确的价值观和世界观，激励他们为实现中国梦而努力奋斗。在当今全球化的背景下，这样的教育尤为重要，因为它可以帮助年轻人树立起强烈的国家意识和国际视野，成为具有担当精神的新时代建设者。

总之，"读优秀经典，品传统文化"系列活动的成功举办，标志着华中师范大学在文化传承和教育创新方面的积极探索。它不仅提升了学生的综合素质，也促进了校园文化的建设，体现了教育机构在培养全面发展人才方面的责任和担当。未来，学校可以在此基础上继续深化和拓展相关工作，为推动中华传统文化的繁荣发展做出更大的贡献。

四、结语

华中师范大学图书馆的阅读推广活动致力于传承文化经典，强调演讲和互动并重，融合了知识性、学术性和趣味性，通过引介、阅读和评论经典的一系列行动，使经典文化深植人心，滋养着学生的心灵世界。这些活动不仅丰富了学生们的校园文化生活，也对他们的世界观、人生观和价值观的形成产生了正面影响。

自启动以来，华中师范大学图书馆所组织的经典阅读活动受到了社会各界广泛关注与好评。不仅宣传了华中师范大学图书馆的活动，提升了其在公众心目中的地位和形象，还推广了"好读书，读好书，读书好"的理念，使之成为校园内一道亮丽的风景线。同时，广泛覆盖的媒体报道提升了华中师范大学图书馆的社会影响力，也将原本局限于校园内部的文化氛围扩展到了更广阔的社会层面，使得"书香校园"的概念逐步演变为一个具有深远意义的"书香社会"。

第七章　大数据环境下图书馆阅读推广模式创新

在当今信息爆炸的时代，大数据技术的迅猛发展正深刻改变着我们的生活和社会运行方式。作为文化传承和知识传播的重要场所，高校图书馆也在这一浪潮中积极探索适应新时代需求的服务转型与创新路径。特别是在阅读推广领域，大数据的应用不仅为图书馆带来了前所未有的机遇，也对其提出了新的挑战。

第一节　图书馆智慧阅读推广模式

随着"智能互联、万物融合"的加速到来，国民阅读迎来了前所未有的变革契机。在这个信息爆炸和技术飞速发展的时代，智慧阅读作为一种具有划时代意义的新型阅读方式，正逐步走进大众视野。它不仅极大地降低了阅读门槛、丰富了阅读形态，还拓展了阅读内容，更加保障了读者权利。近年来，随着阅读推广活动受到越来越多的关注，并逐渐获得大规模的发展，高校图书馆作为知识传播的核心机构，也开始积极采用智慧图书馆技术来优化其服务。然而，尽管智慧阅读带来了诸多好处，当前关于高校图书馆智慧阅读推广的研究仍处于起步阶段，相关的理论探讨相对缺乏，需从研究数量、深度、广度上不断增强。面对这一现状，图书馆必须积极探索智慧阅读推广模式的创新路径，这不仅是应对智能互联时代挑战的关键举措，也是实现图书馆事业可持续发展的必然选择。

一、智慧图书馆与智慧阅读推广模式的内涵

（一）智慧图书馆的内涵

智慧图书馆是继复合图书馆和数字图书馆之后，图书馆发展的更高级

阶段。它依托于物联网（IoT）、大数据分析、云计算等先进技术，构建了一个融合化、互动化、可视化、泛在化的智慧数据平台系统。在这个平台上，不仅实现了高效的服务管理质量，还营造了互联的文化数据环境，并创建了多元的信息共享空间。具体来说，智慧图书馆通过以下方面提升服务质量和用户体验。

1. 资源智能化管理：利用 RFID 技术实现书籍自动借还、定位查找；借助大数据分析优化馆藏配置。

2. 个性化服务：基于用户行为数据分析提供个性化的推荐和服务。

3. 多渠道接入：支持多种设备访问，如电脑、平板、智能手机等，确保随时随地获取信息。

4. 社交互动：鼓励读者之间的交流分享，形成学习社区。

5. 智能咨询：引入 AI 助手进行实时答疑解惑，提高咨询服务效率。

6. 虚拟现实/增强现实体验：通过 VR/AR 技术创造沉浸式的学习和娱乐场景。

（二）智慧阅读推广的内涵和特点

智慧阅读推广是指在智慧图书馆框架下，通过全面感知和智能识别读者的阅读特征及其需求，自动设置推广目标及方法，向读者传递匹配的阅读资源，并通过实时跟踪、监控记录阅读全过程及成果，实现个性化推广支持的过程。其核心在于利用先进的信息技术手段，结合现代传播媒介，构建一个开放、共享、互动的学习环境，以激发公众的阅读兴趣，培养良好的阅读习惯，并最终提高整个社会的文化素养。与传统阅读推广服务相比，智慧阅读推广具有以下特点：

1. 以读者为导向的服务模式

在智慧阅读推广中，读者不再是被动的信息接收者，而是成为整个服务过程的核心。传统阅读推广活动通常由图书馆工作人员主导，规定了时间、内容和方式，读者只能依循这些安排参与。然而，在智慧阅读推广下，图书馆进一步开放了其资源和服务工具，允许读者根据自身需求自主筛选资源、定制阅读目标、选择阅读途径以及决定阅读进度。这种高度个性化的服务模式使得每位读者都能够找到最适合自己的阅读方式，从而实现个性化、多元化阅读。此外，智慧阅读推广还提供多层次的支持，例如通过自适应学习平台，读者可以根据自身的学习节奏调整内容难度；利用泛在化的阅读环境支持，读者可以随时随地获取所需信息，进行深度阅读。这种方式不仅提高了读者的积极性和参与度，也为他们带来了更加丰富的阅读乐趣。

2. 强调阅读的互融互通

智慧阅读推广打破了传统单一的虚拟阅读空间限制，通过服务集成构筑一个开放式阅读平台，实现了线上、线下阅读的无缝对接。这种互融互通不仅促进了信息交流，也增强了社区感和互动性，使阅读成为一种更为社交化的活动。例如，读者可以通过在线讨论区或论坛与其他爱好者互动，也可以参加图书馆组织的各种线下读书会、讲座等活动，将线上的阅读体验延伸到现实中来。

3. 实现多视角决策

智慧图书馆系统支撑下的阅读推广，通过大数据的感知分析及智能技术的应用，能最大限度地满足用户不同层次、不同类型需求，其阅读推广内容更精准到位，推广形式更丰富多样，推广对象更全面细致。这种多视角的决策支持，有助于图书馆更好地理解读者需求，优化资源配置，提高服务效率。个性化服务是智慧阅读推广的关键所在。通过大数据分析和机器学习算法，系统能够跟踪他们的阅读行为轨迹，深度挖掘非结构化数据背后隐藏的阅读习惯和偏好，并据此推荐最符合他们口味的内容。例如，AI 驱动的内容推荐系统可以根据用户的兴趣和历史行为动态调整推荐列表，确保每次推荐都尽可能贴近读者的需求。

4. 技术支持下的创新服务

智慧阅读推广充分利用最新科技成果，如人工智能（AI）、机器学习（ML）、自然语言处理（NLP）等，为读者提供前所未有的服务体验。AI 和 ML 技术帮助解析复杂的问题查询，提供更加精确的答案；NLP 技术则能增强人机交互的质量，使读者更容易获取所需信息。而 AR/VR 技术则创造出沉浸式的阅读和学习环境，极大地提升了用户的参与度和满意度。

此外，智慧阅读推广还引入了其他前沿技术，如区块链用于版权保护、物联网用于智能书架管理等。这些技术的应用不仅丰富了服务形式，也为图书馆管理带来了新的思路和方法。例如，智能书架可以自动记录书籍的位置变化，帮助管理员快速定位和归档，同时也方便读者查找自己感兴趣的书籍。

二、图书馆智慧阅读推广模式架构

智慧图书馆作为未来图书馆发展的新趋势,其阅读推广服务是推动图书馆服务创新的重要内容。构建智慧阅读推广模式,关键在于深入挖掘和利用阅读数据,以实现对读者兴趣偏好的精准把握,并通过智慧平台提升读者的数字阅读素养。图书馆智慧阅读推广模式包括三大模块:

(一)智慧门户模块

智慧门户模块是图书馆智慧阅读推广的前端界面,它包括个人、资源、协作三大门户。个人门户提供个性化服务,为读者打造专属的学习空间,增强读者的个性化体验。资源门户则负责馆藏资源的采集、管理、推荐和流转,为读者提供便捷的资源获取渠道。协作门户针对具有共同阅读偏好的读者群体,提供交流和学习的平台,促进读者之间的互动和协作。

(二)智慧图书馆模块

智慧图书馆模块是智慧阅读推广的核心,实现了读者、资源、管理与服务等子系统的集成。这个模块聚集了海量数据,通过智能技术发掘前瞻性信息,为智慧阅读推广提供数据支持。它使得图书馆能够从非结构化数据中提取有价值的信息,实现精准的阅读推广。

(三)推广服务模块

推广服务模块是智慧阅读推广的实施部分,包括前段分析、策略决策、组织实施、评价反馈4个关键环节。前段分析利用智能技术整合多元异构数据,建立数据系统,为推广人员提供深度分析工具,识别读者的阅读特点和行为。策略决策通过数据分析方法构建读者阅读模型,预测阅读趋势,为读者提供个性化阅读环境。组织实施通过智能记录和跟踪读者的阅读行为,掌握读者的情感状况,优化阅读体验。评价反馈则对推广效果进行评估,及时修正推广策略。

三、高校图书馆智慧阅读推广创新服务策略

(一)拓展智慧阅读推广服务的专业特色

一方面要细分读者群体。首先要基于大数据技术深入调查分析,了解各个群体的具体阅读习惯、偏好以及知识水平。对于本科生,由于他们正处于打基础阶段,因此应侧重于提供通识教育类书籍推荐,帮助其建立广泛的知识体系;而研究生则需要更多地接触前沿研究文献和深度阅读材料,

以支持他们的学术探索和个人发展；教职工作为教学科研的核心力量，应该及时获得最新的学术动态和技术进展资讯，以便更新教学内容并指导学生。利用这些信息，图书馆可以实现精准推送服务，确保每位读者都能接收到最适合自己的资源。此外，邀请本校的专业学科带头人及校内外知名专家参与讲座或沙龙活动，不仅能为读者带来权威解读，也促进了师生之间的互动交流，营造良好的学术氛围。

另一方面要做到专业阅读推广与学科教育相结合。智慧阅读推广工作应当紧密结合学科教育，成为课堂教学的有效补充。图书馆馆员需紧跟最新学术趋势，掌握开放获取资源和其他相关文献查找技巧，以此为基础向学生推荐高质量的参考资料。还要加强与各学院教师的合作，根据课程设置和教学目标，协助教师制定合理的阅读清单，引导学生深入理解专业知识，并鼓励他们参与相关的阅读活动，如学术沙龙、专题讲座等。这样，不仅有助于巩固课堂上学到的内容，还可以激发学生的学术兴趣，提高他们自主学习的能力。长期来看，这将对学生未来的科研能力和职业发展产生积极影响。同时，它也有利于构建一个更加紧密的学习社区，让学生感受到学科的魅力所在，进而提升整个校园的文化底蕴。

（二）成立智慧阅读推广服务运营团队

在高校图书馆开展智慧阅读推广服务的过程中，建立一个高效且专业的运营团队是确保各项活动顺利实施、达到预期效果的关键。这个团队不仅需要具备扎实的专业知识和技能，还要有良好的沟通协调能力，以激发各方参与者的积极性，共同推动智慧阅读推广工作的发展。一方面，构建核心团队。核心团队成员应具备图书馆业务的专业知识和沟通协调能力，他们负责制定和执行智慧阅读推广活动规划，确保活动内容丰富、形式多样，以满足不同读者的需求。这些成员需要熟悉图书馆的馆藏资源与服务，能够根据读者的反馈和阅读趋势，及时调整推广策略，以提高活动的吸引力和影响力。另一方面，组建辅助团队。辅助团队由一线教师、技术人员和学生志愿者组成，他们可以根据不同的任务需求灵活组建，实现团队成员之间的优势互补。例如，一线教师可以提供学科专业知识，技术人员可以提供技术支持，而学生志愿者则可以增加服务的亲和力和覆盖面。这种灵活的团队组建方式，能够确保在面对不同挑战时，团队能够迅速调整，以最优的配置应对。此外，成立以学生为主体的智慧阅读推广志愿者团队，可以加强馆员与读者之间的互动交流。学生志愿者更了解同龄人的需求和兴趣，能够更有效地推广阅读活动，同时也能提升自身的组织能力和社交技能。

（三）完善智慧阅读推广服务评价机制

为了提升图书馆智慧阅读推广服务的质量，必须重视读者的反馈信息，并建立有效的评价机制。这不仅有助于提高读者满意度，还能促进图书馆服务质量的持续改进。图书馆应当在各种发布平台上鼓励读者发表关于新书推荐、读书讲座主题以及读书活动形式等方面的评论。通过积极倾听读者的声音，图书馆可以更好地了解读者的兴趣和需求，从而调整其阅读推广策略以更贴近读者的期待。对于收集到的反馈信息，图书馆应该及时进行整理和分析，识别出普遍存在的问题或受欢迎的建议，并据此做出相应的调整。此外，定期召开读者现场座谈会也是一种深入交流的好方法，它提供了面对面讨论的机会，使得图书馆能够直接听取读者的意见，进一步优化服务内容和方式。此外，图书馆需要建立一个全面的评价指标体系，从创新创意、影响范围、读者参与度、读者满意度等多个维度对智慧阅读推广活动进行评价。这样的多维度评价能够全面反映活动的效果，为图书馆提供改进的依据。同时，采取线上问卷调查、线下采访等多样化的评价方式，可以综合评估活动的质量，确保评价结果的客观性和准确性。

（四）制定智慧阅读推广服务长效机制，形成品牌效应

制定智慧阅读推广服务的长效机制并形成品牌效应，对于高校图书馆来说，是提升服务影响力和读者忠诚度的重要策略。构建健全的阅读推广体系是实现长效机制的基础。首先，确保阅读推广团队成员充足，形成稳定的工作力量，是图书馆服务持续发展的关键。通过招募和培养优秀的学生助理馆员，使他们熟悉阅读推广的理论方法，并学会利用馆藏资源帮助读者解决问题，可以增强团队的专业能力和服务效率。同时，制定完善的工作制度，规范阅读推广工作流程，确保每一项活动都能有序进行，提高服务的质量和效率。形成品牌效应是提升智慧阅读推广服务影响力的重要途径。保障活动经费，确保阅读推广活动顺利开展，是形成品牌效应的物质基础。通过充足的经费支持，可以举办更多高质量的阅读活动，吸引更多的读者参与。同时，重视活动质量，打造具有影响力的阅读推广品牌，可以通过定期举办特色活动、邀请知名专家学者参与、利用多媒体平台进行宣传等方式，提升图书馆阅读推广服务的知名度和吸引力。此外，形成品牌效应还需要图书馆不断创新服务方式，

如开发个性化阅读推荐系统、建立在线阅读社区、提供电子书籍和有声书等多元化阅读资源，以满足不同读者的需求。通过这些创新服务，可以增强读者的阅读体验，提升图书馆服务的附加值，从而在读者心中树立起图书馆阅读推广服务的良好形象。

第二节　基于微信平台的图书馆阅读推广模式

微信作为信息传播的重要平台，为图书馆阅读推广提供了新的渠道。利用微信公众平台，图书馆可以及时发布阅读信息，互动性强，能够有效吸引读者关注。近年来，已有不少图书馆开始利用微信公众号来开展阅读推广活动，然而，如何借助这一平台吸引更多的读者，并促使他们从"浅阅读"转向"深阅读"，以增强阅读推广的效果，是图书馆从业者需要持续思考的问题。

一、图书馆微信平台阅读推广的优势

（一）庞大的注册读者群体

随着移动互联网的发展，微信已经成为人们生活中不可或缺的一部分。微信拥有庞大的注册群体，图书馆通过与微信平台合作，能够迅速接触到一个庞大的潜在读者群。这些用户已经习惯于使用微信进行社交互动、信息获取以及在线服务。对于图书馆而言，这意味着他们可以利用已有的用户基础来推广阅读活动，无须从零开始积累用户资源。此外，通过微信平台，图书馆还能更容易地收集用户反馈，了解读者需求，从而提供更加个性化的服务。

（二）微信平台阅读推广投入成本低

相较于传统媒体或实体宣传方式，微信平台为图书馆提供了低成本甚至免费的宣传渠道。图书馆只需开设官方账号，定期更新内容，就可以实现信息的有效传播。这种方式不仅节省了印刷和分发传单等实体材料的成本，也减少了人力资源的消耗。同时，微信提供的数据分析工具可以帮助图书馆更好地评估推广效果，优化营销策略，进一步降低运营成本。

（三）信息传播方式便捷

微信平台的信息传播方式便捷，为图书馆的阅读推广提供了极大的便利。通过微信的即时通讯功能，图书馆能够迅速将最新的图书资讯、

讲座通知、活动预告等信息传递给读者，确保信息的时效性。同时，微信支持的图文消息、视频链接、H5 页面等多种内容展示形式，使得信息呈现更加丰富多样。朋友圈的分享机制进一步扩大了优质内容的传播范围，形成了病毒式传播效应，提升了信息的社会影响力。此外，微信平台的网络传播速度快，使得阅读推广活动能够及时触达读者，增强了推广的实效性。

（四）打破时间和空间的限制，提升用户体验

对于读者而言，微信平台打破了时间和空间的限制。他们可以在任何时间、地点查阅文献，获取最新的阅读推广信息，自主检索所需的信息资源。这种灵活性极大地提升了用户体验，使得阅读推广活动更加贴近读者的生活节奏。

二、图书馆微信公众平台阅读推广存在的问题

（一）平台推广力度不够，内容质量有待提升

许多图书馆对微信公众平台的重视程度不足，导致在推广上的投入有限，宣传手段单一，无法有效扩大平台的影响力和覆盖面。这直接导致活跃粉丝数量的增长缓慢，限制了平台的用户基数。同时，发布的内容往往缺乏深度和创新性，不能充分满足不同层次读者的需求。一些文章只是简单地罗列书籍信息或转载其他媒体的内容，未能提供独特的视角或深入的分析，使得读者难以从中获得新的见解或启发。这种现象不仅削弱了读者的关注度，也降低了他们长期订阅的动力。

其次，阅读推广的效果不尽如人意，反映出服务质量上的欠缺。最后，深度阅读推广的不足揭示了引导性阅读存在的短板。

（二）阅读推广效果不佳，服务质量有待提升

尽管部分图书馆已经意识到微信平台的重要性，并尝试通过推送消息来吸引读者，但实际成效却并不理想。推送内容的质量不高，形式过于单调，没有充分考虑读者的兴趣点和接受习惯。此外，缺乏有效的互动机制也是一个显著的问题。图书馆与读者之间的交流渠道不畅通，反馈机制不健全，导致读者的意见和建议得不到及时回应，从而影响了他们的参与感和归属感。服务质量不高还体现在活动组织上，很多活动策划缺乏针对性和吸引力，未能有效地激发读者的阅读兴趣，进而影响了整体的阅读氛围。

(三)深度阅读推广不足，引导性阅读有待加强

随着移动互联网的发展，"微阅读""在线阅读""云阅读"等形式逐渐兴起，这些便捷的阅读方式确实吸引了大量读者，尤其是年轻一代，进行碎片化和浅层次的阅读。但是，这种趋势也在一定程度上忽略了"深阅读"的重要性。图书馆作为知识传承和社会教育的重要机构，本应发挥引领作用，但在利用微信公众平台开展深度阅读推广方面做得还不够。例如，读书沙龙、专家讲座等有助于深入探讨书籍内涵、促进思想交流的活动相对较少。这表明，图书馆在如何利用新媒体平台引导读者从"浅阅读"转向更深层次的思考和理解方面还有很长的路要走。

三、图书馆微信平台阅读推广服务的优化策略

针对当前我国图书馆利用微信公众平台进行阅读推广时遇到的挑战，图书馆应积极识别并吸引"潜在读者"，将这些尚未活跃的用户引导至微信平台。通过优化服务质量和增强用户体验，可以有效提升用户的黏性和参与度，促使潜在读者开始初步接触和使用图书馆资源，实现从"潜阅读"到"浅阅读"的转变；进一步，图书馆需要引入适当的激励措施和组织丰富的互动活动，以激发读者的兴趣和热情，鼓励他们从简单的浏览或浅层阅读逐渐过渡到更深入的研究和思考，即将"浅阅读"引入"深阅读"。

(一)拓展推广途径，吸引读者关注

在微营销时代，微信公众平台的运营核心围绕着"粉丝"展开。无论是内容营销还是服务营销，缺乏粉丝的关注将使所有精心策划的努力付诸东流。对于图书馆微信公众平台而言，粉丝是接收信息的基础，只有当用户主动选择关注公众号后，才能定期接收到平台推送的内容。因此，公众号的关注度直接决定了阅读推广活动的效果。为了提升图书馆微信公众号的活跃粉丝数量，必须强化营销意识，通过多种渠道和方式宣传推广图书馆的微信公众号。

1. 线下推广

(1)主动邀请读者参与微信平台

图书馆可以通过在馆内显著位置张贴带有二维码的宣传海报或放置流动图书车，当读者前来借阅书籍、参加讲座或其他活动时，工作人员可以主动引导他们扫描二维码关注微信公众平台。这种面对面的交流

不仅能够提高用户的信任感，还能立即解答用户可能有的疑问，增加其关注的可能性。

(2) 激励引导读者关注微信平台

设置"关注有奖""分享有礼"等激励措施，例如提供小礼品或者优惠券作为奖励，鼓励新用户关注微信公众号，并通过社交网络分享给朋友。这种方式不仅可以迅速扩大平台的关注度，还能借助用户的社交圈实现二次传播。

(3) 线下活动与微信平台互动结合

将线下的读书会、讲座等活动与微信平台紧密结合，提前通过微信发布活动信息，吸引读者报名；活动结束后，及时在平台上发布总结报告、精彩瞬间等，保持读者对后续活动的兴趣。此外，还可以利用微信平台进行在线投票、问卷调查等，收集读者意见，增强他们的参与感。

2. 线上推广

(1) 自然裂变推广

一方面利用现有用户进行口碑传播。用户推荐，鼓励已有的忠实读者向身边的亲友推荐图书馆微信公众号，形成口口相传的效果。为此，可以设计一些简单易行且有趣的任务，如连续打卡签到、撰写读书心得等，完成这些任务后可以获得相应的奖励，激励用户积极参与并带动他人加入。社群营销，建立微信群或QQ群，组织专题讨论、知识竞赛等活动，促进成员间的交流互动，同时也为潜在用户提供一个了解图书馆资源和服务的窗口，吸引更多人关注微信公众号。

另一方面设计有趣的互动活动促进分享。趣味挑战，发起诸如"21天阅读挑战"之类的活动，参与者需每天在朋友圈打卡记录自己的阅读进度，这样不仅有助于养成良好的阅读习惯，也能通过朋友之间的相互监督和鼓励，让更多的人了解到图书馆微信平台的存在。定期举办抽奖活动，参与者只需转发特定内容至朋友圈即可获得抽奖资格，中奖者可以获得实体书、电子书卡等奖品，借此吸引大量用户的参与和分享。

(2) 文库引流推广

一方面已是图书馆"潜阅读"用户的转换。在图书馆官网、博客、微博等官方账号上显著位置放置微信公众号的二维码及介绍文字，方便那些已经关注了其他形式图书馆动态但尚未关注微信公众号的读者轻松转移到新的平台上。针对不同平台的特点定制化推送内容，比如在博客文章结尾处添加相关书籍推荐链接指向微信公众号内的详细介绍页面，或者在微博上发布话题讨论的同时引导用户前往微信平台查看更深入的内容解析，以此吸引"潜阅读"用户转移注意力。

另一方面各大社交平台上"潜阅读"用户的引流。软文营销，撰写高质量的文章发布到豆瓣、知乎、百度经验等平台上，在文中巧妙地插入图书馆微信公众号的信息或直接提及公众号内的优质内容，吸引感兴趣的读者点击关注。合作推广，寻找与图书馆目标受众相匹配的个人微信大号或自媒体人进行合作，通过互推、联合举办活动等形式，共同推广图书馆微信公众号，扩大其影响力。同时也可以考虑与本地知名的文化机构、书店等开展跨界合作，借助对方的流量资源进一步引流。

（二）提高服务质量，增强用户黏性

1. 加强内容建设，提升用户关注度

"内容至上"是图书馆微信公众平台发展的重要原则。若一个公众号发布的内容既实用又有趣，并且与用户息息相关，能够迎合用户分享的心理，那么这个公众号就已成功了一半。这样的内容会促使用户自发地分享，进而影响到他们紧密联系的朋友圈，引发基于真实社交关系的传播。图书馆需持续提升内容品质，借助蝴蝶效应，引导读者阅读，增强用户忠诚度。具体来说，可以通过以下几种形式。

（1）定期更新，保持内容新鲜度

持续提供新鲜且有价值的内容是吸引并留住读者的关键。图书馆应制定详细的编辑日程，确保每周或每月都有新的文章、活动预告、书评等发布。定期更新不仅能让老用户感受到平台的活力，还能为新用户提供加入的理由。同时，可以设置固定的栏目，如"本周荐书""月度精选"，形成稳定的预期，鼓励读者养成定期查看的习惯。

（2）结合时事热点，推送相关图书

及时捕捉社会热点，并与馆藏资源相结合进行推送，能够显著提高内容的相关性和吸引力。例如，在重大节日、纪念日或者热门话题出现时，图书馆可以通过微信平台推荐相关的书籍或资料，帮助读者更好地理解这些事件背后的文化和社会意义。此外，还可以邀请专家撰写专题文章，深入解读热点话题，增加内容的深度和广度。

（3）"拆书"活动，经典图书推送

针对经典作品开展"拆书"活动，即按照章节或主题对一本书进行分解介绍，非常适合现代快节奏生活中的碎片化阅读需求。这种方式不仅可以降低阅读门槛，让更多人有机会接触经典，还能够引导读者逐步深入了解整本书的内容。每期推送可以包含精彩片段、作者背景、核心观点以及延伸思考题，激发读者的兴趣和讨论欲望。

（4）增加原创内容，减少无意义转发

原创内容往往更能体现平台的专业性和独特价值。图书馆应鼓励工作人员创作更多基于自身资源和专业知识的文章，避免单纯依赖外部转载。原创内容不仅可以展示图书馆的品牌形象，还更容易引发读者共鸣，促进分享传播。对于确实有价值的第三方内容，可以选择摘要介绍，并附上原文链接，而不是全文复制。

（5）定期发布心灵鸡汤美文，触动读者心灵

在物质丰富但精神相对匮乏的时代，温馨励志的故事、名人名言、生活感悟等类型的文章往往能引起强烈的情感共鸣。定期推送这类内容可以帮助读者缓解压力、获得启发，从而建立起情感连接。这类文章不需要过于正式，更强调真实感受和个人经历，用温暖的文字传递正能量，让读者感受到人文关怀。

（6）用户个性化内容推荐，实现精准推送

利用微信公众平台提供的数据分析工具，图书馆可以根据用户的阅读历史、偏好设置等信息，为每位读者定制个性化的推荐列表。通过精准推送符合个人兴趣的书籍、活动或文章，不仅能提高内容的针对性，还能让用户感受到被重视，进而加深他们对平台的好感度和依赖性。此外，还可以尝试推出订阅功能，允许用户选择感兴趣的主题领域，系统将自动为其筛选并发送相关内容。

2. 加强服务群建设，实现良性互动

（1）建立读者服务群，提高互动频率

创建一个活跃的服务群是促进读者之间以及读者与图书馆之间交流的有效途径。服务群可以作为一个即时通讯空间，用于解答疑问、组织讨论、分享心得等。图书馆可以在群里定期发起话题讨论、举办问答竞赛等活动，鼓励成员积极参与，营造浓厚的学习氛围。同时，也可以邀请专家学者进群讲座，提供专业指导，进一步丰富群内的交流内容。

（2）管理服务群，确保信息质量和互动效果

为了保证服务群的质量和效率，需要建立一套完善的管理制度。首

先，明确管理员职责，负责审核入群申请、维护秩序、处理违规行为等；其次，制定群规，规定发言规范、禁止广告推广等内容，确保交流环境健康有序；最后，注重反馈机制建设，及时回复读者问题，收集意见和建议，不断改进服务方式。良好的管理有助于构建和谐友好的社区文化，吸引更多读者加入并长期留存。

（三）加强互动功能建设，促进读者深度阅读

随着移动互联网的普及和智能设备的发展，微信等社交平台成为了人们获取信息的重要渠道。然而，这些平台上的内容消费往往呈现"碎片化"的特点，即快速浏览、浅层次阅读。对于图书馆微信公众平台而言，为了有效推动从这种"碎片化"阅读向深层次的思考与交流转变，必须强化互动功能，营造一个有利于深度阅读和思想碰撞的环境。

1. 建立激励机制，鼓励读者评论

（1）设立评论奖励制度

设立合理的评论奖励制度是激发读者参与讨论积极性的有效手段之一。通过积分系统或会员等级制度，对积极参与评论、分享读书心得的用户给予相应的奖励，如书籍兑换券、文创产品、优先借阅权等。这种正向激励不仅可以增加用户的黏性，还能形成良好的社区氛围，为深度阅读提供支持。同时，定期评选优秀评论者，并予以表彰，可以进一步提高读者的参与热情，增强他们的成就感和归属感。

（2）举办评论互动活动

除了常规的评论奖励外，还可以策划一些有趣的评论互动活动，例如每月一次的"最佳书评奖"，邀请读者撰写书评并投票选出最优秀的评论。此外，也可以开展主题式讨论月，针对特定书籍或话题进行深入探讨，通过这些活动不仅能够加深读者对作品的理解，还能促进不同观点之间的交流与碰撞，从而达到提升阅读质量和思维深度的目的。

2. 搭建交流平台，引导读者深度阅读

（1）创建专题讨论区

创建专题讨论区是搭建交流平台的一个重要步骤，从而更好地组织和引导读者进行深度阅读。图书馆可以根据不同的学科领域或者热门话题开设专门的讨论板块，比如文学、历史、哲学等。每个讨论区内都可以设置推荐书目列表、经典语录分享以及最新研究动态等内容，帮助读者找到感兴趣的书籍和话题。同时，管理员应积极维护讨论秩序，确保

讨论的质量和效率，使每位参与者都能从中受益。

（2）邀请专家进行在线讲座和答疑

邀请专家学者、作家或者其他领域的专业人士参与到平台中来，举办在线讲座或直播课程，可以极大地丰富平台的内容资源。讲座结束后，安排专门的时间段供读者提问，由嘉宾直接回答疑问。这种方式不仅可以满足读者对于专业知识的需求，还能够建立起一种跨越时空界限的学习交流模式，让更多的读者感受到知识的魅力。

3. 线上线下同步，营造读书氛围

（1）线上活动与线下活动相结合

线上线下的结合能够创造出更为立体的阅读体验。一方面，图书馆可以通过微信公众号发布各种线上活动信息，如电子书展、虚拟读书会等；另一方面，则要注重线下实体活动的策划与实施，如作者见面会、读书沙龙、展览参观等。两者相辅相成，既可以让更多人了解图书馆的服务内容，也能吸引更多的人走进图书馆，享受纸质书籍带来的独特魅力。

（2）创建读书俱乐部，增强读者归属感

创建读书俱乐部是一个很好的方法，它不仅能增进读者之间的情感联系，还可以为他们提供一个固定交流的空间。俱乐部可以定期组织读书分享会、观影会等活动，甚至可以考虑与其他文化机构合作，共同推出特色项目。通过这样的方式，图书馆不仅成为了知识的宝库，更成为了一个充满活力的文化社区，在这里每个人都能找到志同道合的朋友，一起探索未知的世界。

第三节　基于云计算的图书馆阅读推广模式

一、云计算的特点

云计算作为一种新兴的信息技术，具备多个显著特点，这些特点共同构成了云计算的强大优势。云计算的特点主要包括以下几点：一是规模大。云计算平台拥有强大的计算能力，能够处理海量的数据和复杂的任务。云服务提供商通过集中管理和分配资源，实现了前所未有的计算规模和服务效率。二是虚拟化程度高。云计算的基础设施是高度虚拟化的，这意味着用户无须关心物理设备的具体位置或形态。"云"可以在全球任何地方运行,用户只需通过互联网接入即可享受所需的服务。这种灵活性为用户提供了极大的便利性。三是可靠性强。为了确保服务的持续可用性和数据的安全性,云计算采用了先进的容错机制和技术,如数据冗余存储、自动故障转移等。这保证了即使在部分硬件出现故障的情况下,服务仍然可以正常运作。四是通用性强。云计算平台支持多种应用程序和服务的同时运行,能够满足不同行业和应用场景的需求。无论是简单的网页托管还是复杂的大数据分析,云计算都能够提供相应的解决方案。五是扩展性强。云计算可以根据业务需求的变化灵活调整资源分配,实现快速扩展或缩减。这一特性使得企业能够根据实际需要动态管理IT资源,避免了传统IT架构中常见的资源浪费问题。六是按需付费。云计算采用按使用量计费的模式,用户只需为实际使用的资源支付费用。这种方式不仅降低了初期投资成本,还提高了资金使用的灵活性。七是成本低。由于云计算平台的资源共享特性和高效利用,用户的总体拥有成本(TCO)大大降低。过去那些昂贵且耗时的任务现在可以通过云计算以更低的成本和更快的速度完成。

二、云计算的经济效益和社会效益

云计算的应用已经深入到各个领域,从金融到医疗,从教育到科研,它所带来的经济效益和社会效益是多方面的。

首先,在经济效益方面,云计算为企业和个人提供了更加经济高效的IT解决方案。对于中小企业而言,它们不再需要大规模的投资来建立自己的数据中心;而对于大型企业来说,则可以通过云计算优化资源配置,减少不必要的开支。此外,云计算促进了软件即服务(SaaS)、平台即服务(PaaS)和基础设施即服务(IaaS)等新型商业模式的发展,推动了整个IT产业的进步。

其次,在社会效益方面,云计算有助于提升公共服务的质量和效率。例如,在教育领域,学生可以通过云端获取丰富的学习资料和在线课程;在医疗行业,医生可以借助云计算进行远程诊断和治疗方案的制定。同时,云计算也为政府机构提供了更便捷的数据共享方式,增强了决策的科学性和透明度。

总之,云计算以其独特的技术特点和广泛的应用价值,正在深刻改变着我们的生活和工作方式，并为社会带来了巨大的经济效益和社会效益。随着技术的不断进步，云计算将继续在全球范围内发挥其重要作用，成为推动数字化转型的重要力量。

三、云计算类型

云计算作为一种革命性的信息技术，根据其架构和业务模式主要分为三种类型：公共云、私有云和混合云。每种类型的云计算都有其独特的特点和适用场景，满足不同组织在灵活性、安全性及成本效益方面的需求。

（一）公共云

公共云是由第三方云服务提供商（如亚马逊 AWS、微软 Azure 等）提供的计算资源和服务，这些资源和服务对公众开放。用户无须担心基础设施的建设和维护，因为这些工作完全由云供应商负责。公共云的优势在于其规模经济效应——由于多个客户共享相同的物理资源池，因此单个用户的成本显著降低。此外，公共云提供了高度的弹性和可扩展性，使得企业可以根据需求快速调整资源使用量。然而，对于一些对数据隐私和安全有严格要求的企业来说，公共云可能不是最佳选择，因为它们的数据将与其他客户的资料存储在同一环境中。

（二）私有云

与公共云相反，私有云部署在一个特定组织或企业的防火墙之内，专门为该组织提供定制化的服务。私有云允许企业对其 IT 环境拥有更高的控制权，并能确保敏感信息的安全性和合规性。企业可以自行管理硬件和软件资源，优化资源配置以适应自身业务需求。虽然私有云提供了更高级别的安全性和性能保证，但它的初期投资较大，且长期运营成本也不容忽视。建立和维护私有云需要专业的技术团队和持续的资金投入，这对小型企业和预算有限的组织构成了挑战。

（三）混合云

混合云结合了公共云和私有云的优点，为用户提供了一个更为灵活的选择。它允许企业在内部构建私有云来处理关键任务和敏感数据，同时利用公共云作为补充资源，用于应对突发的工作负载或进行灾难恢复。这种组合方式不仅提高了系统的整体可靠性，还降低了成本，因为企业只需在必要时租用额外的公共云资源。混合云模型特别适合那些既有严格安全要求又希望享受云计算带来的灵活性和成本优势的企业。不过，实施混合云策略比单独采用私有云或公共云更加复杂,因为它涉及到跨平台的管理和集成问题。

四、云服务模式

(一)软件即服务(SaaS)

SaaS 是一种通过互联网提供软件应用程序的方式,用户无须购买或安装任何本地软件。相反,他们只需支付订阅费用即可访问由供应商托管的应用程序。这种模式极大地降低了用户的前期成本和技术门槛,使得即使是小型企业和个人开发者也能享受到高质量的企业级应用。例如,云计算 ERP 服务就是 SaaS 的一个典型例子,它允许企业根据实际使用情况灵活付费,而不必承担高昂的许可费和其他相关成本。此外,所有与软件相关的维护和支持工作均由服务提供商负责,确保了系统的稳定性和安全性。对于用户来说,这意味着可以将更多精力集中在核心业务上,而不是 IT 基础设施的管理。

(二)平台即服务(PaaS)

PaaS 提供了一个完整的开发和部署环境,包括操作系统、编程语言执行环境、数据库管理和 Web 服务器等。开发者可以在这样的平台上构建自己的应用程序,并直接面向终端用户提供服务。PaaS 的优势在于它简化了应用程序的创建过程,减少了对底层硬件和操作系统的依赖。这不仅加快了开发周期,还降低了运维复杂度。比如,一个初创团队可能没有足够的资源来搭建和维护自己的服务器,但借助 PaaS 平台,他们能够迅速启动项目并将其推向市场。同时,PaaS 平台通常还提供了丰富的工具和服务来支持持续集成、自动化测试等功能,进一步提高了开发效率。

(三)基础设施即服务(IaaS)

IaaS 则是将计算资源、存储资源以及网络连接等基础架构以服务的形式提供给用户。用户可以根据自身需求选择所需的虚拟机实例类型、存储容量及网络配置等参数。IaaS 模式下的用户拥有较高的控制权,他们可以选择自己需要的操作系统、中间件和应用程序,并对其进行配置。尽管如此,用户仍然不需要关心物理硬件的具体细节,因为这些都是由 IaaS 提供商来管理和维护的。这种方式非常适合那些希望定制化自己运行环境但又不想投入大量资金建立自有数据中心的企业。

（四）云服务框架模型

在云服务生态系统中，涉及到多个角色之间的协作，包括但不限于服务用户、服务管理员、服务供应商和服务设计人员。这些参与者通过一个复杂的交互网络共同构成了云服务的运作机制。设计人员负责创建各种服务，而用户则通过发送请求获得所需资源；与此同时，供应商后台管理员确保整个系统的平稳运行，从安全监控到性能优化无所不包。这种分工明确的合作模式不仅促进了技术创新，也为不同规模的企业和个人提供了前所未有的灵活性和成本效益。

五、云计算为图书馆带来发展机遇

云计算技术的迅猛发展正深刻改变着数字图书馆的管理模式、服务模式和功能定位，为高校图书馆带来了前所未有的发展机遇。通过"云存储"、资源整合以及促进"泛在图书馆"服务的实现，云计算正在重塑图书馆的服务生态。

（一）"云存储"降低了数字图书馆的管理成本

云计算提供了一种全新的信息技术架构实施方式，使得信息技术应用变得如同使用水、电、煤气等公共设施一样便捷——用户可以随时定制、随时取用，并按需付费。对于图书馆而言，"云存储"意味着大量的电子资源，不论是自建还是购买的，都可以安全地存储在云端。这种转变不仅大幅减少了硬件投资和维护成本，还解决了电子资源数据增长与存储空间不足之间的矛盾，同时也缓解了知识信息爆炸式增长与图书馆馆藏能力有限的问题。"云存储"的引入提高了电子资源的利用率，促进了标准化、低成本的云存储建设，实现了资源的共建共享，进一步推动了图书馆间的信息交流与合作。

（二）加快资源整合进程

云计算的核心理念在于"整合"，它不仅具备强大的硬件能力，还能高效地管理和整合存储的数据。在图书馆系统中，各种类型的资源——包括电子资源、馆藏书目数据、自建数据库等——可以通过一个统一的"云"平台进行整合，形成高度融合的信息体系。这样的"行业云"或"区域云"构建了一个"信息共享空间"，使读者能够享受到更加全面和专业的云服务。例如，通过云计算平台，不同图书馆之间可以更容易地共享稀有文献、学术论文和其他宝贵资料，从而打破了地域限制，提升了信息服务的质量和效率。此外，云计算还可以支持跨库检索和一站式访问，极大地简化了用户的查询过程，提高了信息获取的速度和准确性。

（三）促进"泛在图书馆"服务的实现

"泛在图书馆"是未来图书馆发展的必然趋势，其核心在于提供不受时间和地点限制的信息资源服务。云计算为此提供了坚实的技术支撑，因为它不仅仅局限于计算机终端，而是整合了笔记本电脑、智能手机、平板电脑等多种移动设备，借助强大的无线网络功能，确保用户能够在任何时间、任何地点访问所需的信息资源。随着云技术的不断深入应用，图书馆将不再局限于实体建筑内，而是扩展到虚拟世界中，成为真正意义上的无边界知识中心。这不仅提升了图书馆服务的便捷性和广泛性，也满足了现代读者对即时性和个性化需求的期望。云计算所支持的"泛在图书馆"还将推动图书馆从传统的信息保管者向信息导航者和服务提供商的角色转变，为用户提供更加智能、个性化的阅读体验。

六、"图书馆云"展望

对于图书馆而言，"OCLC 云"的出现标志着图书馆云计算已经开始。然而，当前"OCLC 云"还只是一朵"私有云"，距离理想中的"公有云"尚有一段距离。为了真正步入"云服务"时代，图书馆需要经历一个长期的发展过程，并且这一进程离不开 IT 部门、IT 产业、图书馆以及热心用户的共同努力。

（一）图书馆所需的"云"

未来的图书馆云平台将充分利用云计算技术，把海量数字化资源通过移动终端设备展现给全球任何角落的用户，实现不受时间地点限制的数字浏览、阅读和下载等服务。这不仅意味着用户可以随时随地获取所需信息，也预示着图书馆将从传统的实体空间转变为无边界的虚拟知识中心。图书馆的具体"云"服务如下。

1. 软件服务

在图书馆云环境中，各种软件应用——如图书馆自动化集成系统、办公自动化管理系统、数据库建设系统、网站管理系统等——都将作为网络服务提供给用户。这种模式减少了对本地硬件的依赖，简化了系统的维护工作，提高了服务的稳定性和可靠性。同时，用户可以根据自身需求灵活选择和使用这些软件服务，享受更加个性化和便捷的服务体验。

2. 存储服务

通过云存储服务，图书馆可以将大量的数字资源存放于云端，无须再进行本地镜像备份。这种方式不仅节省了物理存储空间，降低了管理成本，还增强了数据的安全性和持久性。更重要的是，它促进了资源的共建共享，使得不同地区、不同机构之间的信息交流变得更加容易。

3. 数据服务

作为"云"服务的供应商，中心图书馆能够提供本地数据以及其他业务相关的服务。例如，它可以向其他图书馆或研究机构提供特定领域的文献资料、统计数据等。通过这种方式，图书馆不仅可以扩大自身的影响力和服务范围，还能为学术研究和社会发展做出更大贡献。

4. 平台服务

引入云计算基础设施，搭建"私有云"以满足本地或局部应用的需求，是图书馆云建设的重要组成部分。这样的私有云平台可以为图书馆提供一个安全可靠的操作环境，支持定制化的开发和服务部署，同时也便于管理和控制内部资源。

5. 网络整合服务

为了提供更全面的服务，图书馆作为服务供应商应当致力于整合多家图书馆的云平台和资源，实现跨"云"的操作与共享。这不仅有助于打破信息孤岛现象，提升整体服务水平，也为用户提供了更为丰富的信息来源和更广泛的选择。

（二）图书馆云的未来

展望未来，随着云计算技术的不断成熟和完善，大多数图书馆将不再需要配备庞大的机房设施，所有业务、资源服务及资源建设都可以通过"云"来完成。这意味着普通图书馆只需成为大型"中心图书馆"提供的"云"服务的使用者，而无须自行构建复杂的系统架构。在这种情况下，读者可以通过个人身份信息登录"云"系统，轻松获得图书借阅、信息查询、参考咨询等一系列服务。

未来，图书馆的所有资源都将放置在"云"上，图书馆利用"云"平台进行数字资源整合，包括馆际互借、资源共享等功能都将通过"云"来实现。整个图书馆行业将成为一片"云海"，其中每一个图书馆都是这片"云海"中的一部分，共同构成了一个庞大而有序的信息生态系统。

此外，图书馆工作人员的工作方式也将发生巨大变化。他们只需打开浏览器,在"图书馆云"的统一身份认证系统界面上输入用户名和口令,即可迅速进入工作状态。无论是在家中还是办公室,只要接入互联网,就能继续未完成的工作任务,极大地提升了工作效率和个人灵活性。

在"云"中访问资源、请求服务,就像人们平常使用水、电、煤气等公共设施一样自然方便。用户可以随时获取最新的研究成果、珍贵的历史文献或是实用的技术指南,而无须担心设备兼容性或地理位置的限制。让我们共同期待这朵"云"的到来。

参考文献

[1] 阿尔贝托·曼古埃尔. 夜晚的书斋[M]. 杨传纬, 译. 上海：上海人民出版社, 2008.

[2] 奥利弗. 通向白宫之路：奥巴马赢得大选的20场演讲[M]. 刘琳红, 译. 北京：中国青年出版社, 2009.

[3] 边振玉, 黎浩. 报纸阅览室老年读者服务刍议[J]. 河北科技图苑, 2006（6）：71-72, 8.

[4] 蔡红, 唐秀瑜. 浅阅读时代图书馆的深度选择[J]. 图书馆, 2007(3)：41-43, 46.

[5] 曹培根. 阅读指导[M]. 苏州：苏州大学出版社, 2003.

[6] 陈晖. 高校图书馆数字阅读推广评价研究[D]. 济南：山东大学, 2017.

[7] 陈婧, 周晨. 我国高校真人图书馆的建设现状、误区与对策研究[J]. 国家图书馆学刊, 2018, 27（3）：30-38.

[8] 陈有志, 赵研科. 协同背景下的阅读推广体系实证研究——以湖南省高校"一校一书"活动为例[J]. 高校图书馆工作, 2014（2）：6-9.

[9] 陈远方. 智慧图书馆知识服务延伸情境建构研究[D]. 长春：吉林大学, 2018.

[10] 程焕文, 张靖. 图书馆权利与道德（上）[M]. 桂林：广西师范大学出版社, 2007.

[11] 辞海编辑委员会. 辞海[M]. 上海：上海辞书出版社, 1999.

[12] 董竞成, 张红英, 乌兰, 等. 中国传统医学中的人文精神[J]. 中国医学人文, 2015（1）：20-23.

[13] 范并思. 阅读推广与图书馆学：基础理论问题分析[J]. 中国图书馆学报, 2014（5），4-13.

[14] 范并思. 构建中国图书馆核心价值体系之思考[J]. 图书与情报, 2015（3）：50-55, 140.

[15] 范并思, 王巧丽. 阅读推广的管理自觉[J]. 图书馆论坛, 2015(10)：8-14.

[16] 方卫平, 王昆建. 儿童文学教程[M]. 北京：高等教育出版社, 2009.

[17] 冯长美. 图书馆为农村老年读者服务探索[J]. 科技情报开发与经济, 2006（6）：75-76.

[18] 高飞. 从文化差异的视角探析中西方真人图书馆发展之不同[J]. 图书馆理论与实践, 2019（7）：17-20, 50.

[19] 高凯. 高校图书馆管理工作与校园文化建设研究[J]. 时代报告, 2022（07）：110-112.

[20] 高丽娟. 高校图书馆阅读推广服务与创新性思考[J]. 兰台内外, 2022（22）：76-78.

[21] 高源. 高校图书馆阅读推广活动工作标准化初探[J]. 中国标准化, 2022（14）：168-170.

[22] 高玉洁, 王景文, 廉立军. "双一流"背景下高校图书馆阅读推广服务研究[M]. 北京：北京工业大学出版社, 2019.

[23] 郭大方, 李明辉. 中国共产党六十年执政理念的探索与实践[M]. 北京：国防工业出版社, 2010.

[24] 郭春花. 高校图书馆管理与阅读推广实践研究[M]. 汕头：汕头大学出版社, 2022.

[25] 黄俊贵. 关于读者阅读权益问题的思考[J]. 图书馆, 2003（2）：1-5.

[26] 黄葵. 智慧图书馆视角下的阅读推广研究[M]. 天津：天津科学技术出版社, 2019.

[27] 胡继武. 现代阅读学[M]. 广州：中山大学出版社, 1991.

[28] 贾荟珍. 基于大学生阅读行为的高校图书馆阅读推广研究[D]. 天津：天津工业大学, 2018.

[29] 姜微君. "互联网+"背景下高职院校图书馆阅读推广促进策略研究[D]. 杭州：浙江工业大学, 2017.

[30] 蒋逸颖. 高校图书馆微信阅读推广现状及改善策略研究[D]. 湘潭：湘潭大学, 2017.

[31] 金立凤. 浅谈高校图书馆新媒体阅读推广策略[J]. 内蒙古科技与经济，2022（08）：138-139.

[32] 康健明，黄征."双一流"高校图书馆经典诵读阅读推广调查与研究[J]. 办公室业务，2022（13）：72-75.

[33] 孔瑞林. 高校图书馆阅读推广研究[M]. 济南：山东教育出版社，2019.

[34] 练小川. 数字时代的阅读[J]. 出版科学，2009（2）：16-20.

[35] 李长喜. 中国大学生百科全书[M].沈阳：辽宁教育出版社，1996.

[36] 李东来. 让人文素养成为社会"新风尚"[N]. 青海日报，2021-05-02.

[37] 李劲. 论浅阅读时代图书馆对大众阅读的深度引导[J]. 图书馆学研究，2008（4）：79-81，75.

[38] 李明. 高校图书馆阅读推广研究[M]. 北京：朝华出版社，2019.

[39] 李瑞记. 图书馆阅读推广融合发展研究[M]. 天津：天津社会科学院出版社，2024.

[40] 刘洪辉. 图书馆阅读自由杂谈[J]. 图书馆建设，2013（9）：12-13.

[41] 刘昆. 名著经典 缘何"死活读不下去"？[N]. 光明日报，2013-10-17.

[42] 刘青青."双一流"建设高校图书馆微信平台辅助学科研究[D]. 合肥：安徽大学，2018.

[43] 刘时容. 且为繁华寄书香：高校图书馆阅读推广理论与实务[M]. 北京：新华出版社，2018.

[44] 刘洋. 高校图书馆阅读推广研究[M]. 北京：中国华侨出版社，2021.

[45] 罗德红，龚婧. PISA、NAEP 和 PIRLS 阅读素养概念述评[J]. 上海教育科研，2016（1）：34-37.

[46] 吕林珊. 图书馆阅读推广策略与方法研究[M]. 长春：吉林摄影出版社，2023.

[47] 吕雪梅. 美国高校"新生共同阅读计划"及其启示[J]. 图书馆建设，2014，（12）：66-70.

[48] 孟凡芹. 新媒体视角下高校图书馆阅读推广模式的评价研究[D]. 绵阳：西南科技大学，2018.

[49] M. H. 艾布拉姆斯. 镜与灯——浪漫主义文论及批评传统[M]. 郦稚

牛，张照进，童庆生，译.北京：北京大学出版社，2004.

[50] 内蒙古自治区中医药(蒙医药)事业"十四五"发展规划[EB/OL].（2024-05-20）[2022-04-26]. http://wjw.nmg.gov.cn/zfxxgk/fdzzgknr/ wjzt/202204/t20220426_2045882.html.

[51] 牛丽.浅谈公共图书馆面向老年读者的服务工作[J].图书馆学研究，2005（2）：76-77.

[52] 任小霞.高校图书馆阅读推广策略研究[J].内蒙古科技与经济，2022（12）：155-156.

[53] 宋斌琴.高校图书馆管理创新策略探究[J].文化产业，2022（17）：111-113.

[54] 王波.图书馆时尚阅读推广[M].北京：朝华出版社，2015.

[55] 王聪.PISA 2018 测评新变化及其对香港语文阅读教学的启示[J].现代基础教育研究，2018，30（02）：88-96.

[56] 王利人.高校图书馆阅读推广探析[J].晋图学刊，2015（4）：36-38.

[57] 王余光，徐雁.中国阅读大辞典[M].南京：南京大学出版社，2016.

[58] 吴芳.图书馆阅读推广服务中的众包模式应用研究[D].湘潭：湘潭大学，2018.

[59] 肖雪.促进老年人阅读的公共图书馆创新研究[M].天津：天津大学出版社，2010.

[60] 谢晖.融媒体下高校图书馆阅读推广路径探究[J].中国报业，2022（12）：116-117.

[61] 薛欢雪.高校智慧图书馆与阅读推广研究[M].长春：吉林出版集团股份有限公司，2023.

[62] 徐晓峰.5G 物联网技术驱动下高校真人图书馆服务创新策略研究[J].图书馆工作与研究，2021（8）：62-68.

[63] 徐昕.柳诒徵与国学图书馆[J].中国典籍与文化，1998（04）：33-37.

[64] 杨红，许娜.高校图书馆阅读推广模式研究[J].采写编，2022（08）：178-180.

[65] 姚海燕.老年社会与图书馆职能拓展[J].农业图书情报学刊，2004（9）：69-71.

[66] 袁玉荣.透视青少年流行文化对中学生的影响[J].中国德育，2007（3）：28.

[67] 于永丽. 高校图书馆管理工作研究[M]. 长春：吉林出版集团股份有限公司，2022.

[68] 曾祥芹，韩雪屏. 阅读学原理[M]. 郑州：大象出版社，2002.

[69] 翟宁. 高校图书馆服务与阅读推广研究[M]. 北京：北京工业大学出版社，2019.

[70] 张春春. 公民阅读权利的概念演变、协同与发展[J]. 图书馆，2016（6）：9-13.

[71] 张汉强. 青少年阅读心理学概论[M]. 武汉：武汉出版社，2007.

[72] 张贺. 涵养一个书香中国[N]. 人民日报，2009-04-02.

[73] 张怀涛. 阅读推广的概念与实施[J]. 河南图书馆学刊，2015（1）：2-5.

[74] 张怀涛. 阅读推广的要素分析[J]. 晋图学刊，2015（2）：1-7，11.

[75] 张怀涛. 阅读的多重价值[J]. 华北水利水电学院学报（社科版），2013（3）：99-103.

[76] 张怀涛. 阅读推广方式的维度观察[J]. 大学图书馆学报，2015（6）：59-65.

[77] 张坤朋，马雪梅，张进忠. 农业推广学[M]. 郑州：郑州大学出版社，2012.

[78] 张玉斌. 我国公共图书馆智慧服务研究[D]. 太原：山西财经大学，2018.

[79] 赵俊玲，郭腊梅，杨绍志. 阅读推广：理念·方法·阅读[M]. 北京：国家图书馆出版社，2013.

[80] 中国共产党中央委员会，中华人民共和国国务院. "健康中国 2030"规划纲要[J]. 中国实用乡村医生杂志，2017，24（7）：1-12.

[81] 中国社会科学院语言研究所词典编辑室. 现代汉语词典[M]. 第 3 版. 北京：商务印书馆，2002 年.

[82] 朱永新. 我的阅读观[M]. 北京：中国人民大学出版社，2012.